हिंदी कहानी : प्रक्रिया और पाठ

हिंदी कहानी
प्रक्रिया और पाठ

सुरेंद्र चौधरी

राधाकृष्ण प्रकाशन

ISBN : 978-81-7119-246-5

हिंदी कहानी : प्रक्रिया और पाठ

पहला संस्करण : 1995
दूसरा संस्करण : 2010
This book is printed on **Print on Demand** Technology : 2026

मूल्य : ₹695

प्रकाशक
राधाकृष्ण प्रकाशन प्राइवेट लिमिटेड
जी-17, जगतपुरी, दिल्ली-110 051
शाखाएँ : अशोक राजपथ, साइंस कॉलेज के सामने, पटना-800 006
पहली मंजिल, दरबारी बिल्डिंग, महात्मा गांधी मार्ग, प्रयागराज-211 001
1, अनमोल सोराबजी संतुक लेन, धोबी तलाव, मरीन लाइंस, मुम्बई-400 002
वेबसाइट : www.radhakrishnaprakashan.com
ई-मेल : info@radhakrishnaprakashan.com

HINDI KAHANI : PRAKRIYA AUR PATH
by Surendra Chaudhary

स्मृति-शेष

आचार्य नलिन विलोचन शर्मा
एवं राजकमल चौधरी
को
समर्पित

—सुरेन्द्र चौधरी

प्राक्कथन

लगभग तीस वर्षों के बाद अपनी पुस्तक का पुनर्मुद्रण करने के सिलसिले में उसे फिर से पढ़ते हुए मुझे ऐसा नहीं लगा कि यह पुस्तक बहुत पुरानी पड़ गयी है। इसलिए, पाठ-भाग में सिर्फ एक कहानी 'घंटा' जोड़कर इसका नया संस्करण निकाला जा रहा है। इस पुनर्मुद्रण के लिए राधाकृष्ण प्रकाशन के व्यवस्थापक अशोक महेश्वरी का ऋणी हूँ।

–सुरेन्द्र चौधरी

क्रम

पाठ-भाग

कथा : रचना या मनोरंजन

सामान्यतः पाठकों और आलोचकों के एक समुदाय के बीच इस बात को लेकर सहमति है कि कथा हमारा मनोरंजन करती है। इस मनोरंजन को लेकर अभिजात रुचि बराबर कथा-कहानियों को हेय दृष्टि से देखती आयी है। कुछ बुजुर्गों का ख्याल आज भी कथा-साहित्य को लेकर बदला हो, ऐसा देखने में नहीं आता। हिंदी का 'मनोरंजन' चाहे आज अपनी मूल ध्वनि खो चुका हो, फिर भी उसे हम अँगरेजी 'इण्टरटेनमेंट' का एकमात्र पर्याय तो नहीं ही मानेंगे। मनोरंजन बहुत बड़ा गुण है और उस अर्थ में बहुत ही कम तथाकथित मनोरंजक कहानियाँ मनोरंजन करती हैं। एक अँगरेज आलोचक[1] का तो कहना है कि मनोरंजक और गम्भीर जैसे विशेषण कथा के चारित्र्य को स्पष्ट करने के लिए नाकाफी हैं या कुछ अर्थों में भ्रामक भी हैं। हम सामान्यतः ऐसा मान लेते हैं कि मनोरंजन करनेवाला कथाकार किसी 'गहरे सत्य' को धारण नहीं कर सकता और गम्भीर साहित्यकार (चाहे वह कथाकार ही क्यों न हो !) मनोरंजन नहीं कर सकता। पता नहीं, यह गलत धारणा हमारे अंदर कहाँ से और कब से पैदा हो गयी है ! यह ठीक है कि आज कथा-साहित्य में 'इण्टरटेनरों' का एक बहुत बड़ा समुदाय पैदा हो गया है किंतु उससे मनोरंजन का गुण दूषित हो जाय, यह बात नहीं। बहुत-से ऐसे समर्थ कथाकार हैं जो गहरे से गहरे सत्य को अभिव्यक्त करने की प्रक्रिया में भी मनोरंजन का गुण नहीं छोड़ते और बहुत-से ऐसे भी कथाकार हैं जो गंभीरता का यहाँ से वहाँ तक स्वाँग करने पर भी 'इण्टरटेनरों' के स्तर से ऊपर नहीं उठ पाते।

मैं रचनात्मक और मनोरंजक साहित्य के बीच प्रतिभा का भेद कृत्रिम मानता हूँ। चूँकि कोई रचना जन-समुदाय के बीच प्रचलन पाती है इसीलिए वह रचनात्मक नहीं है, ऐसी धारणा 'मिडिल ब्रो' हो सकती है, यथार्थ नहीं। वस्तुतः जो लोग

---

1. एल. ए. जी. स्ट्राँग–दि राइटर्स ट्रेड, पृ. 25, 1953

आज **मनोरंजन** को हेय दृष्टि से देखते हैं वे इस बात पर शायद विचार नहीं करते कि विश्व के अधिकांश समर्थ और प्रतिभवान् साहित्यकार यथेष्ट रूप से इस गुण से मंडित हैं। इसके विपरीत लेखकों का एक बहुत बड़ा समुदाय आज क्रियाशील है जो मनोरंजन के नाम पर मात्र दूषित भावनाओं और गंदगियों को उभार कर 'पापुलर' होता है। 'मनोरंजन' के अंतर्गत मैं ऐसे 'पापुलर' लोगों के साहित्य की चर्चा नहीं करने जा रहा हूँ। **एल. ए. जी स्टाँग** ने ऐसे लोगों के लिए ठीक ही **'कार्टरर'** (Carterer) शब्द का प्रयोग किया है। मेरी दृष्टि में हर रचनात्मक साहित्यकार हमारे मन का रंजन या प्रसादन करता है।

निश्चय है कि हमारे समूहवादी समाज (Mass society) में मनोरंजन का अर्थ थोड़ा दूसरा हो गया है, पर इस नये अर्थ को ग्रहण करने से एक भारी खतरा पैदा हो जाने की आशंका है।

रचनाधर्मी कथाकार का मनोरंजन से कोई अनिवार्य विरोध नहीं होता। हाँ, जिनका अंतःकरण दूषित हो गया हो उनका रंजन यदि वह नहीं कर पाता तो उसका कोई दोष नहीं। मेरी तो अपनी यह धारणा है कि समर्थ रचनाधर्मी साहित्यकार दूषित अंतःकरण का भी परिष्कार करता हुआ उनका प्रसादन कर लेता है। प्रेमचंद का उदाहरण यहाँ भी हमारे सामने है। उनकी बहुत-सी कहानियाँ ऐसी हैं जिनसे दूषित अंतःकरण का भी रेचन हो जाता है; जिनका अंतःकरण पूर्वाग्रहदूषित नहीं है उनका प्रसादन तो ये कहानियाँ करती ही हैं।

यहाँ हमारे सम्मुख मुख्य प्रश्न यह है कि रचनाधर्म क्या है और उसे हम किन अर्थों में व्यापारधर्म से अलग कर सकते हैं। इस संबंध में सबसे पहली बात जीवन-सत्य के धायन की है। 'जीवन-सत्य' एक प्रकार की व्यापक धारणा है और उसके बहुत सारे विभावन हमारे दिमाग में हैं, इसलिए इस शब्द का प्रयोग करते हुए यह आवश्यक है कि हम उसके व्यक्त गुणों की चर्चा ही पहले कर लें। सत्य की परिभाषा देते हुए **लेनिन** ने लिखा–"Truth is the totality of all the aspects of a phenomenon of reality and their mutual relationship." इससे वस्तुतत्त्व की अवस्था और संबंध की पूर्णता का ज्ञान हमें होता है। चूँकि वस्तुतत्त्व गतिशील है इसलिए उसके अवस्थान की शक्तियाँ निरंतर विकसित होती हुई नये-नये संबंधों को अर्जित करती हैं और इस प्रकार नयी अवस्थाओं में प्रवेश करती हैं। रचनाधर्मी कथाकार इन अवस्थाओं और संबंधों की गतिशीलता की ओर से निरंतर सजग करता है। बाह्य वस्तुओं के परिवर्त्तन के साथ हमारी संवेदना से उसके संबंध में भी परिवर्त्तन होते रहते हैं, रचनाधर्मी साहित्यकार परिवर्त्तन के इस अंतरंग से भी अपने को निरंतर जोड़ता चलता है। यदि इस 'अंतरंग' से वह अपने को जोड़ नहीं पाता तो बाहर का प्रवाह उसे बहा ले जाता है और वह निःसहाय उस प्रवाह के साथ बहता हुआ अपनी व्यक्तिमत्ता, अपनी सामर्थ्य

खो देता है। **स्ट्रॉंग** ने ठीक ही प्रश्न किया है[1]–"उस लेखक का व्यक्तित्व ही क्या है जो हर फैशन का पीछा करता है और उसके साथ बदलता है। लम्बे अरसे में पाठक वर्ग उस आदमी की ओर ही उन्मुख होगा जिसका स्तर अपना है, जो अपने ढंग से लिखता है और वही लिखता है जो चाहता है।"

रचनाधर्मी कथाकार जीवन के गतिमान सत्य से अपने को जोड़ता हुआ नये सत्यों का निर्माण भी करता है। नये सत्यों के निर्माण की बात पर कुछ लोग मुस्करा सकते हैं। उनके अनुसार सत्य का निर्माण वैज्ञानिकों का क्षेत्र है, साहित्यकार का नहीं। सत्य के निर्माण से हमारा तात्पर्य भाव-संबंधों के निर्माण से है, वस्तु-निर्माण से नहीं। रचनाधर्मी कथाकार समाज द्वारा गढ़े गये नये सत्यों से भावात्मक संबंध स्थापित करता हुआ उन्हें नये परिप्रेक्ष्य के योग्य बना देता है। सामयिकता का शाब्दिक रूप से पीछा करने वाले लोग रचनाधर्मी नहीं होते, यह ध्यान में रख लेने की बात है।

पिछली शताब्दियों की साहित्य-रचना के संबंध में लिखते हुए **डेनिस थॉम्पसन** का कहना है[2]–"अधिकांश पठनीय सामग्री जो रोजमर्रा के प्रकाशन में उपलब्ध है, निरर्थक से भी कुछ और खराब है। इस परिस्थिति की हम अठारहवीं सदी से तुलना करें⋯साधारण चलन से भी अच्छी पुस्तकें थीं; तब साधारण स्तर का और घटिया लेखन ढूँढ़ा नहीं गया था।"

कथा-साहित्य के बीच आज रचना और व्यापार का भेद बहुत स्पष्ट हो गया है। व्यापारी लेखक सिर्फ सत्य के प्रेक्षण की दृष्टि से ही कमजोर नहीं होता, क्योंकि वह वस्तु-सत्य की पूर्णता का ग्रहण ही नहीं कर पाता, बल्कि वह व्यक्तित्वहीन और रुचिहीन भी होता है। उसका वस्तु-संबंधों के प्रति और सामान्यतः विश्व के प्रति कोई **नैतिक दृष्टिकोण** (Moral outlook) नहीं होता। आज हिंदी कथा-साहित्य में एक बहुत बड़ा समुदाय आधुनिक भाव-बोध के नाम पर समसामयिकता का पीछा करता हुआ दिशाहारा बन गया है। भाव-बोध क्या अपने-आप में कोई पूर्ण चीज है ? इस भाव-बोध का यदि जीवन के प्रसार में कोई क्रियात्मक उपयोग नहीं हो तो उसका अर्थ क्या है ? आधुनिक भाव-बोध के नाम पर क्या आज नैतिक चेतना से हीन पतनशील साहित्य का व्यापार नहीं किया जा रहा ? प्रश्न बेमानी नहीं है और सिर्फ कथा-साहित्य के परिप्रेक्ष्य में ही उसकी अहमियत नहीं है। चूँकि कथा-साहित्य आज सबसे व्यापक और 'पापुलर' विधाओं में है इसलिए यह खतरा अगर सर्वाधिक रूप से यहीं दिखता हो तो आश्चर्य क्या है !

---

1. एल. स्ट्रॉंग–दि राइटर्स ट्रेप, पृ. 26, 1953
2. डेनिस थॉम्पसन–रीडिंग एण्ड डिस्क्रिमिनेशन, पृ. 4, 1949

आज, जब कथा-साहित्य बहुत तेजी से विकसित हो रहा है, इस बात की आवश्यकता बहुत बढ़ गयी है कि हम रचनाधर्म और व्यापारधर्म के बीच भेद करें, क्योंकि यहाँ प्रतिभा का भेद वास्तविक भेद है। **'दि इनमोस्ट लीफ'** के लेखक अलफ़्रेड काज़ीं (Alfred Kazin) के अनुसार रचनात्मक प्रक्रिया के मूलभूल तत्त्व **'अनुभव' और 'कल्पना'** हैं।[1] वे बौद्धिक प्रतिकृतियों की अपेक्षा लेखक की वैयक्तिक अंतर्दृष्टि के कायल हैं। लेखक की यह वैयक्तिक अंतर्दृष्टि विचारधाराओं, सामाजिक महत्त्वों और व्यक्तिगत पृष्ठभूमि की सीमाओं का अतिक्रमण कर व्यापक भाव-संबंधों के क्षेत्र में प्रवेश करती है; रचनाधर्मी साहित्यकार का यह अतिक्रमण एक विशेष सार्थक प्रयास है।

रचनाधर्मी कहानी की संश्लिष्टता की बात **डॉ. नामवर सिंह**[2] ने बहुत साफ ढंग से कही है। उसे दुहराकर समय नष्ट करना उचित नहीं होगा। यह संश्लिष्टता रचनाधर्मी कहानी की आत्मपूर्णता का रहस्य है जिसे व्यापारधर्मी कहानीकार पैदा नहीं कर सकता। 'शरणदाता' (अज्ञेय) की कथा दुहराइए, आप खुद महसूस करेंगे कि जैसे उस कहानी के बजाय आपने कोई अत्यंत तिरस्कृत वाच्यवाली कहानी गढ़कर सुना दी हो। 'शरणदाता' की 'कथा' में ऐसा क्या है जिसे **मोरिस बोर्दी** के शब्दों में 'संक्षिप्त' नहीं किया जा सकता! यानी जिसके संक्षेपण से व्यंग्य वाच्य हो जाता है, सो भी अत्यंत तिरस्कृत !!! शायद यह संश्लिष्टता आत्मपूर्ण 'अनुभव' के कारण उत्पन्न हुई हो; इसके विपरीत आये दिन निकलनेवाली कहानियों को देखा जाय तो उनकी भंगिमा का सारा रहस्य कुछ फार्मूलों तक में सीमित दिख जायगा। पूरी कहानी चंद घिसी-पिटी शब्दावलियों में उतर आयगी। ऐसी कहानियों में क्या एक पूरी जीवन-प्रक्रिया के महत्त्व का आत्मपूर्ण बोध हो पायेगा ?

वस्तु की सूक्ष्मता या उसके विस्तार के आधार पर रचनाधर्मी कहानियों की सफलता-असफलता का निर्णय लेना एक प्रकार का दुराग्रह है। वस्तु की सूक्ष्मता यदि एक संपूर्ण जीवन-प्रक्रिया का आत्मपूर्ण 'अनुभव' प्रस्तुत कर दे तो क्या उसे हम कहानीकार की सफलता नहीं कहेंगे ? क्या कहानी के अंदर आनुषंगिक रूप से कहानी गढ़कर ही 'कहानी-कला' सिद्ध की जा सकती है ? मेरी दृष्टि में तो ऐसी विपर्यस्तता कहानी की संश्लिष्टता को—उसके आत्मपूर्ण ढाँचे को बरबाद ही करती है। आज की अधिकांश कहानियों से 'प्रेम' की आनुषंगिक कथा निकाल लीजिए, पूरा ढाँचा चरमराकर बैठ जायेगा ! एच. जी. वेल्स के शब्दों में ऐसी कहानियाँ 'ट्रेड गुड्स' हैं जो माँग के अनुसार अपने फार्मूले बदलती रहती हैं।

'मनोरंजन' की आड़ में आज न जाने क्या-क्या तमाशे कथा-साहित्य में हो

---

1. पार्टिजन'रव्यू'—स्प्रिंग, 1956 में हांस मेयर हॉफ की समीक्षा
2. डॉ. नामवर सिंह—नई कहानियाँ, 'हाशिए पर', अगस्त, 1961

रहे हैं। लोकप्रिय मासिक पत्रिकाएँ संपादकीय टिप्पणियों और स्तंभों में हजार बातें प्रकाशित करके भी औसतन गिरे हुए स्तर की कहानियाँ ही प्रकाशित करती हैं। उनमें और कुछ चाहे न भी हो मगर 'प्रेमकथाओं' के लिए नये फार्मूले जरूर गढ़ लिए गये हैं। आज प्रेम के उस 'सनातन त्रिभुज' का फार्मूला नाकाफी हो गया है, इसलिए आज उन्हें प्रवाहवादी रूप दिया जा रहा है, एक नायक से संबद्ध अनेक नायिकाएँ–कुछ अतीत, कुछ वर्त्तमान और कुछ जिनको लेकर संभावनाएँ निस्सीम हों !

स्थितियों का सरलीकरण व्यापारधर्मी कहानियों का दूसरा प्रचलित फार्मूला है। कुछ लोग बड़ी आसानी से इस फार्मूले का प्रयोग कर 'प्रेमचंद की परम्परा' में 'आने' लगे हैं। स्थितियों का सरलीकरण करते हुए ये लेखक भूल जाते हैं कि प्रेमचंद का गुण औदात्य था, उनकी सरलतम कथाओं में भी एक प्रकार का स्थैर्य (Calm) था। इधर शुक्ल-बंधुओं (प्रयाग शुल्क और राम नारायण शुक्ल) ने बहुत-सी कहानियाँ इसी फार्मूले के प्रयोग से लिखी हैं; प्रेमचंद से अंतर स्पष्टतः देखा जा सकता है। इनमें प्रेमचंद की आस्था तो नहीं है, हाँ, आस्था को लेकर एक अत्यंत भोंड़ी गति जरूर है। **बर्गसों** ने ठीक ही कहा था कि "हम गति के भ्रम में स्थिर बिंदुओं की ही माप करते हैं।"[1] मुझे तो ऐसा लगता है जैसे युद्ध के काल में जिस तरह आर्थिक गति का भ्रम होता है उसी तरह ये व्यापारधर्मी कहानियाँ 'गति का भ्रम' ही उपस्थित करती हैं।

गति के भ्रम के प्रसंग में कुछ कहानीकारों की चर्चा आवश्यक-सी हो जाती है। इधर कहानी की बहुत-सी पत्रिकाएँ बाजार में आ गयी हैं, जो 'कहानी मासिक' नहीं भी हैं उनमें भी कहानियाँ आती हैं। किंतु, आये दिन प्रकाशित इस कथा-समूह के चारित्र्य को समझने की चेष्टा करते हुए ऐसा लगता है जैसे इनमें लेखकों के पास ऐसा कुछ नहीं है जो हमारे अनुभव-क्षेत्र को बढ़ा सकें, जो अपने अर्थ के प्रति पाठक को विवश करें या पढ़ने की प्रक्रिया में उसे जीवन में वास्तविक गति दें। जीवन में जटिलताएँ हैं, बस कहानी में बोध के धरातल पर जटिलता होनी चाहिए, चाहे उसके लिए किसी प्रकार की भी वस्तुस्थिति कहानी में ढूँढ़ने पर भी प्राप्त न हो ! ऐसी व्यापारधर्मी कहानियों का पूरा अंबार पढ़कर चुका दीजिए, कहीं भी आपको नैतिक प्रतिरोध के क्षण नहीं मिलेंगे ! संकट, शब्द-स्फीत, नैतिक असमंजस शब्दहीन !!

आजकल मानवतावादी मूल्यों का बाजार महँगा है। मानवतावादी मूल्यों का कैरिकेचर जितनी आसानी से किया जा सकता है, अस्तित्ववादी मूल्यों का उतनी आसानी से नहीं। इस प्रसंग में प्रेमचंद की कहानी 'घासवाली' और चंद्रगुप्त

---

1. हेनरी बर्गसाँ–'दि क्रिएटिव माइंड', भूमिका 1

विद्यालंकार की कहानी 'ज्वार और भाटा' की तुलना स्वतः दिमाग में उठ खड़ी हुई है। 'घासवाली' का चैना सिंह क्षणिक आवेग (Impulse) में आकर मुलिया की बाँह थाम लेता है और मुलिया की फटकार पर विवश होकर कहता है कि इस आवेग के पीछे उसकी संपूर्ण आत्मिक प्रेरणा की विवशता है। मुलिया का वेग उसे पीछे जरूर ठेलता है पर इससे उसकी आत्मिक प्रेरणा नहीं टूटती, वह अपनी संपूर्ण विवशता के साथ मुलिया को प्यार करता रह जाता है। 'ज्वार और भाटा' का नायक मात्र शारीरिक प्रेरणा के वश मालिन के पीछे भागता है और उसकी एकांत मातृवत्सलता के हाथों अनायास पराजित होकर लौट आता है। यह है मानवतावादी मूल्यों का फार्मूला। 'ज्वार और भाटा' की तुलना में तो राजकमल चौधरी की 'सत्ती धनुकाइन' (कहानी : एलाहाबाद) कहीं अधिक सशक्त रचना है, प्रेमचंद की बात तो खैर बहुत दूर की होगी। 'सत्ती धनुकाइन' में सत्ती का चरित्र जिस शक्ति के साथ खुलता है वह हमारे लिए एक नैतिक परिणाम है। इसके विपरीत 'ज्वार और भाटा' की अत्युक्त संवेदना हमारे लिए भावुकता के अतिरिक्त कोई मूल्य नहीं रखती। ऐसी भावुकता कभी-कभी अपने 'सोपोरिफ़िक' (Soporific) प्रभाव से भी वंचित रह जाती है।

बात कहानी के रचनात्मक धर्म को लेकर ही शुरू हुई थी और उसी पर खत्म भी होनी थी, किंतु उसकी विवृति व्यापारधर्म के संदर्भ में ही हो सकती थी। मेरे कथन का शायद यह आशय ग्रहण किया जा सकता है कि प्रेमचंद के बाद हिंदी में रचनाधर्मी कहानीकार हैं ही नहीं, बस व्यापार ही व्यापार है। किंतु, ऐसा मानना मेरे अभिप्राय को गलत समझना होगा। वस्तुतः रचनाधर्मी कहानीकार कथा-साहित्य के विकास के प्रत्येक युग में रहे हैं और रहेंगे, ठीक वैसे ही जैसे व्यापारधर्मी रहे हैं और रहेंगे।

कथा, आख्यायिका और छोटी कहानी

कहानियों पर लिखते हुए एक अरसा पहले **श्री शिवदान सिंह चौहान** ने लिखा था–"उपन्यास की तरह कहानी गद्य-साहित्य का कोई नया रूप-विधान नहीं है।"[1] हिंदी की छोटी कहानी को लेकर भारतीयता का दावा करना मेरा उद्देश्य नहीं है–चाहे वह दावा किसी ज्ञात और परिभाषित परम्परा को लेकर हो, चाहे कथा-स्वरूप की ऐतिह्यता को लेकर। मगर छोटी कहानियों के विकास पर विचार करते हुए उपर्युक्त दोनों तथ्यों की ओर हमारा ध्यान बरबस ही चला जाता है। शिवदानजी की एक बात मुझे बराबर इस ओर सचेष्ट बनाने में सहायक हुई है कि कथाओं, आख्यायिकाओं या आख्यानों से छोटी कहानी का क्रमागत संबंध स्थापित किया जाय। इस संबंध में, हिन्दी में, जो छिट-फुट प्रयत्न हुए हैं वे निश्चित रूप से असंतोषप्रद कहे जायेंगे। हिंदी कहानी पर विचार करनेवाले प्रत्येक विद्वान् ने कथा की लंबी परंपरा की ओर निर्देश किया है, किंतु किसी ने भी उस परिभाषित परंपरा से आज की छोटी कहानियों का विकास सिद्ध किया हो, ऐसा कम-से-कम मुझे ज्ञात नहीं है। 19वीं सदी के प्रारंभ में कहानी लेखक आख्यानों को कथा में बदलकर आधुनिक कहानी का मार्ग निकालता है।

इस उलझन के अनेक कारण हैं और उनमें शायद सबसे बड़ा कारण **आचार्य रामचंद्र शुक्ल** की वह स्थापना है जो सिद्ध करती है कि 'इंदुमती', जिसे हिंदी की प्रथम कहानी कहलाने का सौभाग्य प्राप्त है, अँगरेजी पत्र-पत्रिकाओं में प्रकाशित होनेवाली कहानियों के ढाँचे की कहानी है। उन्होंने इस संबंध में लिखा था–"अँगरेजी की मासिक पत्र-पत्रिकाओं में जैसी छोटी-छोटी आख्यायिकाएँ या कहानियाँ निकला करती हैं वैसी कहानियों की रचना 'गल्प' के नाम से बंग भाषा में चल पड़ी थी··· द्वितीय उत्थान की सारी प्रवृत्तियों का आभास लेकर प्रकट

1- श्री शिवदान सिंह चौहान, हिंदी गद्य-साहित्य, पृ. 77

होनेवाली 'सरस्वती' पत्रिका में इस प्रकार की छोटी कहानियों के दर्शन होने लगे। 'सरस्वती' के प्रथम वर्ष में ही पं. किशोरी लाल गोस्वामी की 'इंदुमती' नाम की कहानी छपी जो मौलिक जान पड़ती है।"[1] यही नहीं, अपनी उपर्युक्त स्थापना को संबलित करने के सिलसिले में उन्होंने बहुत स्पष्ट शब्दों में लिखा—"उपर्युक्त दृष्टि से यदि हम देखें तो इंशा की 'रानी केतकी की बड़ी कहानी' न आधुनिक उपन्यास के अन्तर्गत आयेगी न राजा शिव प्रसाद सिंह का 'राजा भोज का सपना' या 'वीरसिंह का वृत्तांत' आधुनिक छोटी कहानी के अंतर्गत।"[2]

स्पष्ट है कि आचार्य शुक्ल ने कहानी-संबंधी चर्चा में निर्माण पर आवश्यकता से अधिक बल दिया है। इसका परिणाम परवर्त्ती कथा के साहित्येतिहास लेखकों पर पड़ता मालूम होता है। आचार्य शुक्ल के पश्चात् उनकी इस स्थापना को लेकर अनावश्यक खींचतान हुई है। आज का कथा-समीक्षक बड़ी आसानी से कह देता है कि आधुनिक हिंदी कहानी पारंपरिक रूप से कथाओं और आख्यायिकाओं से स्वतंत्र जाति (जाँर) की रचना है। आचार्य शुक्ल ने जब 'इंदुमती' को अँगरेजी ढंग पर लिखी गयी कहानी माना था तो उनका ध्यान निश्चित रूप से केवल उसके निर्माण पर था।

हमारे सम्मुख जो प्रश्न है उसका संकेत स्पष्ट कर दूँ। भारत में कथा और आख्यायिका की श्रेण्य और मौखिक परंपरा संस्कृत से लेकर हिंदी प्रेमाख्यानों तक बराबर बनी रही, फिर क्या हिंदी कथा-साहित्य के निर्माण में उनका कोई योगदान नहीं है ? क्या हिंदी कथा-साहित्य के प्रेरणास्रोत श्रेण्य कथाएँ या आख्यायिकाएँ नहीं हैं ? क्या 'इंदुमती' के कथानक को आख्यायिकाओं की अभिप्रेत रूढ़ियों से सर्वथा मुक्त माना जा सकता है ? जिसे आज के विद्वान् 'टेम्पेस्ट' का प्रभाव मानते हैं उसका निर्देश क्या अभिप्राय-संबंधी कथानक-रूढ़ि के रूप में नहीं किया जा सकता ? दूसरे प्रश्न भी हैं जिन्हें यथास्थान रखूँगा। कथाओं, आख्यायिकाओं, दृष्टांतों, धर्मरूपकों इत्यादि की श्रेण्य और मौखिक परंपरा की तो बात ही जाने दें, हिंदी में ही इनकी हमें तात्कालिक परंपरा मिल जाती है। मगर दुर्भाग्य की बात यह है कि हिंदी कथा-साहित्य के आलोचक उपलब्ध सामग्री पर बिना सम्यक् विचार किये यह कहने को तत्पर हैं कि हिंदी की आधुनिक कहानियाँ मात्र अँगरेजी ढंग की हैं।

यह ठीक है कि केवल निर्माण की दृष्टि से हम 'रानी केतकी की कहानी' को छोटी कहानी के अंतर्गत नहीं रख सकते। उसमें कथानक-संबंधी जो रूढ़ियाँ हैं वे निश्चित रूप से आख्यायिकाओं की परंपरा की चीज हैं, किंतु उसका

1. आचार्य रामचंद्र शुक्ल, हिंदी साहित्य का इतिहास, पृ. 479

2. उपरिवत्, पृ. 480

विचारात्मक ढाँचा भी क्या आख्यायिकाओं का है ? इस रचना पर दृष्टिपात् करते ही ऐसा भान होता है कि इसमें विचारों का ढाँचा वही नहीं है, जो उसके विधान का है। 'नासिकेतोपाख्यान' की चर्चा मैं इस प्रसंग में इसलिए नहीं करना चाहता कि वह अनुवादित रचना है। इस अनुवाद की तुलना में मूल लेखक को जो वैचारिक स्वतंत्रता रहती है वह सर्वज्ञात है। उसके कथात्मक ढाँचे को देखकर ही, उसे पुरानी रचना कह देने का कोई अर्थ नहीं है। उस अर्थ में 'इंदुमती' भी पुरानी रचना है और प्रेमचंद की अधिकांश कहानियाँ भी। वस्तुतः 'रानी केतकी की कहानी' आधुनिक कथा-साहित्य के वैचारिक रूप को पूर्वाशित करने वाली रचना है। उसके अंतर्गत स्त्री-पुरुष के परस्पर संबंध को लेकर जो लेखकीय दृष्टिकोण ईषत् आभासित हुआ है वह क्या मध्य युग का दृष्टिकोण कहा जायगा ? यही नहीं, जीवन के विविध व्यापारों के बीच जो विचारमूलक अन्विति है वह क्या अपनी भंगिमा में आधुनिकता को पूर्वाशित नहीं करती ?

'घटना-विन्यास की वक्रता' को एकमात्र भेदक तत्त्व मानकर क्या हम कहानी की विधा के साथ अन्याय नहीं करते ? अज्ञात रूप से ही सही, 'रानी केतकी की कहानी' कथा-साहित्य की परंपरा में संक्रमण का वह बिंदु है जहाँ से आधुनिकता प्रारंभ होती है। हाँ, यह जरूर है कि 'रानी केतकी की कहानी' अपने युग की तात्कालिक प्रेरणा नहीं बन पायी। किंतु, इतना तो मानना ही पड़ता है कि 'इंदुमती' का संपूर्ण वैचारिक ढाँचा इंशा की कहानी में पूर्वाशित होकर आता है। इस संबंध में और विस्तार से विचार किया जाय तो स्पष्ट हो जायगा कि हिंदी कहानी के स्थापत्य पर कथाओं और आख्यायिकाओं के निर्माण की छाया प्रेमचंद की कहानियों तक पड़ती आयी है।

आधुनिक कथा-साहित्य के पूर्व भारत में कथा की दो धाराएँ स्पष्ट देखी जा सकती हैं–एक श्रेण्य आख्यानक साहित्य की और दूसरी मध्ययुग के प्रेमाख्यानों की। मध्ययुग के प्रेमाख्यान वस्तुतः एक पतनशील परिस्थिति में लिखित होने के कारण परिप्रेक्ष्यहीन और आधुनिक जीवन-दृष्टि से भिन्न थे। उनकी तुलना में श्रेण्य आख्यानक साहित्य जीवंत और परिप्रेक्ष्य-संबलित था; आवश्यकता सिर्फ इस बात की थी कि उसकी 'नैतिक भंगिमा' को युग के अनुरूप बना लिया जाय। हिंदी के आधुनिक कहानी-साहित्य को वहाँ से सीधी प्रेरणा मिलती है। श्रेण्य आख्यानों की केवल नैतिक भंगिमा ही आधुनिकता के अनुकूल नहीं थी, बल्कि भारतीय जीवन के अन्तर्द्वंदों से निर्मित होने के कारण उसमें उदाहृत जीवन के कुछ-एक रूप भी आधुनिक जीवन से मेल खाते थे। इसी अर्थ में 'रानी केतकी की कहानी' अपने निर्माण में चाहे कारण, प्रयत्न, साहाय्य और फल-संबंधी कथानक रूढ़ियों[1]

---

1. श्रद्धेय गुरुवर प्रो. बटे कृष्ण से साभार गृहीत

का उपयोग करने के कारण आख्याायिकाओं की परंपरा की चीज़ मान ली जाय, किंतु जीवन-दृष्टि के कारण उसे हम निश्चित रूप से आधुनिकता-बोधक ही कहेंगे। 'रानी केतकी की कहानी', 'नासिकेतोपाख्यान', 'मदालसोपाख्यान' इत्यादि रचनाओं में कथानक-संबंधी उपर्युक्त रूढ़ियाँ जरूर किसी न किसी रूप में आयी हैं जिससे उनका निर्माण-पक्ष आधुनिक कहानियों से अलग-सा दीखता है, किंतु घटना-विधान में उनका उपयोग 'इंदुमती' के लेखक ने भी किया है, चाहे उसका रूप आकस्मिकता का ही रहा हो। आकस्मिकता के रूप में इन रूढ़ियों का उपयोग शिवपूजन जी की बहुत-सी कहानियों में मिल जायगा जो सन् 1911 से 1916 के आसपास लिखी गयी हैं।

कथा के अभिप्राय-पक्ष को लेकर बात करूँ तो शायद मेरी स्थापना को और भी बल मिले। संपूर्ण भारतीय कथा और आख्यायिका-साहित्य अभिप्राय-विशेष की अभिव्यक्ति करता है, चाहे वह अभिप्राय धर्म के विषय को लेकर निर्मित होता हो या लोक-जीवन के विषय को लेकर। अभिप्रायों का अंकन लेखक की सामर्थ्य माना जाता रहा है।[1] इन अभिप्रायों के अंकन के हेतु आख्यायिकाओं और कथाओं में कुछ रूढ़ियाँ बन गयी थीं, समयानुसार ये रूढ़ियाँ आकस्मिकताओं में बदल गयीं और कहानियों में घटना-संयोग के नाम पर स्वीकृत हो गयीं। इंदुमती में 'चंद्रशेखर' का 'इंदुमती' से मिलन एक ऐसा ही घटना-संयोग है; चाहे उसमें 'स्वप्न में प्रियदर्शन' आदि का उपयोग न किया गया हो, किंतु है वह कथानक-रूढ़ियों का ही रूपांतर।

इंदुमती हिंदी कहानी-साहित्य में ऐसी प्रथम रचना है जिसमें केवल निर्माण की दृष्टि से कथा-वस्तु की निबंधना (Lay out) की एक सीमा उभरती है। इसे हम आधुनिक कहानियों के वस्तु-विधान की विशेषता भी कह सकते हैं। हॉथर्न ने ठीक ही लिखा था कि रोमांसों में कथा के विषय और विधान को लेकर जो छूट है वह दूसरी प्रकार की रचनाओं में संभव नहीं है।[2] फिर भी 'इंदुमती' का निर्माण आधुनिक कहानियों से थोड़ा भिन्न है, इसे सचेष्ट और सचेत पाठक सहज ही अनुभव कर लेता है। यह भिन्नता वस्तु की निबंधना को लेकर ही है, दृष्टिकोण को लेकर नहीं। सन् 1900 से लेकर सन् 1907 तक जो कहानियाँ हिंदी पत्र-पत्रिकाओं में प्रकाशित हुईं, उनके निर्माण पर विचार करने से स्पष्ट हो जायगा कि उनकी निबंधना के अलग-अलग परिप्रेक्ष्य हैं। इंदुमती, गुलबहार, प्लेग की चुड़ैल, ग्यारह वर्ष का समय, पंडित और पंडितानी इत्यादि कहानियाँ उदाहरण के रूप में हमारे सम्मुख हैं। क्या इन सभी कहानियों का निर्माण इनकी निबंधना के विचार

1. 'कथा सरित्सागर' के सद्यः प्रकाशित हिंदी अनुवाद की भूमिका—डॉ. वासुदेव शरण अग्रवाल 1960
2. हॉथार्न—'दि हाउस ऑफ़ सेवन गेबल्स', प्राक्कथन, पृ. 5, संस्करण, 1958

से एक-सा है ? इन पर प्रत्यक्ष या परोक्ष रूप से आख्यायिकाओं की निबंधना की सपष्ट छाया पड़ी है। इसी युग में लिखी गयी 'बंग-महिला' की कहानी 'दुलाईवाली' पर आख्यायिकाओं के निर्माण से स्वतंत्र बँगला गल्प के निर्माण की छाया है।

डॉ. नंद दुलारे बाजपेयी ने ठीक ही लिखा है–"किंतु, जहाँ तक मूल तत्त्वों का संबंध रहा है, वस्तु और उद्देश्य कहानी के साधन-साध्य रहे हैं। इस दृष्टि से देखने पर (?) प्राचीन युग से कहानी का यही स्वरूप रहा है, यद्यपि शैली और विन्यास में बहुत-से समयानुकूल परिवर्त्तन होते गये हैं।"[1] जब तक कहानियाँ शुद्ध आइडियोग्राफ़ नहीं हो जातीं तब तक तो हमें उनकी परम्परा की एकसूत्रता में विश्वास करना ही पड़ेगा। मैं केवल निर्माण की दृष्टि से कहानी के उत्थानों और रूपों का विभाजन अवैज्ञानिक समझता हूँ।

प्रेमचंद जी के संबंध में **डॉ. रामविलास शर्मा** ने एक बहुत मार्मिक और सधी हुई बात कही है–"कथा के आनंद को प्रेमचंद अधूरा नहीं रखते।" कथा का आनंद कथा के प्रवाह में है और यह प्रवाह कथानक की पूर्णता के रूप में ही उदाहृत किया जा सकता है। आख्यान-साहित्य के रचयिता इस प्रवाह से परिचित थे, फलतः वे कथा के आनंद को अबाधित पूर्णता देने में समर्थ हुए थे। कभी-कभी तो प्रेमचंद अपनी इस विवशता के कारण औपन्यासिक परिप्रेक्ष्य में कहानियों की निबंधना करते मालूम पड़ते हैं। यह दोष प्रेमचंद का नहीं है, कथा-परंपरा का है। हिंदी कहानी-साहित्य की लंबी परंपरा पर दृष्टिपात् कीजिए, आप पायँगे कि कथा का तत्त्व इंशा से लेकर यशपाल तक में कहीं गौण होकर नहीं आया, इनकी कथात्मक शक्ति (Narrative energy) इस बात का प्रमाण है।

जैसा मैंने ऊपर लिखा है, कथानक की पूर्णता और जीवन-संबंधी दृष्टिकोण का ऐक्य इंशा की कहानी से 'इंदुमती' को अज्ञात रूप से जोड़ देता है। यहाँ मैं श्री शिवदान सिंह चौहान की उस स्थापना से सहमत नहीं हूँ जहाँ वे इंशा की कहानी को प्रथम मौलिक कहानी मानकर भी 'इंदुमती' से हिंदी कहानी की अविच्छिन्न परंपरा की बात करते हैं। इंशा की कहानी और 'इंदुमती' के बीच 'राजा भोज का सपना' और 'एक अद्भुत अपूर्व स्वप्न' परंपरा की ही कड़ियाँ हैं। इसके अतिरिक्त भी ऐसी कई रचनाओं का उल्लेख किया जा सकता है जो 'हिंदी प्रदीप' में सन् 1885 के आस-पास प्रकाशित होती रही थीं। श्री बालमुकुंद गुप्त की बहुत-सी कथात्मक रचनाएँ इसमें प्रकाशित हुई हैं। पौराणिक कथाओं के अनुवाद तो अंश रूप में इस काल में पत्र-पत्रिकाओं में प्रकाशित ही होते रहते थे जिनमें लेखक अनेक स्थलों पर स्वतंत्रता का उपयोग कर लेते थे। इन छायानुवादों

1. डॉ. नंद दुलारे बाजपेयी–आधुनिक साहित्य, पृ. 233

में सामयिक जीवन की चेतना स्पष्ट रूप से प्रकाशित होती है। जैसा मैंने ऊपर स्पष्ट कर दिया है, कथाओं और आख्यायिकाओं में अभिप्राय की प्रधानता के कारण कथानक का ढाँचा जीवन के व्यावहारिक रूप से पृथक् और अधिकाधिक काल्पनिक होता था। वस्तुतः कथाएँ (Fables), रूपक-कथाएँ (Parables), धर्म कथाएँ और नीति-उपदेश वाली कहानियों में अभिप्राय के अनुरूप कथानक का निर्माण शुद्ध काल्पनिक रूप से किया जाता था। इन कहानियों के रूप पर विचार करते हुए डब्ल्यू. एच. आडेन ने लिखा है–"साहित्य की सभी विधाओं में अन्वेषण सबसे पुरानी, उपयोगी और जनरुचि से समर्थित विधा है। कुछ उदाहरणों में इसकी जड़ें ऐतिहासिक तथ्यों और घटनाओं में भी देखी गई हैं–जैसे सोने के खजाने की खोज, जिसका स्रोत उन समुद्री व्यापारियों के एम्बर की खोज में है। और कुछ कथा-वस्तु, जैसे, क्रूर राजकुमारी का नियति द्वारा लगभग निश्चित हृदय परिवर्तन, जो किसी धार्मिक अनुष्ठान का दूरागत और विरूप हिस्सा है। मगर अन्वेषण की विधि साहित्यिक रूप में उस प्रतीकात्मक विवरण की खोज है जो हमारी व्यक्तिगत सत्ता का अनुभव और इतिहास है।"[1]

छोटी कहानियों के युग में आकर जीवन के व्यावहारिक रूप में जो अंतर आ गया है उसने उनके ढाँचे में भी परिवर्तन के लिए संभावनाएँ पैदा कर दीं। फलतः छोटी कहानियाँ केवल अभिप्राय को लेकर नहीं लिखी जाने लगीं, उनमें अभिप्रेत विषय के क्रियात्मक ढाँचे को भी यथावत् उदाहृत करने की चेष्टा प्रारंभ हुई। वस्तुतः छोटी कहानियाँ जीवन के बोध से प्रेरित होकर लिखी जाने के कारण अपने निर्माण में कथाओं और आख्यायिकाओं से भिन्न स्थापत्य ग्रहण करती हैं, यों उनके स्थापत्य पर पुराने निर्माण की स्पष्ट छायाएँ भी मिल जायँगी। लेकिन, कथाओं और आख्यायिकाओंवाली वह व्यास टिप्पणी आज की कहानी का सत्य नहीं है जिसके अनुसार 'जैसे इनके दिन सुख से बीते वैसे बीतें' की मंगल-कामना की जाती थी। हमारे भौतिक अस्तित्व का इतिहास ऐसा नहीं है। हम हार कर हमेशा पराजित रह जाते हैं, या फिर जीत कर भी कालांतर में पराजित होते हैं। सत्य और असत्य का संघर्ष भौतिक जगत् में कभी भी नित्य रूप से निर्णयात्मक नहीं हो पाया। यह सत्य हमारे बोध का सत्य है, ईप्सा का नहीं। इस अर्थ में आज का कथाकार इस बोध के प्रति बहुत ईमानदार है। इसी ईमानदारी की ओर संकेत करते हुए ऑडेन ने लिखा है–"सोरों के पहले मॉर्गाथ था और चौथे युग की समाप्ति के पहले, कौन कह सकता है कि सोरों का उत्तराधिकारी पैदा नहीं होगा ? जीत का अर्थ हर समय इस धरती पर स्वर्ग उतार लाना ही नहीं है, या नया जेरुजेलम स्थापित करना है। हमारे ऐतिहासिक अस्तित्व में सबसे अच्छा

1. The Quest Hero, W. H. Auden Texas Quarterly, No. 4, 1961.

निदान भी अभावों से मुक्त नहीं हो सकता।"[1]

'इंदुमती' में यदि चंद्रशेखर और इंदुमती के प्रेम का अंत संयोग में होता है तो 'उसने कहा था' में लहना सिंह के प्रेम का अंत उसकी मृत्यु में। दोनों का प्रेम अपने-अपने स्थान पर पूर्ण और सात्त्विक है। 'बोध' की यह नयी भंगिमा कहानी को जीवन-सत्य के अधिक निकट खींच लाती है; हमारा ऐतिहासिक अस्तित्व यहाँ अपने पूरे व्यावहारिक ढाँचे में उतर आया है।

विषय-बोध का यही रूप छोटी कहानियों के संपूर्ण स्थापत्य को कथाओं और आख्यायिकाओं से अलग कर देता है। आप आधुनिक कहानियों में स्थाापत्य की पूर्णता कथानक की निबंधना के रूढ़ रूपों से पृथक् पायेंगे, अर्थात् ये कहानियाँ आंतरिक निर्माण के कारण पूर्णता ग्रहण करती हैं, घटनाओं के पौर्वापर्य मात्र से नहीं। मेरी दृष्टि में छोटी कहानियों की उपलब्धि उनका आंतरिक स्थापत्य है जो केवल वातावरण और चरित्र के अंतरावलंबन से ही पूर्णतः निर्मित हो जाता है। घटनापूर्ण कहानियों की तुलना में ऐसी कहानियों का स्थापत्य किसी भी दृष्टि से अपूर्ण या रूपाकारहीन नहीं है।

छोटी कहानियों में कथाओं और आख्यायिकाओं से अलग जो एक विशेषता है वह है बोध की अर्थमत्ता। इन छोटी कहानियों में अभिप्राय के स्थान पर बोध का या भावना का अर्थ ही वह गतिकारक तत्त्व रहता है जो पात्र को अग्रसारित करता है या उसे अधिकाधिक आत्मोन्मुख बनाता है। 'इंदुमती' को ही लीजिए, इस कहानी में अभिप्राय से संबद्ध कथानक-रूढ़ियों के प्रत्यक्ष व्यवहार का अभाव है, यद्यपि चंद्रशेखर का 'इंदुमती' के स्थान पर पहुँच जाना कथानक-रूढ़ियों का एक हल्का-सा आभास प्रस्तुत करता है। 'इंदुमती' में संयोग के अभिप्राय से उसका अर्थ निश्चित रूप से बड़ा है। स्त्री-पुरुष के स्वाभाविक आकर्षण को लेकर, उसके जीवन-संबंधी अर्थ को लेकर यहाँ सर्वथा एक नया दृष्टिकोण ही लेखक प्रस्तुत करता है।

बोध का यह सर्वथा नया अर्थ कहानियों की अंतरंग विशेषता है। इस अर्थ को विकसित करने में निश्चित रूप से युग-चेतना ने सहायता प्रदान की है। कथाओं में अद्भुत वृत्तांतों, आकस्मिक घटनाओं, चामत्कारिक उपायों और दैवी साहाय्य की जो साधन-सज्जा थी वह कहानियों में सर्वथा बदल गयी। यहाँ जीवन के कार्य-कारण रूप पर, उसकी भौतिक ऐतिह्यता पर अधिक बल है। इस प्रसंग में आचार्य शुक्ल की एक पंक्ति बहुत ध्यान देने योग्य है। उन्होंने अपने इतिहास में लिखा था—"द्वितीय उत्थान की सारी प्रवृत्तियों का आभास लेकर प्रकट होनेवाली 'सरस्वती' पत्रिका में इस प्रकार की छोटी कहानियों के दर्शन होने लगे।" द्वितीय

1. Auden--The Quest Hero, Texas Quarterly, No. 4, 1961.

उत्थान की जिन सारी प्रवृत्तियों को लेकर प्रकट होनेवाली पत्रिका में ये कहानियाँ छपती हैं उसके पीछे युग का अव्याहत बोध है। इस संबंध में **डॉ. धीरेंद्र वर्मा** द्वारा संपादित 'साहित्य कोश' में छोटी कहानियों के प्रेरणा-स्रोत पर विचार करते हुए लिखा गया है–"हिंदी की आधुनिक कहानी के विकास में एक ओर मानव-जीवन के प्रेम, करुणा, विनोद, हास्य, व्यंग्य, विस्मय, आश्चर्यपूर्ण साधारण और यथार्थ परिस्थितियों के आघात-प्रतिघात सहायक हुए हैं, दूसरी ओर प्राचीन प्रेमप्रधान खंडकाव्य, प्रबंधकाव्य, नाटकों और प्रेमाख्यानों से प्राप्त कांव्यात्मक कल्पना ने योग दिया है।"[1]

उपर्युक्त दोनों संकेतों के आधार पर यदि हम हिंदी की छोटी कहानियों की विकास-प्रक्रिया का विवेचन करें तो स्पष्ट ही हमें उसके स्वरूप और संघटन की विशेषताओं के संबंध में, उसके प्रेरणा-स्रोतों के संबंध में और उसके विकास के आंतरिक तत्त्वों के संबंध में अधिक जानकारी प्राप्त होगी। इस संबंध में हम श्री शिवदान सिंह चौहान की टिप्पणी ऊपर उद्धृत कर चुके हैं, उसे यहाँ दुहराना अभीष्ट नहीं है।

युग-बोध ने आधुनिक छोटी कहानियों के स्वरूप में बहुत बड़ा परिवर्त्तन उपस्थित कर दिया है, इसलिए परंपरागत होने पर भी इनमें अपने पुराने रूप से काफी फासला है। कथानक के सर्वथा नये रूप को देखकर, वस्तु-समष्टि की नयी भंगिमाओं के कारण और तथ्यों के स्थान पर प्रतीकों द्वारा लाक्षणिक संकेतों वाले कथा-संघटन को लेकर ऐसा कहना स्वाभाविक है कि ये कहानियाँ परंपरा से स्वतंत्र और एक स्वतंत्र रचनाशीलता का परिणाम हैं। किंतु ऐसा है नहीं, इनके पीछे पूरी परंपरित रचना-प्रक्रिया का योग है।

विकास की इस प्रक्रिया को ध्यान में रखकर छोटी कहानियों के स्वरूप की चर्चा करूँ। कथानक के रूप को लेकर बात शुरू की जाय। कथानक के निर्माण में कथाओं और आख्यानों में लेखक की कल्पना कुछ उसी तरह की स्वतंत्रता लेती है जैसी अँगरेजी 'रामांस' नामक विधा में लिया करती थी अर्थात् यहाँ कल्पना को अपना विश्व निर्मित करने के लिए पूरी स्वतंत्रता है, वह आवश्यकतानुसार कारण-कार्य के नियम (Law of Causation) और मनुष्य की वास्तविकता तथा ऐतिहासिकता से ऊपर उठकर कथानक का निर्माण कर सकती है। छोटी कहानियों में 'फेंटेसी' के अतिरिक्त किसी रूप में ऐसी छूट नहीं है। कहानी लेखक अपने कथानक को अधिक से अधिक बोध की वास्तविकता प्रदान करने की चेष्टा करता है। इस अर्थ में कहानियों के कथानक अनिवार्यतः हमारे प्रत्यक्ष अनुभव के विश्व से लिये गये हैं, कल्पना या इच्छा के लोक से नहीं। 'वस्तु-समष्टि' में ये कहानियाँ

---

1. हिंदी साहित्य कोश–सं. धीरेंद्र वर्मा, पृ. 315

'सामान्यतः जीवन के किसी स्वरूप की मार्मिकता सामने लाती हैं। स्पष्ट है कि ऐसी स्थिति में कहानियाँ अधिक बोधात्मक अंतर्क्रियाओं से निर्मित होती हैं। फ्लोबेयर ने जार्ज सैंड (Georges Sand) को अपनी कहानी 'आँ कूर साँप्ल' (Un Cocur Simple) भेजते हुए इस तथ्य का उद्घाटन किया था कि कथा का कोई भी विषय जब तक दूसरे विषयों से अंतर्क्रियाभूत नहीं होता तब तक कहानी कहानी नहीं हो सकती।[1] कथानक की निबंधना में विचार-तत्त्व (Theme) को लेकर भी कहानियों में बोध की व्यावहारिकता देखी जा सकती है। यशपाल जी ने अभी हाल में 'नई कहानियाँ' के 'सुने तो कहें' शीर्षक स्तंभ के अंतर्गत लिखा है[2]–"ऐसा भी तो साहित्य हो सकता है जो केवल अप्राप्त काल्पनिक सुख की रसानुभूति के बजाय, सर्वसाधारण की परिचित अनुभूतियों के आधार पर संभव संतोष प्राप्त करने के विषय में बात करे। ऐसे साहित्य से सर्वसाधारण का मनोरंजन क्यों नहीं होगा ?" वस्तुतः कहानियों ने ऐसे ही अनुभवों से सर्वसाधारण को रसानुभूति का अवसर दिया है। बोध की वास्तविकता कल्पना के सुख से मार्मिक तो होती ही है !

वस्तुतः कहानियों में कथानक-संबंधी सभी संभव अवयवों को नये अवधान से मंडित कर दिया गया–कारण, उपाय, प्रयत्न, फल सबको। इन कहानियों में इतिवृत्त के प्रवाह को 'कथानक' मानने का भ्रम नहीं है। कहानियों के निर्माण में 'कथानक' के अंतर्गत घटनाओं का रैखिक प्रवाह अनिवार्य नहीं है। 'उसने कहा था' के 'कथानक' से हम इस रैखिक प्रवाह और तार्किक प्रवाह के भेद को स्पष्ट समझ सकते हैं।

कथा से भिन्न कहानियों में बोध का एक नया 'टेंपर' (Temper) उभर कर हमारे सामने आता है किंतु, यह नयी भंगिमा ऐतिहासिक जीवन-प्रक्रिया का परिणाम है। 'बोध' और 'भावना' दोनों में कहानियाँ जीवन के अधिक निकट आ गयी हैं, अंतर्क्रिया का रूप अधिक सामाजिक हो गया है। फ्लोबेयर के कथन का अर्थ भी यही है। प्रेमचंद की कहानियों में भी यही अर्थ है। उनकी पिछली कहानियों में तो यह बोध-भंगिमा और भी स्पष्ट होकर हमारे सामने आती है। उनकी प्रारंभिक कहानियों में इतिवृत्त का प्रवाह कथानक के निर्माण की पुरानी परम्परा की याद दिलाता है, ठीक उसी प्रकार जिस प्रकार बालज़ाक (Balzac) की प्रसिद्ध कहानी 'दि ग्रेट मास्टरपीस' अपने वातावरण और परिवेश के चित्रण में तथा 'कथानक' की निबंधना में रोमांस की परम्परा की याद दिलाती है। यों अपनी विचारणा में उसे हम शुद्ध आधुनिक कहानी ही कह सकते हैं। जिस प्रकार जीवन-बोध के

---

1. दि हाउस आव फ़िक्शन–सं. कैरोलिन गोर्दों एवं एलेन टेट, पृ. 24 (कथा टिप्पणी) 1960
2. नई कहानियाँ–सं. भैरव प्रसाद गुप्त, अगस्त, 1962

कारण बालज़ाक की कहानी आधुनिक है उसी प्रकार प्रेमचंद की कहानियाँ भी आधुनिक हैं। इन कहानियों में आधिदैविक या दैविक 'अभिप्रायों' की जगह 'मानवीय अभिप्राय' प्रधान हैं। ये अभिप्राय कहानियों पर विचार-वस्तु के रूप में आक्षेपित न होकर कथा के विकास से उत्पन्न हैं, फलतः इनमें जीवन अधिक है।

कल्पित कथानकों की तुलना में लोकाश्रित कथानकों की प्रतिष्ठा स्वयं एक ऐतिहासिक घटना है, फलतः इससे संतुलन स्थापित करने के लिए 'कथा' के दूसरे सापेक्ष अवयवों के संघटन में भी परिवर्त्तन के लक्षणों का उभरना आवश्यक था। संबद्ध रूप से अभिप्रायों में, चरित्र की निबंधना में और सामान्य रूप से निर्माण में भी आधुनिक छोटी कहानियाँ कथाओं और आख्यायिकाओं से गुणात्मक रूप से विकसित हैं।

हिंदी कहानी : स्थापत्य के रूप

कहानी की तुलना में उपन्यास के स्थापत्य को लेकर बहुत अधिक और गम्भीर चर्चाएँ हुई हैं। शायद आज तक हम इस बात से ही संतोष करते आये हैं कि यदि कहानी हमारे मन पर एक संश्लिष्ट प्रभाव डाल रही है तो निर्माण की दृष्टि से भी वह पूर्ण है। यों प्रभाव की संश्लिष्टता की दृष्टि से कहानी के स्वरूप और निर्माण की चर्चा को भी हम एक सार्थक दृष्टिकोण समझते हैं, किंतु, उसकी सीमाएँ भी हमारे सम्मुख स्पष्ट ही हैं। प्रभाव कभी-कभी हमारे मन पर निरवयव वस्तुओं और व्यापारों का भी पड़ता है। भावुक कहानीकार 'गलदश्रु' और नाटकीय साधनों से भी हमारे संवेदनशील मन पर प्रभाव की रेखाएँ खींचकर हमें चमत्कृत कर सकता है। पर कालांतर में जब प्रभाव की ये रेखाएँ हमारे मानस से फीका होकर उतरने लगती हैं तब सहसा हमारा ध्यान उसके निर्माण की ओर चला जाता है और तब हम उसके निर्माण के बिखराव की ओर से सजग होने लग जाते हैं।

कहानी के 'स्थापत्य' की चर्चा करते हुए हमें सर्वप्रथम इस बात पर विचार करना है कि किस प्रकार छिट-फुट प्रभाव, रचना की प्रक्रिया में, एक संपूर्ण कथानक बनकर उभरते हैं।

उपन्यासों, कथाओं और आख्यायिकाओं की तुलना में कहानी की स्थापत्य-संबंधी कुछ आंतरिक विशेषताएँ होती हैं। इन्हीं आंतरिक विशेषताओं के कारण कभी-कभी हम उन्हें एक-दूसरे से नितांत भिन्न रचनाएँ मानने की भूल भी कर बैठते हैं। आख्यायिकाओं से हिंदी कहानियों का बहुत सीधा संबंध रहा है, इसलिए यदि हम आख्यायिकाओं के स्थापत्य से ही चर्चा प्रारंभ करें तो उचित होगा। आख्यायिकाएँ, जैसी विद्वानों की धारणा है, वृत्त-प्रधान होती थीं और इनमें वृत्त के विकास का एक रैखिक क्रम होता था। घटना का प्रवाह इनमें प्रारंभ से अंत तक एक ही दिशा की ओर होता था और इसमें किसी प्रकार के व्यतिक्रम

की गुंजाइश नहीं रहती थी। हिंदी की प्रारंभिक कहानियों पर इस 'निर्माण' की छाया बहुत स्पष्ट है। 'इंदुमती', 'हतभागिनी', 'चंद्रतारा', 'अनूठी अँगूठी' (शिवपूजन सहाय), 'ग्यारह वर्ष का समय' (आ. शुक्ल) आदि कहानियाँ उदाहरण स्वरूप प्रस्तुत हैं। प्रेमचंद की अधिकांश प्रारंभिक कहानियों पर भी यह प्रभाव स्पष्ट ही है।

केवल निर्माण की दृष्टि से ये कहानियाँ आयामहीन की कही जायँगी। इनका घटना-प्रवाह सरल रेखा की तरह अनेक बिंदुओं को स्पर्श करता हुआ क्रमशः अपनी परावधिक गति प्राप्त करता था और इस प्रकार पाठक को कथा का पूरा-पूरा आनंद-लाभ हो जाता था। प्रेमचंद की कहानियों के निर्माण का संकेत करते हुए डॉ. रामविलास शर्मा ने ठीक ही लिखा है–'प्रेमचंद कथा के आनंद को अधूरा नहीं छोड़ते।' कथा के इस आनंद को पूरा करने के लिए कहानीकार कितनी कृत्रिम घटना-शृंखलाओं की योजना कहानी में करता था और उससे कहानी के ढाँचे में कितनी जटिलताएँ उभर जाती थीं, इसकी चर्चा हम यथास्थान करेंगे। यहाँ इतना भर कह देना काफ़ी होगा कि घटना और प्रसंग की शृंखला कभी-कभी इन कहानियों में मानवीय विचार-वस्तु पर इस तरह छा जाती है कि उसे कहानी की सीमा में विकसित होने का अवसर ही नहीं मिलता।

कहानी घटनाश्रित प्रभावों का निर्माणहीन (लम्पन) समुच्चय नहीं है। जब घटनाश्रित प्रभाव पाठक के मन में एक संश्लिष्टता लेकर उभरते हैं तब कहानी का एक ढाँचा हमें प्राप्त होता है। इसे आप कहानी की संस्थापत्य-संबंधी आंतरिक विशेषता कह सकते हैं। प्रेमचंद की अधिकांश प्रारंभिक कहानियों में घटनाओं के अंतर्क्षेप से कथानक का ढाँचा गढ़ा जाता है। 'पंचपरमेश्वर', 'बड़े घर की बेटी', 'अलग्योझा', 'दुर्गा का मंदिर' इत्यादि इसके सरलतम उदाहरण हैं। यहाँ आकर हमें यह बात स्वतः स्वीकार करनी पड़ती है कि प्रेमचंद की आधुनिकता उनकी कहानियों के निर्माण में नहीं है। निर्माण की दृष्टि से उन्होंने आख्यायिका का सामान्य ढाँचा ही स्वीकार कर लिया है, अंतर सिर्फ इतना है कि इस ढाँचे में, घटना-प्रवाह में व्यतिक्रम या अंतर्क्षेप की गुंजाइश प्रेमचंद ने पैदा कर ली है। यह बात केवल प्रेमचंद के साथ लागू नहीं होती। उनके सामयिक अधिकांश मौलिक कृतिकारों ने कहानी के इस निर्माण को स्वीकार कर लिया था। उस युग में बँगला से अनुवादित अधिकांश कहानियों का ढाँचा तो घटनाओं के अंतर्क्षेप से ही गढ़ा गया मालूम पड़ता है। इस अर्थ में बँगला के 'गल्प' का स्थापत्य भी प्रारंभिक हिंदी कहानियों के स्थापत्य से नितांत भिन्न और यूरोपीय कथा के ढाँचे का नहीं है।

इस अर्थ में चाहे 'पंचपरमेश्वर' हो या 'ग्राम' अथवा 'विराम चिह्न' घटनाओं का अंतर्क्षेप सर्वत्र है–कहीं बहुत नाटकीय वातावरण के साथ, कहीं क्रियान्वित व्यापारों के साथ। प्रेमचंद कहानियों का विधान करते हुए उचित वातावरण गढ़

लेने में अद्भुत सामर्थ्य का परिचय देते हैं, प्रसादजी नाटकीय व्यापारों के चित्रण में। कहानियों के साथ निर्माण का नियम, उपन्यास आदि साहित्य रूपों की तुलना में, बहुत दूर तक कार्य करता है। कोई सफल कहानीकार कहानी के शिल्प को उसके निर्माण (स्थापत्य) से अलग कर सिद्ध नहीं कर सकता। चेख़ब की कहानियाँ तो अपने निर्माण की दृष्टि से उन्नीसवीं शताब्दी की उपलब्धि ही मानी जाती रही हैं।

प्रेमचंद के आलोचकों की राय में उनकी कहानियाँ अधिकांशतः उपन्यासों के परिप्रेक्ष्य में लिखी गयी हैं। डॉ. नंददुलारे वाजपेयी जी ने प्रेमचंद की कहानियों पर टिप्पणी करते हुए लिखा ही है–'आरंभिक कहानियाँ अधिकतर लम्बी और वर्णनात्मक हैं, जबकि पीछे की कहानियाँ अधिक गठी हुई, संक्षिप्त तथा नाटकीय प्रभाव से सम्पन्न हैं।' यह बात सिर्फ प्रेमचंद की प्रारंभिक कहानियों के साथ ही लागू नहीं होती, अधिकांश कहानियों के साथ लागू होती हैं। हाँ, औपन्यासिक परिप्रेक्ष्य में प्रेमचंद के अतिरिक्त बहुत कम समसामयिक लेखकों ने कथा-विधान किया है। संक्षेप में हम यहाँ इसके कारणों की चर्चा कर लें। प्रेमचंद की अधिकांश कहानियों की 'विचार-वस्तु' सामयिक जीवन से ली गयी हैं, और चूँकि, सामयिक जीवन का संदर्भ अत्यंत व्यापक, प्रवहमान और घटना-संकुल है इसलिए प्रेमचंद की कहानियों का वातावरण पूरे सामयिक जीवन की झाँकी लेकर आता है। समस्त जीवन के प्रवाह में एक अनुभव-खंड को आयाम (Dimension) प्रदान करने के कारण अनिवार्यतः इन कहानियों का परिप्रेक्ष्य औपन्यासिक है।

प्रेमचंद की प्रारंभिक कहानियों की तुलना में गुलेरीजी की कहानी 'उसने कहा था' पाश्चात्य कहानी का ढाँचा प्रस्तुत करती है। स्थापत्य की दृष्टि से इस कहानी का स्वरूप अनाहूत-सा मालूम पड़ता है। केवल निर्माण की दृष्टि से आज भी बहुत कम ही कहानियाँ इसकी समतुल्यता प्रमाणित कर सकेंगी। स्थापत्य की दृष्टि से प्रस्तुत कहानी मोपासाँ की कहानियों की तरह एकात्मक, फिर भी आयामपूर्ण है। पूरी कहानी का ढाँचा मानवीय भावना को कारण-रूप में प्रतिष्ठित कर निर्मित होता है। यह मानवीय भावना सम्पूर्ण जीवन में अखंड रूप से वर्त्तमान है। इस अखण्डता का, एक कहानी की सीमा में पाठक को बोध कराना कथानक के सीधे-साधे पूर्वापर क्रम से विकास के लिए संभव नहीं है। अतः पूरी कहानी का रचनात्मक शिल्प प्रत्याभास से निर्मित होता है। हिंदी कहानी में प्रत्याभास (फ्लैश बैक) का यह शिल्प पहली बार देखने में आता है सन् 1915 ई. में। कहानी के रचनातंत्र में इसका उपयोग उस समय बहुत अंशों में पाश्चात्य देशों में भी मुश्किल से ही स्वीकृत हो पाया था, भारतीय साहित्य की तो बात ही और है।

घटना-विशेष से उत्पन्न एक अनुभव किस प्रकार प्रत्याभासित होकर जीवन के किसी अवसर-विशेष में अपना सम्पूर्ण मर्म विवृत करता है इसका दिग्दर्शन

कहानी की कथात्मक शैली या वृत्तात्मक रैखिक शिल्प में सम्भव नहीं है। कहानीकार को इसके लिए एक ऐसे चाक्रिक शिल्प (Spiral) की आवश्यकता पड़ती है जो पूरे जटिल कथानक को घेर सकने में समर्थ हो। घटना की यह एकात्मकता प्रेमचंद की बहुत कम ही कहानियों में उपलब्ध हो पाती है। जीवन का अनुभव-सत्य जितने कटे-छँटे सँवरे ढंग से इस कहानी में उतरा है उसकी अनुकृति सरल नहीं है। हिंदी का कोई कहानीकार फिर इस निर्माण को इतने ही सधे रूप में दुहराने में समर्थ नहीं हुआ। इस कहानी के इस शिल्प और स्थापत्य की चर्चा को यदि हम इस कहानी के वस्तु-सत्य के आधार पर व्यक्त करने की चेष्टा करें तो सबसे पहले हमें यह मान लेना होगा कि इसके 'कथानक' के मूल में एक ही भावना कार्य कर रही है—रोमांटिक भावना। भावना की इस 'प्रकृति' को समझकर हम उसकी कथानक के रूप में व्याप्ति की व्याख्या करना चाहें तो बात और स्पष्ट होकर आयेगी। 'लहना सिंह' की जिंदगी में बचपन का एक अनुभव है। यों यह अनुभव बचपन का है और समय का अंतराल इस अनुभव को बचकाना भी साबित कर सकता है। मगर समय हमारे सारे अनुभवों का 'हीलर' नहीं होता, कुछ अनुभव समय से छनकर हमारे जीवन में शेष रह जाते हैं। लहना सिंह की जिंदगी में भी एक ऐसा ही अशेष अनुभव है। इस अनुभव को वह अपनी सम्पूर्ण सामर्थ्य से समय की शक्ति के विरोध में सँजोता आया है। आकस्मिकता इस अनुभव को पुनरुज्जीवित कर देती है। दर्द पिघल जाता है। मगर दर्द का पिघलना जीवन-सरिता के निर्माण का पहला क्रम है। अपनी बाल-संगिनी के पति और पुत्र की रक्षा कर वह अपने ही दर्द का कर्ज चुकता कर देता है। अनुभव का यह जीवनव्यापी प्रसार कहानी के कथानक को अनिवार्यतः जटिल बना देता है। मगर यह जटिलता विषय की प्रकृति की है, कहानी के स्थापत्य की नहीं। 'उसने कहा था' का स्थापत्य तो पारदर्शी है !

'उसने कहा था' के स्थापत्य की आवृति कम-से-कम आने वाले दो दशकों में तो नहीं ही होती।

जयशंकर प्रसाद की कहानियों का स्थापत्य चरित्र-व्यापारों से और व्यापारशील चरित्रों के जीवन-संदर्भ से निर्मित होता है। इस अर्थ में प्रसाद की कहानियाँ नाटकीय विधियों से 'कथानक' का ढाँचा तैयार करती हैं। घटनाओं का अंतर्क्षेप वहाँ भी वैसा ही है जैसा कि प्रेमचंद की कहानियों में, किन्तु प्रसाद में ये घटनाएँ चरित्र-व्यापार को बहुत ही सावयव ढंग से संबद्ध करती चलती हैं। प्रेमचंद की प्रारंभिक कहानियों की तुलना में प्रसाद की प्रारंभिक कहानियाँ, इसीलिए निर्माण की दृष्टि से अधिक सुघड़ हैं। कहानी के विकास के दौर में कहानीकार प्रत्येक नाटकीय मोड़ पर पूर्वावधान कर लेता है, फलतः ऐसे स्थलों पर कहानी की गति को संयोगों के आधार पर तोड़ने-जोड़ने का कृत्रित प्रयास उसे नहीं करना पड़ता।

किंतु, कहानी के स्थापत्य को अधिक लचीला, अधिक संप्रसार-सह्य बनाने के प्रयास में प्रसादजी कभी-कभी बहुत भद्दे ढंग से काम लेते हैं। नाटकीय संघातों पर आवश्यकता से अधिक विश्वास करने के कारण उनकी कुछ-एक कहानियाँ बिल्कुल आयामहीन, चौरस होकर रह जाती हैं। उद्‌घातकों के अनावश्यक और अतिनाटकीय प्रयोग के कारण उनकी कहानी का स्थापत्य व्यावहारिक (Functional) कम और शोभाकारक (Decorative) अधिक हो जाता है। प्रेमचंद से प्रसाद की कहानियों का यह स्थापत्य-भेद बहुत स्पष्ट रूप से देखा जा सकता है। 'आकाश-दीप' शीर्षक कहानी-संग्रह की कुछ कहानियों का उदाहरण हमारे सम्मुख है। इस संग्रह की पहली कहानी है 'आकाश-दीप'। 'आकाश-दीप' शीर्षक कहानी का संघटन अनिवार्यतः क्रेपस्कुलर (Crepuscular) है, अर्थात् घटना-क्रम के विकास का जो छाया-प्रकाश लेखक ने निर्मित किया है उससे बहुत कुछ धुँधलके का आभास मिलता है। उद्‌घातकों के प्रयोग से चाहे उसमें यहाँ-वहाँ नाटकीयता आ गयी हो, पर यह धुँधलका कहीं समाप्त नहीं होता, पूरी कहानी का पैटर्न बनकर रह जाता है। 'समुद्र-संतरण' आदि कहानियों में निर्माण के इस रूप को यथावत् दुहराया गया है।

अपनी अधिकांश कहानियों में प्रसादजी 'निर्माण' के इस विधि-विशेष का मोह छोड़ नहीं पाये हैं। 'इंद्रजाल' शीर्षक कहानी-संग्रह की परवर्त्ती कहानियों पर भी इसका प्रभाव उतना ही तीक्ष्ण है जितना 'आकाश-दीप' पर। हाँ, इस नये संग्रह में कुछ एकात्मक स्थापत्य वाली कहानियाँ भी हैं, जैसे 'गुंडा', 'छोटा जादूगर' आदि।

प्रसाद को छोड़कर शेष सामयिक कहानीकारों ने प्रेमचंद का कथा-विधान ही स्वीकार किया है। सुदर्शन, कौशिक, भगवती प्रसाद वाजपेयी, चतुर सेन शास्त्री इत्यादि ऐसे लेखक हैं जो कथानक के वृत्तात्मक क्रम का निर्वाह करते हुए कथानक का स्वरूप निर्मित करते हैं। यह जरूर है कि इन लेखकों में 'कथानक' को वह व्यापकता नहीं मिलती जो प्रेमचंद की कहानियों में मिलती है।

प्रेमचंद ने अपनी पिछली कहानियों के ढाँचे में आवश्यक परिवर्त्तन कर लिया था। इस संबंध में हम डॉ. रामविलास शर्मा की कुछ पंक्तियाँ उद्धृत करना चाहेंगे—"प्रत्येक महान् प्रतिभा को अपने लिए बना-बनाया ढाँचा न चाहिए, जिसका वह अनुसरण करे, उसे अपने विकास के लिए केवल संकेत, सहारा चाहिए जिससे वह अपनी मौलिकता को खोज सके।...अधिकांश कहानियों में प्रेमचंद एक ही प्रधान घटना रखते हैं, कथानक की गति उसी की ओर रहती है, और पाठक का ध्यान एक ही धारा में बहता है।...'शतरंज के खिलाडी' निर्माण-कला का सुंदर उदाहरण है।"[1]

1. डॉ. रामविलास शर्मा, प्रेमचंद की कला, पृ. 148-158 (डॉ. मदान द्वारा सम्पादित पुस्तक 'प्रेमचंद', : 'चिंतन और कला' से)

प्रेमचंद की पिछली कहानियों में निर्माण की इस सुघरता का कारण, जैसा डॉ. रामविलास लिखते हैं, घटना की एकता है। मेरी दृष्टि में इन पिछली कहानियों का समस्त वस्तु-विचार ही एकात्मक है और इसीलिए प्रेमचंद ने यहाँ इनके निर्माण में आशातीत सफलता पायी है। केवल निर्माण की सुघरता के लिए उन्होंने अपनी कहानियों में परिवर्त्तन किये हों, ऐसा सोचा भी नहीं जा सकता; क्योंकि कलाकारी की बातें उनके सम्मुख निश्चित रूप से 'गौण होकर आती हैं'। 'शतरंज के खिलाड़ी', 'पूस की रात', 'मुक्ति-मार्ग', 'कफ़न' इत्यादि कहानियाँ केवल निर्माण की दृष्टि से भी प्रेमचंद की श्रेष्ठमत रचनाएँ हैं। ये कहानियाँ निश्चित रूप से पाठकों को जीवन के एक आत्मपूर्ण अनुभव का बोध देती हैं और साथ ही एक अवांतरहीन विकास की दिशा में पूर्णता का आभास भी देती हैं। 'कथानक' की यह 'सहजता' 'क़िस्सागोई' के आदिम रूप से भिन्न है। प्रेमचंद की कहानियों में एक सहजता यों ही उत्पन्न नहीं हुई, यह लगभग तीन-सौ कहानियों के निर्माण के प्रयत्न-विस्तार से आयी है।

कथानक की सरलता के बीच समस्त मानवीय भावनाओं को कारण रूप में प्रतिष्ठित करने का कौशल कोई प्रेमचंद से सीखे। कथानक में कहीं कोई रहस्य-रोमांच नहीं, कहीं कोई ऐंद्रजालिकता नहीं, कोई नाटकीयता नहीं, फिर भी अपनी सहज गति में ये कहानियाँ हमारी समस्त चेतना पर छा जाती हैं। 'निर्माण' का यह कौशल क्या प्रेमचंद के कथा-साहित्य की विशेषता नहीं है ? प्रेमचंद अपनी अंतिम कहानियों में बिना किसी उपोद्घात के सीधे कथा के मूल भाग में प्रवेश करते हैं। कारण और कार्य का यह सरल संबंध प्रेमचंद की कहानियों के रचना-कौशल की आत्मा है। ऐसी कहानियों में प्रेमचंद वस्तु का निर्देश नहीं करते, वस्तु का दृश्य-विधान करते हैं। 'पूस की रात', 'मुक्ति-मार्ग', 'कफ़न', सबमें यह दृश्य-विधान कथानक को अधिक एकात्मक और प्रभावशाली बनाने में सहायक होता है। पाठक का ध्यान इस प्रत्यक्षता से इस दृश्य-विधान पर जमा रहता है कि कोई वस्तु-निर्देश उसे इस राह से भटका पाने में समर्थ नहीं होता।

प्रेमचंद की कहानियों के स्थापत्य की चर्चा करते हुए केवल वस्तु-विधान तक सीमित रह जाना, एक अर्थ में, प्रेमचंद की विशेषता की ओर से आँख मूँद लेना होगा। वस्तु-विधान यदि स्थापत्य का बाहरी ढाँचा है तो व्यापार-विधान उसका आंतरिक स्थापत्य। किसी अच्छी कहानी के निर्माण को सिर्फ उसके वस्तुतंत्र से देखना-परखना उसकी आत्मा के साथ अत्याचार करना होगा। इस अर्थ में प्रेमचंद की कहानियों का निर्माण भवन-निर्माण की तरह निरवयव नहीं है। भवन-निर्माण की एक पूर्व-निश्चित योजना होती है और निर्माता इस पूर्व-निश्चित योजना के अनुसार उसकी निबंधना करता चला जाता है। कहानियों की निबंधना में जहाँ तक वस्तु-विधान का प्रश्न है, वहाँ तक कुछ अंशों में हम पूर्व निश्चय की बात

कह भी सकते हैं, किंतु जहाँ तक चरित्र-व्यापारों का संबंध है, ऐसी निबंधना किसी प्रतिभावान लेखक को स्वीकार नहीं हो सकती; प्रेमचंद को तो क़तई नहीं।

प्रेमचंद के पात्र परिस्थितियों के हाथ में पुतलों की तरह कार्य नहीं करते, इसलिए परिस्थिति के अनुकूल घिसे-पिटे व्यापार करना भी उनके शील के लिए संभव नहीं है। वे मानवीय प्रेरणाओं से कार्य करते हैं, परिस्थिति की विवशता में नहीं। यही कारण है कि केवल विषय की दिशा में प्रेमचंद कथा का विधान नहीं कर पाते। इसी अर्थ में डॉ. शर्मा ने लिखा है–'कभी-कभी एक गठित कथा को लेकर चलना घातक होता है।' प्रेमचंद ने स्थापत्य की सघनता के लिए कभी ऐसा ख़तरा मोल नहीं लिया। कहानी को भवन-निर्माण की तरह निरवयव बनाना उन्हें पसंद नहीं था। इसलिए कहानियों पर लिखते हुए उन्होंने बार-बार मनोविज्ञान की चर्चा की। उनके सम्मुख कहानी को लेकर जो सबसे बड़ा प्रश्न खड़ा था वह मानवीय व्यापारों के मनोवैज्ञानिक रूप और संसज्जन (Orientation) का था। वे अपनी कहानियों द्वारा मानवीय व्यापारों के मनोवैज्ञानिक कारणत्व की खोज कर रहे थे, फलतः उनकी कहानियों का 'कथानक' जितना घटना-क्रम से प्रभावित है उतना ही व्यापारों के संसज्जन से भी। प्रेमचंद की कहानियों के स्थापत्य की चर्चा करते हुए इनमें से किसी एक को भी छोड़ देने की सुविधा हमें प्राप्त नहीं है।

प्रेमचंद 'पूस की रात', 'मुक्ति-मार्ग', 'नशा', 'कफ़न', 'शतरंज के खिलाड़ी' इत्यादि कहानियों में कथा का जो ढाँचा प्रस्तुत कर रहे थे वह निश्चित रूप से बाद के कहानीकारों का आदर्श बन गया। इसका सबसे बड़ा कारण यह था कि इनमें कहानी का बाहरी रूप उतना महत्त्वपूर्ण नहीं था जितना उनका आंतरिक स्थापत्य। घटनाओं का अंतर्क्षेप इन कहानियों के ढाँचे के लिए आवश्यक फार्मूला नहीं रह गया था, किसी भी एक घटना के सहारे कहानीकार विचार-वस्तु की सफल नियोजना कर लेने में समर्थ था। कहानी की निबंधना का वही रूप प्रेमचंद के बाद के कहानीकारों के सम्मुख नहीं था जो घटनाप्रधान के नाम पर चल रही थीं। मानवीय भावनाएँ कथा के कारण के रूप में प्रतिष्ठित हो रही थीं और उनके कारण घटनाओं के चामत्कारिक अंतर्भाव की आवश्यकता नहीं रह गयी थी। जैनेंद्र, भगवतीचरण वर्मा, यशपाल, अज्ञेय, पहाड़ी, इत्यादि उस युग के लेखक बड़े कौशल से कहानी के उस स्थापत्य का विकास कर रहे थे जो प्रेमचंद की पिछली कहानियों में उभर कर आया था।

'पत्नी', 'रोज़', 'बेज़ुबाँ', 'कुत्ते की पूँछ', 'परदा', 'तीखा व्यंग्य' इत्यादि कहानियाँ निर्माण की दृष्टि से निश्चित रूप से प्रेमचंद की उन कहानियों की परंपरा में हैं जो घटनाओं के अंतर्क्षेप के चमत्कार से मुक्त और एकात्मक हैं। उपर्युक्त कहानियों में, अधिकांश में, घटना-प्रवाह का या घटना के अंतर्क्षेप का सर्वथा अभाव है। इनमें ऐसा कुछ नहीं है जो अघट जैसा लगे। रोज़मर्रा की जिंदगी में घटित

होनेवाली घटनाएँ वस्तुतः घटना के चामत्कारिक रूप से मुक्त रहती हैं। इन रोज़मर्रा की घटनाओं को लेकर जब कहानीकार किसी कथा-विज्ञान में प्रवृत्त होता है तो उसका मूल उद्देश्य किसी मनःस्थिति, परिस्थिति या व्यापार का चित्रण हो जाता है। उपर्युक्त सभी कहानियों का कथानक इकहरा है, प्रेमचंद की अंतिम कहानियों की तरह। इनमें कथा के अंतर्गत उपकथाएँ पढ़ने का निरर्थक प्रयत्न आपको नहीं मिलेगा; फिर भी ये कहानियाँ स्मरणीय हैं, अपने निर्माण में सघनतम हैं। जो लोग ऐसा समझते हैं कि कथानक की समानांतरता के बिना, उपकथानक के अंतर्क्षेप के बिना कहानी का ढाँचा सघन हो ही नहीं सकता, उनके लिए उपर्युक्त कहानियाँ दिशा-निर्देश का काम करेंगी, इसमें संदेह नहीं। कथानक के बहुदर्शी (कैलिडोस्कोपिक) विस्तार के बगैर भी सघनता लायी जा सकती है, लायी गयी है।

प्रेमचंद के बाद कहानी के निर्माण को सँवारने का श्रेय, इस दृष्टि से, जैनेंद्र, यशपाल और भगवतीचरण वर्मा को है।

यों 'विपथगा' और 'परंपरा' की भी अनेक कहानियाँ निर्माण की दृष्टि से एकात्मक हैं, किंतु कहीं-कहीं विचारतत्त्व या भावना की स्फीति उन्हें बाधित करती है। 'मंसो', 'ताज की छाया में', 'अछूते फूल' इत्यादि कहानियाँ इसी कोटि की हैं।

जैनेंद्र ने अभी हाल में 'लहर' के एक परिसंवाद में भाग लेते हुए लिखा था[1] –'दिशाएँ सब स्पेस में चलती हैं। मैं टाइम की दिशा पसंद करूंगा, जो स्पेस की किसी दिशा को नहीं काटती और सबको भरपूर बनाती है।' कहानी के स्थापत्य की पूर्णता–जैसा वास्तुकला में होता है–केवल स्पेस के आयाम में नहीं होती, काल के आयाम में भी होती है। नैरंतर्य, जीवन की प्रवहमानता उसका अनिवार्य गुण है। प्रेमचंद की कहानियों में भी काल का यह नैरंतर्य तिरोभूत नहीं है। काल के इस चौथे आयाम की भूमिका 'कफ़न' की संपूर्ण चेतना है। 'कफ़न' का ढाँचा वस्तु-व्यापारों के जिस प्रच्छन्न सांस्कृतिक धरातल को लेकर निर्मित होता है, वह क्या केवल स्पेस की दिशा है ?

इस प्रश्न पर थोड़े विस्तार में जाकर विचार करने की गुंजाइश जैनेंद्र के वक्तव्य ने पैदा कर दी है। जब वास्तुकला के स्थापत्य पर–कालांतर में–रुचि के परिवर्त्तन का प्रभाव पड़ता है तो कहानियों की तो बात ही अलग है। जीवन का संपूर्ण वस्तुगत और भावगत निर्माण कहानी के स्थापत्य को प्रभावित करता है, मानवीय भावनाओं के निरंतर प्रवहमान रूप के कारण कारणत्व की जटिलताएँ पैदा होती रहती हैं और मानव-व्यापार में उसी अनुपात में, परिवर्त्तन-परिष्कार होते चलते हैं। मगर इससे यह निष्कर्ष नहीं निकाला जा सकता कि हर क्षण प्रवहमान

1. लहर–जुलाई, 1961–पृ. 41

जीवन का बाहरी ढाँचा भी उसी त्वरित गति से बदलता चलता है। कहानी में स्थापत्य के स्वरूप का भेद काल की एक निश्चित दिशा में ही अभिव्यक्त होता है। खुद प्रेमचंद की कहानियों में–कालांतर में–यह भेद स्पष्ट रूप से परिलक्षित हो जाता है।

यशपाल, जैनेंद्र, अज्ञेय इत्यादि कहानीकारों ने कहानी के स्थापत्य को सँवारा है, किंतु, इसका यह अर्थ नहीं है कि उसके लक्षण प्रेमचंद की कहानियों में उभरे ही न थे या प्रेमचंद इस अर्थ में कथाओं और आख्यायिकाओं के स्थापत्य से आगे बढ़ ही नहीं पाये थे। 'कफ़न' में उन्होंने कहानी का एक ऐसा माइक्रोकॉस्मिक ढाँचा तैयार किया था जो संपूर्ण भारतीय जीवन के अंतर्विरोधों को प्रतिच्छादित करने में समर्थ था। प्रेमचंद इन अंतर्विरोधों के प्रकाश में दिशा-दर्शन करता चाहते थे! प्रेमचंद के बाद कितने ऐसे कहानीकार हैं जिन्होंने इस अर्थ में 'कफ़न' के ढाँचे को सँवारा है! कहानी के स्थापत्य को उसके शिल्प या रूप से एकात्मक करके देखना बहुत बड़ी असंगति को जन्म देता है।

कहानी के स्थापत्य को लेकर प्रेमचंद के बाद बहुत सारे सार्थक और निरर्थक प्रयोग हुए। यशपाल, अज्ञेय और जैनेंद्र की कुछ कहानियाँ कहानी की सीमित निबंधना में भी जीवन-प्रवाह का (स्पेस-टाइम-कॉण्टिन्युअम) विस्तार अभिव्यक्त करती हैं। ऐसी कहानियों के सफल स्थापत्य के हम भी प्रशंसक हैं, किंतु उसके साथ स्थापत्य के कुछ ऐसे प्रयोग भी हैं जिन्हें किसी भी अर्थ में कथा के निर्माण की दृष्टि से सार्थक नहीं कहा जा सकता। आधुनिक कहानियों से 'कहानीपन' के उच्छेदन का मौलिक श्रेय इन्हीं कहानियों को है। इस संबंध में एक आलोचक का कहना है–'कहानी ने अपने शिल्प में इस बीच में विभिन्न साहित्य-रूपों एवं कलाओं से भी तत्त्व ग्रहण किये हैं, पर इतना अवश्य है कि 'कथा-तत्त्व' तथा रंजकता एवं अपेक्षाकृत बहुजन ग्राह्यता का जो आंतरिक गुण या तत्त्व कहानी में होता है, वह उसे शिल्पगत प्रयोग को वैसी छूट नहीं देता, जैसी कि कविता के क्षेत्र में सम्भव है।'

कहानी के स्थापत्य के मामले में प्रेमचंदोत्तर कथाकारों में यशपालजी ने शायद सबसे अधिक सावधानी बरती है। उनकी शत-प्रतिशत कहानियों का एक सुनिर्मित ढाँचा होता है और उस ढाँचे में वे वस्तु-विचार को ढाल लेने में अद्भुत सामर्थ्य का परिचय देते हैं। कोई घटना हो, कोई विचार हो या कोई भाव हो, वे सर्वत्र इस बात का ध्यान रखते हैं कि उनके कथात्मक विधान में कहीं कोई शैथिल्य न रहे। निबंधना की दृष्टि से उनकी कहानियाँ सर्वांशतः पूर्ण रहती हैं, मोपासाँ की कहानियों की तरह। उनकी बहुत सारी प्रारंभिक कहानियों के कथानक पर भी मोपासाँ की छाया है। कथानक का इकहरा रूप यशपालजी को सर्वाधिक प्रिय है। उन्हें यह क़तई पसंद नहीं है कि एक पात्र की संवेदना का अपहरण कर उसे

किसी दूसरे पात्र की सामर्थ्य के रूप में उभारा जाय। उनकी बहुत-सी ऐसी कहानियाँ, जहाँ विषय-वस्तु का सीधा विवरण है, कथा-कौशल के कारण, स्थापत्य की कोणिकता के कारण अत्यंत प्रभावशाली हो गयी हैं।

यशपाल प्रेमचंद की तरह घटनाओं के अंतर्क्षेप से कथानक नहीं गढ़ते। इस संबंध में उन्होंने सबसे अलग एक विधि विकसित की है; वे किसी निरंतर प्रवहमान, घटनापूर्ण कथानक के स्थान पर इकहरे कथानक की सृष्टि करते हैं जिसमें पाठक की दृष्टि अनंत संभावनाओं की ओर हठात् नहीं खुलती। यहाँ उसके अवधान का कोई केंद्रापसारी सूत्र नहीं होता—वह एकात्मक और केंद्रोन्मुख होता है। यशपाल को, इस अर्थ में, अद्‌भुत कल्पनाशक्ति प्राप्त है। निर्माण की यह एकतानता कहानी के कथानक की सहज-स्वाभाविक गति में किसी प्रकार की बाधा उपस्थित नहीं करती। कहीं ऐसा नहीं लगता जैसे कि यशपालजी के कथानक कृत्रिम या गढ़ाऊ हैं। वे अपनी अधिकांश कहानियों में घटनाएँ भी गढ़ लेते हैं लेकिन सर्वत्र ऐसा लगता है जैसे वे अनुभव से अनुस्यूत हों, उनकी वर्णन शैली को देखते हुए ऐसा लगता है जैसे कथानक में आये स्थान-पात्र सभी सत्य हैं, लेखक ने सिर्फ उन्हें जोड़ दिया है। डॉ. राम विलास शर्मा और अज्ञेय की—यशपाल के दो प्रखर आलोचकों की—राय उनके संबंध में अद्‌भुत समानता रखती है।

'परदा', या 'साईं सच्चे', 'नमकहलाल' जैसे 'कथानक' वाली कहानियाँ हों या 'मैं होली नहीं खेलता', 'गुडबाई दर्देदिल', 'आदमी का बच्चा' जैसी व्यंग्य विचार वाली कहानियाँ, ढाँचा सबका एकतान और पूर्ण है। कहानी के इस एकतान ढाँचे को लेकर जितने प्रयोग यशपालजी ने किये हैं उतने उनके सामयिक लेखकों में शायद ही किसी ने किये हों !

यशपाल के कथानक में 'वृत्त' की ओर रुझान बहुत कम है, इसलिए उनकी कहानियों का ढाँचा 'उपस्तरीय' (Substratum) नहीं है—वे छोटी-छोटी घटनाओं के समूह को लेकर, या वृत्त-विषय को लेकर कथानक का ढाँचा तैयार नहीं करते। दो या दो से अधिक कथाओं को बुनकर एक ढाँचा तैयार करना यशपालजी की कला-प्रकृति से बाहर की चीज़ है। इस अर्थ में वे अपने समस्त पूर्ववर्त्ती और परवर्ती कथा-लेखकों से भिन्न स्थान रखते हैं।

यशपाल के बाद कथा के निर्माण-कौशल की दृष्टि से हम कमल जोशी का नाम बड़े आदर के साथ लेते हैं। एक अरसा पहले उन्होंने काफ़ी अच्छी तायदाद में कहानियाँ लिखी थीं। निर्माण की दृष्टि से उनमें अधिकांश बहुत सुगठित कहानियाँ हैं। यशपाल की तरह कमल जोशी 'वृत्त-विषय' से सर्वथा मुक्त तो नहीं कहे जा सकते मगर उनके कथानक की सरलता से यशपालजी की याद ही आती है। वैसे स्थलों पर भी, जहाँ शुद्ध रोमांटिक वातावरण के उत्थान की संभावना पाठक को बड़ी बलवती-सी लगती है, कमल जोशी अपने को संयत कर लेते हैं

और कहानी का प्रवाह घटना की पूर्वोत्थापित दिशा में ही होता है। सबसे बड़ी बात जो कमल जोशी की कहानियों में उभरती है, वह है कहानी का आंतरिक रूप। इस आंतरिक रूप की कई विशेषताएँ बतायी जा सकती हैं किंतु उनमें से उस एक को अलग कर देखना मैं उचित समझता हूँ जिससे कमल जोशी की कहानियों का स्थापत्य सिद्ध होता है। कमल जोशी की अधिकांश कहानियों में स्थापत्य का ढाँचा एक विपर्यस्त प्रयोग से बनता है। वे परिणाम को कारण के स्थान पर रखकर देखते हैं। स्थापत्य के उस रूप के लिए अँगरेजी में 'मेटोनिमिक' शब्द का व्यवहार किया जाता है। शब्दों का यह विपर्यय जब समूचे कथानक के ढाँचे के प्रयोग में आता है तो कुशल हाथ ही उसका निर्वाह कर सकते हैं। कहानी के निर्माण की सबसे बड़ी सफलता उसकी पूर्णता है और इस दृष्टि से कमल जोशी की कहानियाँ पाठक को अपनी पूर्णता से संतोष देती हैं।

कथा के निर्माण की एक दूसरी धारा भी है जो यशपाल के समानांतर चलती है। इस धारा का प्रभाव परवर्त्ती कथाकारों के रचना-विधान पर बहुत अधिक है। यह धारा जैनेंद्र और अज्ञेय से प्रारंभ होती है।

अज्ञेय, जैनेंद्र, इलाचंद्र जोशी इत्यादि प्रेमचंद के बाद के कहानीकारों ने कथात्मक स्थापत्य को अपनी रचना-प्रक्रिया से बहुत अधिक प्रभावित किया है। कथा के पुराने 'कथानकमूलक निर्माण' को छोड़कर इन कहानीकारों ने सामान्यतः जीवन-प्रवाह के रूप में प्रसंगोत्थित घटनाओं की योजना के द्वारा कथा-विधान की प्रक्रिया अपना ली। ये घटना-प्रसंग को स्वभाविक प्रवाह में, व्यक्ति की व्यावहारिक परिस्थिति के रूप में ही चित्रणीय समझते थे। इस निर्माण के कारण कथा में अधिक प्रवाह लाने की चेष्टा की गयी। कथा का यह निर्माण रैखिक रूप से भिन्न और अधिक पूर्ण था। इसका एक कारण संभवतः यह है कि कोई में आत्मपूर्ण या संश्लिष्ट रूप संवटन की दृष्टि से संधिहीन होता है, दूसरा यह कि इसमें संभवतः सबसे अधिक घनत्व भी होता है।

इस घनत्वपूर्ण और वृत्तात्मक निर्माण की सबसे बड़ी विशेषता यह है कि इसका प्रत्येक अंश केंद्र से संतुलित होता है। पाठक को कथा-प्रवाह में इस वृत्तात्मकता का बोध नहीं होता, ठीक उसी प्रकार जिस प्रकार अपनी गति में हमें जगत् के अण्डाकार रूप का और उसकी गति का सहज बोध नहीं होता। किसी विद्वान ने लिखा भी है–"For the motion of things moved equally in the same respect--I mean that of the thing seen and the seer--is not perceptible."

इस स्थापत्य की उपर्युक्त विशेषताओं के कारण कहानी का 'निर्माण' बहुत कुछ बदल गया है। सबसे पहले इस प्रवाह में कहानी के 'चरमोत्कर्ष' की शास्त्रीय मान्यता को ही निषेध दिया जाता है। ऐसी कहानियों में कोई निश्चित

चरमोत्कर्ष-योजना नहीं होती। पूरी कहानी के प्रवाह का 'टेम्पो' 'क्लाइमेक्स' के स्तर पर ही गतिमान रहता है। इस स्थापत्य का निर्वाह अज्ञेय ने 'शांति हँसी थी', 'रोज़', 'पठार का धीरज' इत्यादि कहानियों में बड़ी सफलता से किया है। जैनेंद्र की 'मौत' और···शीर्षक कहानी के संबंध में यहाँ विस्तार से कुछ कहने की आवश्यकता नहीं, क्योंकि अन्यत्र मैंने उसकी सविस्तार चर्चा की है। पहाड़ी ने अपनी अधिकांश कहानियों में स्थापत्य तो ऐसा ही रखा है, अंतर सिर्फ यह है कि उनमें स्मृति-बंध अतिरिक्त रूप से, शायद नाटकीयता के लिए, जोड़ लिया जाता है। शमशेर बहादुर सिंह ने 'दोआब' में उनकी कहानियों के संग्रह 'सफर' और 'यथार्थवादी रोमांस' पर टिप्पणी करते हुए लिखा था–"असफलता और निराशा में सुलग-सुलगकर व्यक्ति मिट जाय, क्षार हो जाय,··वह उसकी कहानी होगी।–लेकिन अपने समाज से उसका संबंध फिर भी रहता रहेगा और यही संबंध आधार-तत्त्व होगा उस कहानी का।"

पहाड़ी की कहानियों का 'स्थापत्य' इस अतिरिक्त नाटकीय शिल्प-विधान के कारण कहीं-कहीं इतना असंतुलित हो जाता है कि पूरी कहानी का भार सँभालने को कोई धुरी बच ही नहीं जाती। पूरी कहानी जैसे धुरीहीन गति-सी मालूम पड़ती है। ऐसी कमजोरी अज्ञेय और जैनेंद्र की कुछ कहानियों में भी है। इस स्थापत्य का निर्वाह करने वाले आधुनिक कहानीकारों में तो कभी-कभी यह दोष इतना उभरकर आता है कि पूरी कहानी 'निर्माण' की दृष्टि से स्थगित-सी मालूम पड़ती है। ये कहानीकार सामान्यतः किसी घटना का संदर्भ तो बड़ा चित्रात्मक और देश-निबद्ध या समय-निबद्ध गढ़ लेते हैं किंतु उसके उपरांत प्रसंगोत्थित घटनाओं का कुछ ऐसा सिलसिला चलता है कि उसकी निबंधना के लिए जैसे अवकाश ही नहीं मिल पाता। रेणु की कहानी 'तीसरी कसम' और निर्मल वर्मा की 'परिंदे' में 'स्थापत्य' का इसी कारण निर्वाह नहीं हो पाता। स्थापत्य-दोष की चर्चा करते हुए यहाँ कह दूँ कि इन कहानियों के स्वाभाविकतः पृथक् स्थापत्य की ओर मेरा ध्यान नहीं है, ऐसी बात नहीं। कहानी को 'आत्मविवृति' मानने वाले आडेन साहब ने इसके स्थापत्य की जिन विशिष्टताओं की ओर संकेत किया है उनकी ओर भी मेरा ध्यान है। उनकी कुछ पंक्तियाँ यहाँ उद्धृत कर इसे स्पष्ट करने की चेष्टा करूँ–"आत्मान्वेषी कथाओं के दो निश्चित बिंदु होते हैं–एक प्रस्थान का, दूसरा समापन का बिन्दु। मगर इनके बीच की शृंखला में घटनाक्रम आरोपित नहीं होता। समय अबाध है, उसे क्षणों में निरंतर विभाजित-उपविभाजित किया जा सकता है। इसका एक हल उस पैटर्न में ही दिखता है जो कविता में छंद की तरह है।"[1]

रेणु की कहानी में तो यह 'न्युम्रिकल पैटर्न' है ही नहीं; निर्मल वर्मा की

1. W. H. Auden--The Quest Hero--Texas Quarterly, N0. 4, 1961.

कहानी में भी उसका रूप स्पष्ट नहीं हो पाया है। दो निश्चित बिंदुओं के बीच का उपविभाजन भी 'वस्तु' की प्रकृति के अनुरूप नहीं है, लयात्मक नहीं है। इन कहानियों की तुलना में मोहन राकेश की कहानी 'मिस पाल', राजकमल चौधरी की 'खामोश घाटियों के साँप', राजेंद्र यादव की 'रौशनी कहाँ है...', शेखर जोशी की 'नरू का निर्णय', कमलेश्वर की 'खोई हुई दिशाएँ' और केशव चंद्र वर्मा की 'काले डिब्बों की चर्खी' अच्छी कहानियाँ हैं।

समय-परिवर्तन के क्रम का अव्याहत प्रवाह है और 'देश' की दिशा में यह परिवर्तन-क्रम अभिव्यक्त होता है गति के रूप में, 'जर्नी' के रूप में। 'मिस पाल' में यह प्रवाह बहुत स्पष्ट है, उसके आरोह-अवरोह भी स्पष्ट हैं। यही लयात्मकता 'खामोश घाटियों के साँप' में भी है। उपर्युक्त कहानियों के 'काण्टूअर' की सफाई उन्हें निर्माण की दृष्टि से सफल कहानियाँ बना देती हैं। यों निर्मल वर्मा और रेणु में वातावरण को उभारने की जो कुशलता है, वह सामयिक कहानीकारों में बहुत कम को प्राप्त है, किंतु यह प्रसंग ही दूसरा है।

कहानियों की स्थापत्य-संबंधी कुछ विशेषताओं की चर्चा के साथ यह प्रसंग समाप्त करूँ। आज का कहानीकार जब संपूर्ण जीवन-प्रवाह में किसी क्षण-विशेष को डालकर देखने का दावा करता है तो आवश्यक यह है कि इस प्रक्रिया के प्रकृत स्वरूप को, कहानी में उसके उत्थापन और निबंधन को भी वह भलीभाँति समझ ले अन्यथा उसका इतना बड़ा प्रयत्न एक आग्रह बनकर ही शेष हो जाएगा।

कहानी का रचना-विधान कल्पनाश्रित होकर भी जीवन के क्रियात्मक रूप से अलग नहीं होता। सच पूछा जाए तो कहानी आज अन्य कलाओं और साहित्य-रूपों की तुलना में जीवन की इस क्रियात्मक वास्तविकता को सबसे अधिक सफलता से उदाहृत कर रही है। ऐसी स्थिति में उसका पूरा ढाँचा जीवन से अभिन्न रहता है, भेद इतना है कि जीवन के इन आत्मपूर्ण क्षणों को हम प्रत्यक्ष नहीं कर पाते, उन्हें प्रवाह में स्वयं संपूर्ण अंश की तरह देख ही नहीं पाते। कहानी का स्थापत्य हमें इसी आत्मपूर्णता का बोध कराता है, हमें उन्हें सावयव रूप से और स्वतंत्र रूप से देखने की अंतर्दृष्टि भी देता है। कहानियाँ अलग-अलग शिल्पों में जीवन के क्रियात्मक स्थापत्य को ही उदाहृत करती हैं। इधर की कहानियों के स्थापत्य में जो समानांतरता दिखाई पड़ती है उसका कारण भी बहुत कुछ यही है। उपन्यासों में इसकी एक खास विशिष्टता है; यों कहानियों में भी यह कम महत्त्व के साथ नहीं आयी है। उदाहरण के लिए ऐसी कहानियों में पूर्वापर घटना-क्रम से कथानक का निर्माण नहीं होता, क्योंकि यहाँ घटनाएँ उस क्रम में घटती ही नहीं, बल्कि उसमें कुछ विशिष्ट गतियों' (Movements) के आधार पर कथा की परिस्थितियाँ विकसित होती रहती हैं। कमलेश्वर की कहानी 'खोई हुई दिशाएँ' में 'कथानक' का कोई घटनाश्रित क्रम नहीं है। अलग-अलग परिस्थितियों में घटित होनेवाली

एक ही मनःस्थिति अनेक गतियों में यहाँ उदाहृत होती चली गयी है। यह 'नास्टेल्जिया' इस कहानी में लय-विधि ((Rhythm pattern) की तरह बार-बार दुहरायी जाकर ही एक पूर्ण कथावस्तु (Narrative) का निर्माण कर लेती है। घर के अंतरंग वातावरण में आकर यह गति जैसे मनःस्थिति के स्थैर्य (Restfulness) के साथ समाप्त हो जाती है। इस विशिष्ट कथात्मक स्थापत्य के निर्माण में वास्तविकता से अधिक कल्पना-शक्ति का कौशल (Ingeniousness) ही काम करता है। मानवीय संवेदनशीलता के गुण का क्षय या जीवन से उच्छेदन इस विशिष्ट कल्पना-कौशल से ही रूपाकार ग्रहण कर पाता है। अज्ञेय के उपन्यास 'अपने-अपने अजनबी' का स्थापत्य भी इसी कारण से प्रेरित (Motivated) है।

हिंदी कहानियों के स्थापत्य या निर्माण पर विचार करते हुए उपर्युक्त तथ्यों पर ध्यान देना, मेरी दृष्टि में, उसे समझने के लिए एक अनिवार्यता है। इस अनिवार्यता को न समझ पाने के कारण ही बहुत-सी स्थापत्य की दृष्टि से संघटित कहानियों को लोग विरूप और ढीली कहानियाँ कह दे रहे हैं। आगे मैंने व्यावहारिक रूप से शिल्प और स्थापत्य के परस्पर अंतरावलंबन की चर्चा की है।

कहानी की प्रक्रिया (1)

"Short stories did not become popular until the late eighties and early nineties; and it so happened that the writers who made the form popular delighted in stories of plot and action.''—L. A. G. STRONG, The Writers' Trade, P. 77 (1953)

छोटी कहानियाँ अपनी चेतना और विचार-तत्त्व की दृष्टि से चाहे कथाओं और आख्यायिकाओं से जितनी भिन्न दीखती हों, किंतु अपने निर्माण की दृष्टि से उनमें आज भी उनके बहुत-से तत्त्व वर्त्तमान हैं। कथा-तत्त्व को ही लिया जाए। स्व. आचार्य नलिन विलोचन शर्मा ने जब प्रेमचंद को 'पैदाइशी क़िस्सागो' कहा था तो निश्चित रूप से उनके इस कथन के पीछे कथा-संबंधी एक विभावन वर्त्तमान था। उसका स्पष्ट अर्थ यह था कि निर्माण की दृष्टि से प्रेमचंद कथाओं और आख्यायिकाओं की परम्परा के कथाकार थे। प्रेमचंद की समस्त कहानियों में कथानक-तत्त्व इस बात का साक्षी है कि उन्हें यह कथा-शक्ति 'अलिफ़-लैला', 'वृहत्कथा' आदि रचनाओं से प्राप्त हुई थी जिनकी प्रकारांतर से, अनेक लोक-परंपराएँ भारत में वर्त्तमान थीं। 'सरलता में सरलता' निकालने को कमाल मानने वाले प्रेमचंद अगर पैदाइशी किस्सागो कहे जाएँ तो आश्चर्य क्या है !

पाश्चात्य कथा-साहित्य का प्रारंभ भी लगभग ऐसी कहानियों से ही होता है जिनमें कथानक घटनाओं और व्यापारों से निर्मित है। सामयिक छोटी कहानियाँ अर्थ-विस्तार की दृष्टि से 'कथात्मक स्तर' तक ही सीमित नहीं हैं, यह दूसरी बात है। कहानियों में 'कथा के स्तर' पर अभी तक विद्वानों ने घटना-वैचित्र्य की दृष्टि से या व्यापार-वैचित्र्य की दृष्टि से ही विचार किया है। यह अपने आप में एक बहुत सीमित दृष्टिकोण है। प्रश्न यह है कि क्या कथाओं, आख्यायिकाओं या रोमांसों में लेखक केवल कौतूहल या वैचित्र्य की सृष्टि को ही अपना आत्यंतिक

लक्ष्य समझता था ? पुरानी आख्यायिकाओं के पढ़ने से बहुत अंशों में यह भ्रम दूर हो जाता है। स्पष्टः पुरानी आख्यायिकाएँ वैचित्र्य के मूल में किसी विशिष्ट अभिप्राय की स्थापना का उद्देश्य लेकर चलती थीं। प्रेमचंद ने लिखा भी है[1]– "...प्राचीन ऋषि इन दृष्टांतों द्वारा केवल आध्यात्मिक और नैतिक तत्त्वों का निरूपण करते थे। उनका अभिप्राय केवल मनोरंजन न था। सद्ग्रंथों के रूपकों और बाईबिल के पैराबल्स देखकर तो यही कहना पड़ता है कि अगले जो कुछ कर गए, वह हमारी शक्ति से बाहर है।"

कथात्मक स्तर पर पात्रों और घटनाओं को व्यापारबद्ध करने की कला बहुत पुरानी है। पुरानी कहानियाँ इस विधि से अंतरंग रूप से परिचित दीख पड़ती हैं, चाहे वे धर्म-रूपक हों, दृष्टांत हों, आख्यायिका हों या फैंटेसी हों। प्रश्न हमारे सम्मुख यह है कि यदि वैचित्र्य के अतिरिक्त भी 'कथात्मक स्तर' का कहानियों में कोई दूसरा उपयोग है तो वह क्या है ? इस प्रश्न पर विस्तार से चर्चा करने के पूर्व 'कथानक'-संबंधी कुछ भ्रामक धारणाओं का निराकरण आवश्यक हो जाता है। डॉ. नामवर सिंह[2] ने इधर कहानियों पर धारावाही रूप से अपने विचार प्रकाशित किए हैं। उन्होंने कथानक के संबंध में कुछ बहुत ही विचित्र मत प्रकट किया है। अँगरेजी शब्द 'प्लाट' से उन्हें रहस्य की ध्वनि मिलती है और वे अपने इस विचित्र खोज को 'कथानक' के संबंध में दूर तक खींचकर व्यावहारिक बनाने की चेष्टा करते हैं। अँगरेजी के 'प्लाट' से यदि उन्हें 'रहस्य' की गंध मिलती है तो उसके समानार्थी फ्रेंच 'मोटिफ़' या जर्मन 'मोटिव' से कौन-सी ध्वनि प्राप्त होती है ? 'कथानक' को लेकर 'रहस्य-रोमांच' का यह आग्रह क्यों है ? उसी क्रम में लिखते हुए डॉ. नामवर सिंह ने एक स्थान पर कथानक को पाठक द्वारा, सहूलियत के लिए, किया गया संक्षेपण कहकर सचमुच एक बहुत बड़े भ्रम को जन्म दिया है। आश्चर्य तो वहाँ होता है जहाँ 'फैंटेसी' के अंतर्गत खुद उन्होंने कथानक की बड़ी सुलझी हुई व्याख्या की है। मेरी दृष्टि में कथानक पात्र या परिस्थिति का–घटना-प्रवाह में–मात्र पूर्वापर नियोजन नहीं है, उसका इस 'निर्माण' से अलग भी मूल्य है। यहाँ विस्तार से हम उसी विशिष्ट मूल्य की चर्चा करेंगे। कथानक, जैसा जर्मन और फ्रेंच साहित्य में स्वीकृत है, अपनी अभिधेयता में ही कथा का कारण-तत्त्व है। इस कथानक के द्वारा हमें कौन क्या करता है, क्यों करता है और किन प्रेरणाओं से करता है, इन सबका सम्यक् ज्ञान हो जाता है।[3] कुछ लोग घटना-प्रवाह को ही कथानक समझ लेते हैं, इसलिए वे सहूलियत के लिहाज़ से

1- प्रेमचंद–'कुछ विचार', पृ. 35-36, 1939

2. डॉ. नामवर सिंह–'हाशिए पर', नई कहानियाँ (एलाहाबाद, दिल्ली) में धारावाही रूप से

3. मोरिस बोर्दी– कॉन्टेम्पोररी शॉर्ट स्टोरीज़, भूमिका पृ. 10, 1954

कहानी का संक्षेपण कर लेते हैं। किंतु यदि कथानक कहानी का कारण-तत्त्व है तो उसका संक्षेपण नहीं किया जा सकता। कारण-तत्त्व के रूप में कथानक की व्यवस्थाएँ अलग-अलग होती हैं और इन व्यवस्थाओं के अनुसार उनका अलग-अलग स्वरूप भी होता है।

घटना-प्रधान कथानकों का एक निश्चित लयात्मक निर्माण होता है। पुरानी कथाओं को पढ़ जाइए, आपको ऐसा लगेगा जैसे घटनाएँ अपनी प्रवहमानता में आपको बहाए लिए जा रही हैं। इन कथाओं में समय की कोई सीमा नहीं है, आकस्मिकताएँ इनके सहज गुण हैं और वैचित्र्य इनकी भंगिमा है। निर्माण की दृष्टि से ऐसे कथानक बिखरे-बिखरे भी मालूम पड़ेंगे, मगर इनका भी एक विशिष्ट महत्त्व है। प्राचीन कथाओं में प्रवहमानता कथानक का गुण मानी जाती थी। वहाँ कथा का अभिप्राय कथानक के ढाँचे में जिस सहजता से ढाल दिया जाता था वह आज भी हमारे लिए ईर्ष्या का विषय हो सकता है। आज की अधिकांश बहुप्रचारित कहानियों में यह गुण कहाँ है ! कथाकार के विषय से उसके विचारों का जो सहज सामंजस्य होना चाहिए वह आज की कहानियों में अनेक उपचारों के उपरांत भी नहीं हो पाता। अधिकांश कहानियों में विचार कथानक को कवलित कर लेता है। पता नहीं, कहानीकारों द्वारा इस विपरीत यज्ञ के अनुष्ठान की पूर्णाहुति कब होगी !

पुरानी आख्यायिकाओं की बात जाने दीजिए, प्रेमचंद के कथा-साहित्य को ही लीजिए। निर्माण की दृष्टि से चाहे प्रेमचंद की कहानियाँ मोपासाँ, लेखव या ओ. हेनरी की कहानियों की तरह सफल न भी हों किंतु उनमें अपनी रूपरेखा को बलात् आम्रेडित (ट्विस्ट) करने का चमत्कार तो नहीं ही है। उनमें कथाओं और आख्यायिकाओं की सहज प्रवहमानता है। उनकी कहानियों में कथानक के स्वरूप का भयावह अंगक्षय (Formidable erosion) तो नहीं ही होता ! पता नहीं, आज के कहानीकार 'गढ़न' से क्या अर्थ लेते हैं ! आज विधा, रूप, संघटन, परिप्रेक्ष्य इत्यादि शब्दों के कुहरे में कथानक का वास्तविक अर्थ दब गया है।

प्रेमचंद की कहानियों के कथात्मक स्थैर्य (Narrative calm) के अंतरंग में जो गति है, जो सहज योग-क्षेम की अनुभूति है और जो सर्वाश्रित संवेदनीयता है वह उनके कथानकों से विकसित होती है, विचार के बहिरंग ढाँचे से नहीं। प्रेमचंद को यह कथा-शक्ति परंपरा से विरासत में मिली थी। इस अर्थ में वे गुणाढ्य, कल्हण और वररुचि की शक्ति लेकर हिंदी में आए थे; इस शक्ति से जीवन की वस्तुस्थिति का सामंजस्य उन्हें अपने पूर्ववर्त्तियों से भी आगे बढ़ा देता है। प्रेमचंद को अपूर्व कथाशक्ति प्राप्त थी और इस कथाशक्ति का प्रयोग वे निरंतर नए प्रभाव उत्पन्न करने की दिशा में करते रहे। कभी-कभी उनकी कहानियों में कथानक से भी अधिक 'प्रभाव' का आग्रह दीख पड़ता है। इस 'प्रभाव' के पूर्वाग्रह के कारण

कभी-कभी अच्छे कथानक भी अनुपयोगी सिद्ध हुए हैं, किंतु ऐसा बहुत अधिक नहीं हुआ। परवर्त्ती कहानियों में तो बिलकुल ही नहीं। 'जुलूस', 'आत्माराम', 'नशा' इत्यादि कहानियाँ पहली कोटि में आती है।[1] प्रेमचंद की इस कमजोरी को उनके युगीन लेखकों ने और अधिक खींचा है। सुदर्शन, विश्वम्भर नाथ शर्मा 'कौशिक', चंडी प्रसाद 'हृदयेश' और 'प्रसाद'–इन सबमें प्रभाव की तीक्ष्णता के लिए कथानक की संभावनाओं का अतिक्रमण किया गया मिलता है। सुदर्शन की कहानी 'हार की जीत' और कौशिक की 'ताई', 'प्रसाद' जी का 'आकाशदीप' इत्यादि उदाहरणार्थ प्रस्तुत किए जा सकते हैं।

कहानी की रचना-प्रक्रिया के संबंध में किसी भी दो कहानीकार का एकमत होना संभव नहीं है, क्योंकि रचनात्मक साहित्य का कोई प्रक्रियात्मक फार्मूला नहीं होता। फिर भी, रचना की प्रक्रिया में एक सर्वसामान्य विधि का विकास तो स्वयं हो ही जाता है। इस संबंध में प्रसिद्ध कहानीकार जॉन बोलैंड (John Boland) का कहना है[2]–"सिर्फ विचार कहानी के निर्माण के लिए पूर्ण नहीं होता, किंतु उसे आना चाहिए प्रथमतः। एक बार यदि विचार आ गया तो उसके आधार पर आप आगे बढ़ सकते हैं।" वस्तुतः कहानी में विचार की अवधारणा वह बुनियादी तत्त्व है जिसके अभाव में कथाकार उपयुक्त और प्रभावशाली कथानक का निर्माण नहीं कर सकता। संपूर्ण कहानी के 'ले आउट' (वस्तु-निरूपण) पर विचार करते हुए हम आगे इस संबंध में विस्तार से विचार करेंगे। यहाँ इतना भर कहना अपेक्षित है कि कथानक के निर्माण का अंतरंग विचार (Idea) की अवधारणा है। चूँकि विचार के रूप में कोई घटना या कोई व्यापार या कोई वस्तुस्थिति हमारे प्रेक्षण (परसेप्शन) में आती है, इसलिए हम उसे कहानी के अंतर्तत्त्व या निक्षेपक तत्त्व के रूप में स्वीकार कर लेते हैं। किंतु, इस विचार का जब हम वस्तु-विधान करने लगते हैं तब हमें यह स्पष्ट रूप से पता चलता है कि उसके साथ अनेक दूसरी चीजें स्वाभाविकतः और एक अज्ञात प्रक्रिया से हमारी दृष्टि में आ जाती हैं। कोई द्वंद्वहीन विचार कहानी के वस्तु-विधान की योग्यता नहीं रखता। इस पहलू पर चिंतन करते हुए हमें विचार की प्रकृति (Nature of idea) का ध्यान आ जाता है।

विचार की इसी आंतरिक प्रकृति के आधार पर हम क्रमशः वस्तु-विधान करते हैं या कथानक गढ़ते हैं। इस दृष्टि से कहानी के विचार में और उसके कथानक में प्रकृतिगत संगति की अपेक्षा होती है। यदि विचार की प्रकृति को ध्यान

1. तुलनीय, एडगर एलेन पो की चुनी हुई कथाएँ, जॉन कर्टिस द्वारा संपादित भूमिका, पृ. 11, 1956
2. जॉन बोलैंड–शॉर्ट स्टोरी राइटिंग, पृ. 7, 1960

में न रखकर हम कथानक का निर्माण करेंगे तो निश्चित रूप से उस विचार को कथानक के स्वाभाविक विकास के रूप में स्थापित करना हमारे लिए मुश्किल हो जाएगा। उग्रजी की बहुत सारी कहानियाँ इसी अर्थ में कथानक पर आक्षेपित विचारों की कहानियाँ मालूम पड़ती हैं। विचारों की प्रकृति और उसके वस्तु-निरूपण में जो अनिवार्य असंगति है वह उग्र की कला को—कहानियों के प्रभाव को—न्यून कर देती है। तीखा से तीखा विचार कथानक के वैचित्र्य के कारण या अनिश्चय की भंगिमा के कारण रासायनिकता से वंचित रह जाता है। आज की अधिकांश कहानियों में यह दोष देखा जा सकता है। ऐसी कहानियों में या तो एक अस्त-व्यस्त मानसिक भंगिमा उभरकर रह जाती है जो किसी विचार से सामंजस्य ढूँढ़ना चाहती हो या फिर कोई अस्त-व्यस्त अबौद्धिक-सा व्यापार उभरकर रह जाता है। इसके विपरीत सशक्त कहानियों में विचार और कथानक के बीच एक प्राकृतिक संबंध स्थापित हो जाता है जो उन्हें व्यावहारिक रूप से एकात्मक बना देता है—वहाँ विचार और कथानक में एक संश्लिष्टता उत्पन्न हो जाती है।

कुछ लोगों का ख्याल है कि कहानी में वैसे ही विचार वस्तु-निरूपण के अनुरूप हो सकते हैं जिनमें प्रकृततः नाटकीय संभावनाएँ हों। इस धारणा का आधार मोपासाँ, चेख़व और पो की कहानियाँ हैं। पिछली सदी के इन तीन प्रमुख कहानीकारों में कथा का विचार-तत्त्व नाटकीय संभावनाओं से पूर्ण है। फलतः जब वे उनका वस्तु-विधान करते हैं तो उनमें भी पर्याप्त नाटकीयता रहती है। कभी-कभी इस धारणा का आत्यंतिक रूप भी कहानियों में अभिव्यक्त होता है, जैसे मोपासाँ की कहानी 'पैशन' में। ओ. हेनरी की अधिकांश कहानियाँ इसी अर्थ में आज कमजोर मानी जाने लगी हैं, यद्यपि निर्माण की दृष्टि से उनकी एकसूत्रता आज भी ईर्ष्या की वस्तु है।

उदाहरण के तौर पर एक 'विचार' पेश करूँ। मानवीय संबंध या संबंध की विषमता कहानी का अच्छा-ख़ासा विषय है। यानी, उस विचार को लेकर सफल कहानीकार अच्छी-सी कथावस्तु गढ़ सकता है, किंतु क्या इस विचार की अंतःप्रकृति की कोई सीमा नहीं है ? इस विचार को आप मानवीय भावना से जोड़कर भी एक कथानक गढ़ सकते हैं और उसे आप शुद्ध विचार के रूप में भी रख सकते हैं। पर क्या दोनों स्थितियों में कोई अनिवार्य अंतर नहीं आएगा ? प्रश्न पर सोचने-समझने को हम-आप सब स्वतंत्र हैं और निर्णय लेने को भी; मुझे यहाँ अपनी ओर से कुछ विशेष नहीं कहना है।

यह ठीक है कि "हर कहानी को किसी विचार के रूप में निचोड़कर रख लेना हमेशा मुमकिन नहीं होता"[1] लेकिन क्या इससे मान लिया जाए कि कहानी

---

1. डॉ. नामवर सिंह—नई कहानियाँ, 'हाशिए पर', सितम्बर, 1961

में 'विचार' होता ही नहीं; क्या जिसे हम 'भावना' का क्षेत्र कहते हैं वह हमारे विचारों से नितांत स्वतंत्र है ? इस संबंध में लियोनार्ड ट्रिलिंग ने बहुत विस्तार से विवेचन् किया है। हम बहुत संक्षेप में उसकी विचारणा का सार यहाँ उद्धृत करना चाहेंगे। उसने लिखा है–"ग्येटे ने कहीं कहा है कि उदार विचार नाम की कोई चीज नहीं होती, उदार केवल भावनाएँ होती हैं। यह सत्य है, किंतु यह भी सत्य है कि कुछ भावनाएँ निश्चित विचारों से ही समंजन प्राप्त करती हैं, दूसरों से नहीं। इससे भी ज्यादा, भावनाएँ एक प्राकृतिक और अदृश्य प्रक्रिया से विचार में परिणत हो जाती हैं।"[1] इसी प्रसंग में उसने वर्ड्सवर्थ का एक उद्धरण भी पेश किया है। कहने का तात्पर्य यह है कि कहानी में 'विचार' मानवीय भावात्मक संबंधों के क्षेत्र से भी आ सकते हैं और क्रियात्मक संबंधों के क्षेत्र से भी।

इस प्रसंग को खींचना हमारा उद्देश्य नहीं है। कहानी की रचना-प्रक्रिया में वस्तु-निरूपण के भिन्न-भिन्न अंग होते हैं। हम उन्हीं अंगों के विश्लेषण का यहाँ प्रयास करेंगे। जो लोग कथानक को वस्तु का पर्याय मान लेते हैं उनसे मुझे इतना ही कहना है कि कथानक वस्तु-प्रेरणा है। एक मर्मज्ञ विद्वान् के अनुसार जैनेंद्र की 'पत्नी' और अज्ञेय की 'रोज़' में कथानक सर्वथा गौण है। इन दोनों ही कहानियों में 'ओन्वी मोटिफ़' ही मेरी दृष्टि में प्रमुख है, चरित्र के भाव-स्तर तो उसी के धरातल पर खुलते हैं।

कहानी की रचना-प्रक्रिया मकान बनाने की तरह निरवयव हो, ऐसी बात नहीं। किंतु, इस सावयवता के बावजूद हम व्यावहारिक स्तर से उसकी प्रक्रिया की कोटियाँ निश्चित कर सकते हैं। जैसे मैंने ऊपर स्पष्ट किया है, एक कहानीकार विचार के रूप में कहानी की अवधारणा कर लेने के पश्चात् उसका कथानक निर्मित करता है, उसका वस्तु-निरूपण करता है। इस वस्तु-निरूपण के सिलसिले में कभी-कभी उसे अवधार्य विचार की असंगति सूझ जाती है और वह उसे अपने कथानक के प्रकाश में थोड़ा परिवर्तित या परिष्कृत करता है। पर इससे मूल विचार का क्षय नहीं होता, बल्कि उसका प्रभाव और निखर जाता है। वस्तु-निरूपण भी, विचार की अवधारणा की तरह, व्यक्तिगत रुचि और शक्ति के अनुसार अलग-अलग है। वस्तुतः यही वैविध्य सामान्यतः कहानियों में अभिव्यक्त होता है। नए विचारों की अवधारणा तो यदा-कदा ही कहानीकार कर पाता है ! अनेक कहानियों में विचार का साम्य दिख सकता है, किंतु प्रत्येक कहानीकार उसे अपने-अपने 'कोण' से विकसित करता है। पर्सी ल्युबॉक ने इसी 'कोण' को कथा का 'फार्म' कहा है।

ई. एम. अलब्राइट ने स्पष्टतः लिखा है[2]–"Plot starts most commonly

---

1. लियोनार्ड ट्रिलिंग–लिबरल इमैजिनेशन, भूमिका, पृ. 11, 1961
2. अलब्राइट–दि शॉर्ट स्टोरी, पृ. 28, 1920

with an 'idea'…" किसी कहानी में कोई पात्र किन परिस्थितियों में क्या करता है, क्यों करता है, और किन प्रेरणाओं से करता है, इन्हीं का सूत्रीकरण कथानक का मूल है। वस्तुतः कहानियों में विचार प्रेरणाओं (Motif) का काम करते हैं। कहानी में प्रेरणा (Motif) का महत्त्व केवल कथानक की दृष्टि से ही नहीं है, उसकी संपूर्ण वास्तविकता (Verisimilitude) की दृष्टि से भी है। ये प्रेरणाएँ अपनी प्रकृतिगत विदग्धता के कारण बहुत विस्तृत विचारों वाली कहानियों को जन्म देती हैं। अलबर्टो मोराविया की अभी हाल में प्रकाशित कहानी 'कुनाञ्जेलो' अपनी मूल प्रेरणा और विचार की दृष्टि से विचक्षण कहानी है।

कहानी की रचना-प्रक्रिया पर समीक्षक की दृष्टि से विचार करते हुए अधिकांशतः हम निरर्थक चीजों की ओर अपना ध्यान ले जाते हैं—क्योंकि कहानी की रचना-प्रक्रिया से उनका कोई संबंध नहीं होता। मसलन कहानी की रचना-प्रक्रिया में हम कथा-वस्तु के प्रारंभ, मध्य और अंत की चर्चा तो करते हैं किंतु जिस स्वाभाविक प्रक्रिया में कहानी एक पूर्ण स्थापत्य ग्रहण करती है, उसकी चर्चा हम नहीं करते। कहानियों की रचना-प्रक्रिया को लेकर हिंदी में विकसित स्तर पर बहुत कम चर्चा हुई है। कुछ लेखकों ने जहाँ अपनी रचना-प्रक्रिया की चर्चा भी की है वहाँ अवांतर विस्तार में चले जाने के कारण उनका वक्तव्य बहुत काम का नहीं हो पाता।

वस्तु-विधान कहानीकार की रचना-प्रक्रिया का सबसे महत्त्वपूर्ण अंग है। जैसा मैंने ऊपर दिखाया है, आज का कहानीकार वस्तु-विधान घटना या व्यापार के वैचित्र्य से नहीं करता। इस दृष्टि से कथाओं, आख्यायिकाओं और छोटी कहानियों में आधारभूत अंतर है। आधुनिक छोटी कहानियों का वस्तु-विधान अन्वय की दृष्टि से होता है।

कथानक के निर्माण के प्रश्न पर आलोचकों की राय एक नहीं है। वस्तुतः कथानक के निर्माण को किसी एक विधि का प्रतिनिधि कहना भी समीचीन नहीं होगा। 19वीं शताब्दी के पाश्चात्य कहानीकारों ने औसत ऐसे कथानकों का निर्माण किया था जिनमें कथा-शक्ति का प्रवाह हो या फिर जिनमें असीम नाटकीय संभावनाएँ हों। पिछली सदी या वर्तमान सदी के प्रारंभिक वर्षों की हिंदी कहानियाँ भी घटनाओं की नाटकीयता से या व्यापार की नाटकीयता से ही निर्मित होती हैं। लेकिन वैसी कहानियों के बीच से प्रेमचंद ने ऐसी कथाशक्ति विकसित की जिसमें सिर्फ परिस्थितियों की सगर्भता से या चरित्र की अंतरशक्ति से ही साफ और सशक्त कथावस्तु का निर्माण कर लिया गया है। हॉथर्न की तरह ही प्रेमचंद की कहानियों का कथानक साफ और एकतान होता है। 'पूस की रात' शीर्षक कहानी को लीजिए, कथानक में कहीं कोई नाटकीयता नहीं, कोई घटना-वैचित्र्य नहीं, कहीं कोई संयोग नहीं, बस एक सहज क्रम-विकास और उससे उत्पन्न एक

संपूर्ण जीवन-पद्धति की निरर्थकता की संवेदना ! ऐसे सरल 'कथानक' को लेकर ऐसी संवेदनशील कहानी की रचना प्रेमचंद ही कर सकते थे। इसके विपरीत प्रसाद जी की कहानियों को लीजिए, उनमें कथानक का सारा बल व्यापार की विचित्रता या घटना की नाटकीयता में है। 'आकाशदीप', 'पुरस्कार', 'विराम-चिह्न' इत्यादि अनेक ऐसी कहानियों के नाम गिनाए जा सकते हैं।

वस्तुतः प्रेमचंद की कहानियों की प्रेरणाएँ जीवंत मानवीय भावनाओं या विचारों से निर्मित होती हैं। ये प्रेरणाएँ क्रमशः समय और देश के संदर्भ में व्यापारों से अवस्था या संबंध का निर्माण कर लेती हैं। इस प्रकार ऐसी कहानियों में कथानक का बड़ा ही सहज रूप उभरता है और इस सहजता में जीवन से एकात्मक करने की जो शक्ति रहती है वह अनेक चक्करों के उपरांत भी दूसरे कहानीकारों में नहीं आ पायी है। मेरे कथन का तात्पर्य कदापि यह नहीं है कि कथानक वाला प्रेमचंदीय आदर्श ही शाश्वत या सनातन महत्त्व का भागी बन सकता है। कहानी वस्तुतः एक संश्लेषण है और यह संश्लेषण विभिन्न तत्त्वों के मिलने का—अलग-अलग प्रक्रियाओं से भी—परिणाम है। कथानक कोई निरपेक्ष चीज नहीं है, वस्तुतः वह कहानीकार की कल्पना से भी सापेक्ष है और उसके प्रेक्षण से भी। कल्पना की शक्ति और प्रेक्षण का सत्य दोनों विकासशील चीजें हैं। प्रेक्षण का सत्य बदलता है तो निश्चित रूप से कथानक का रूप भी बदलना ही चाहिए, मगर उसका संश्लेषणवाला गुण तो नहीं बदलता ! संश्लिष्ट कथानक के अभाव में अच्छी से अच्छी कहानी भी कमजोर होती मालूम पड़ती है।

कथानक की संश्लिष्टता की कथा-शक्ति (Narrative energy) का प्रमाण है। उन्नीसवीं शताब्दी की पाश्चात्य कहानियों को पढ़ जाइए, उनकी कथा शक्ति की आपको प्रशंसा करनी ही होगी। सामयिक पाश्चात्य कथाकारों में भी इस कथा-शक्ति का ह्रास नहीं हो गया है; हाँ, उनकी कथा-शक्ति घटनाओं के प्रवाह से अधिक जीवन की भावात्मक लय को पकड़ने की ओर अधिक उन्मुख है। मानव-अस्तित्व की भावात्मक स्थितियों के प्रति उनकी तत्परता से हमें आश्चर्य होता है। सामयिक हिंदी कथा-साहित्य इस ओर तत्पर नहीं है, ऐसा हम कहने का दुस्साहस नहीं करते, किंतु अधिकांश कहानियाँ जीवंत लय-प्रवाह के नाम पर सिर्फ मानसिक प्रतिक्रियाएँ उभारती हैं, विकलांग मानसिक प्रतिक्रियाएँ और भंगिमाएँ ! डॉ. नामवर सिंह ने 'छोटे-छोटे ताजमहल' के अंतर्गत कथानक की संश्लिष्टता के अभाव पर बड़े सशक्त भाव व्यक्त किए हैं।[1] इस प्रसंग पर चर्चा करते हुए उन्होंने राजेंद्र यादव की कुछ पंक्तियाँ उद्धृत की हैं। उन्हें यहाँ फिर से उद्धृत करने का मोह रोकना मेरे लिए मुश्किल-सा हो रहा है। राजेंद्र यादव लिखते हैं—"...शेष सभी कुछ 'आइडिया'

1. डॉ. नामवर सिंह—नई कहानियाँ, 'हाशिए पर', जनवरी, 1962

को घटित करने के लिए निमित्त भर हों, यह उसे (आधुनिक कहानीकार को) स्वीकार्य नहीं है। कोई भी आइडिया, विचार या सत्य व्यक्ति या पात्र के जीवन की धारा में रहते हुए ही उसकी उपलब्धि बने, उसका प्रयत्न यह है।"

डॉ. नामवर ने इस कथन पर टिप्पणी करते हुए लिखा है[1]–"जीवनधारा में रहते हुए ही सत्य को उपलब्ध करना सचमुच ही बहुत बड़ा प्रयत्न है। यदि किसी कहानी में संपूर्ण संश्लिष्ट प्रक्रिया के साथ सत्य की अभिव्यंजना होती है तो उस कहानी की पूरी प्रक्रिया से गुजरना पाठक के लिए भी अनिवार्य है।" राजेंद्र यादव के कथन का एक टुकड़ा हमारी चर्चा के प्रसंग में महत्त्वपूर्ण है। सिर्फ आइडिया या प्रत्यय सत्य को घटित करने के निमित्त सब कुछ गढ़ा जाए, इससे कृत्रिमता पैदा होती है। फिर ऐसी कौन-सी प्रक्रिया ठीक होगी जिसमें विचार की कथानक से सहज अन्विति हो जाए ? इसके लिए आवश्यक यह है कि 'जीवन की प्रक्रिया' को एक सहज नियम में ही कहानी में स्वीकार किया जाना चाहिए।

कोई विचार, स्वाभाविकता के लिए, जीवन की पूरी प्रक्रिया से नहीं गुजर सकता--कहानी में इसके लिए गुंजाइश ही नहीं है। कथानक के निर्माण में यहीं सावधानी बरतने की जरूरत है। 'कफ़न' शीर्षक कहानी को लीजिए, उसके पात्रों का निरूदन (डीहाइड्रेशन) एक संपूर्ण जीवन-प्रक्रिया के अंतरविरोध का परिणाम है। क्या एक सहज-से कथानक में यह 'माइक्रोकॉज्म' नहीं लाया जा सकता ? नहीं लाया गया है ? ऐसी कितनी कथानक की दृष्टि से संश्लिष्ट कहानियाँ इधर लिखी गयी हैं जिनमें किसी सत्य का साक्षात्कार एक संपूर्ण जीवन-प्रक्रिया के बीच हुआ हो ? प्रेमचंद से तो 'कफ़न' के अतिरिक्त भी दर्जनों उदाहरण दिए जा सकते हैं !

कथा-शक्ति के अभाव में आज के कहानीकार को भाव-क्षणों से स्फीत अंतर्कथा की योजना करनी पड़ती है, कथानक के सहज-स्वाभाविक स्थापत्य की बलि देकर ! जीवन के प्रवाह के नाम पर इन टाँके गए छोटे-छोटे कथानकों में क्या यह शक्ति रहती है कि वे वस्तुतः 'माइक्रोकॉज्म' उत्पन्न कर दें ? इन अंतर्कथाओं से विराट् जीवन-प्रक्रिया क्या उभरेगी, मूल कथानक का संश्लेष भी नष्ट हो जाता है। ऐसा मैं किसी पूर्वाग्रह से नहीं कह रहा हूँ, यह वस्तुस्थिति है और इसकी ओर से हमें सचेत होने की आवश्यकता है। कथा-शक्ति के इस ह्रास को लेकर यदि पुराने खेवे के आलोचक, आधुनिक कथा-साहित्य की आलोचना करते हैं तो उनके आक्षेपों के प्रकाश में हमें अपनी कमजोरियों को देखना-परखना होगा।

'साइकोलॉजिकल हाफ़टोंस' को लेकर सशक्त कथानक गढ़ने की प्रतिभा हिंदी के बहुत कम आधुनिक कहानीकारों में है। वे जहाँ भी जीवन के विविक्त का

---

1. डॉ. नामवर सिंह–नई कहानियाँ, 'हाशिए पर', जनवरी, 1960

सत्य उद्‌घाटित करना चाहते हैं, जहाँ भी वे सामयिक जीवन के भावात्मक विरोधों के विचार-सत्य को उपस्थित करना चाहते हैं, वहीं यह हाफ़टोन उन्हें धोखा दे जाता है। अंतर्कथाएँ बुनते जाइए और मूल कथा छिपती चली जाएगी और अंत में जाकर कहानी में एक अस्त-व्यस्तता मिलेगी, जिसे आधुनिक कथाकार दुराग्रह से, या गलत समझदारी के कारण, 'फलक्स' कहना चाहेगा। इस संबंध में सामयिक कहानी-लेखक यह भूल जाता है कि वह मानवीय चरित्र और व्यापारों को लेकर लिख रहा है। ये चरित्र और व्यापार एकांत नहीं हैं, उनका दूसरों पर असर पड़ता है। वे एक ऐसी दुनिया में रहते हैं जहाँ नित्य अंतर्क्रिया होती रहती है, फिर अकेले पात्र को कथानक के केंद्र में रखकर देखने का प्रयास कितना खतरनाक होगा ! कहानी में सिर्फ केंद्रीय पात्र की इच्छा अनिच्छा का प्रश्न नहीं है, दूसरे पात्र हैं जो उसके अवस्थान को न्यूनाधिक रूप से 'कथानक' में निश्चित करते हैं। कर सकते हैं। इस अर्थ में सामयिक हिंदी कहानी संश्लिष्ट कथानक बनाने में अधिकतर असफल रही है।

निबंधना (Lay out) की दृष्टि से अधिकांश सामयिक कहानियाँ समानांतर कथाओं को लेकर गढ़ी गयी मालूम होती हैं। एक कथा के अंतर्गत दूसरी समानांतर कथा का प्रयोजन क्या है ? इस प्रश्न पर कभी-कभी बड़े चामत्कारिक ढंग से मत प्रकट किया गया है। अधिकांश कथाकार अपनी मजबूरी को कथा-निबंधना का अनिवार्य गुण मानकर इसके लिए सैद्धांतिक आधार ढूँढ़ते मालूम पड़ते हैं। यह ठीक है कि ऐसी समानांतर कथा-निबंधना में दूसरी कथा को चामत्कारिक ढंग से आंतरिक विपर्यय (Inversion) कराकर लेखक चरित्रों को एक साथ ही दो धरातलों पर प्रतिष्ठित कर देता है। किंतु, ऐसे आंतरिक विपर्यय जहाँ असफल हो जाते हैं वहाँ पूरी कथा अस्तव्यस्तता के अतिरिक्त कोई दूसरा प्रभाव पाठकों पर नहीं छोड़ती। दो-दो वस्तु-प्रकरणों के बीच कभी-कभी कथानक और विचार को बड़े कृत्रिम और नाटकीय ढंग से खींचा जाता है। ठीक इसके विपरीत वस्तु के दो भिन्न प्रकरण किसी विचार-सूत्र की एकता के कारण पाठक पर गहरा से गहरा प्रभाव भी छोड़ सकते हैं। अज्ञेय की कहानी 'पठार का धीरज' अपने समानांतर वस्तु-प्रकरण में भी एक बहुत ही प्रभावशाली रचना बन गयी है। किंतु, ऐसी सफलता कहानीकार को सर्वत्र नहीं मिलती या यों कहें कि अधिकतर प्रयास असफल ही होते दीख पड़ते हैं। प्रेमचंद की कहानी 'अलग्योझा' को ही लीजिए, एक कहानी को दो प्रकरणों में डालकर विचार का चामत्कारिक आंतरिक विपर्यय प्रस्तुत किया गया है, किंतु इससे कहानी का ढाँचा तो कमजोर हो ही गया है, साथ ही उसका प्रभाव भी कृत्रिम-सा मालूम पड़ता है। ऐसा लगता है कि प्रेमचंद उपन्यास के परिप्रेक्ष्य में कहानी की निबंधना (Lay out) कर रहे हैं। ऐसा 'अलग्योझा' शीर्षक कहानी में ही हुआ हो सो बात नहीं, बहुत-सी दूसरी कहानियों

में भी ऐसा ही हुआ है। 'जुलूस' शीर्षक कहानी को लीजिए, ऐसा लगता है जैसे एक बहुत जीवंत प्रकरण को विपर्यस्त कर प्रेमचंद ने प्रभाव का व्यतिरेक कर दिया है। कहानी की संवेदना ही जैसी गलत स्थान में डाल दी गयी है। फलतः सब समर्थ वातावरण का नाटकीय पर्यवसान हो जाता है। पाठक इस व्यतिरेक के लिए तत्पर नहीं हो पाता। इधर की कहानियों की निबंधना में यह दोष फिर बड़ी तेजी से उभर रहा है। जहाँ कहीं भी एक सादा-सा कथानक प्रभावशाली मालूम नहीं पड़ता, वहीं लेखक एक दूसरी आनुषंगिक प्रेम-कथा गढ़कर मूल कथा के साथ बैठा देता है और कहानी में एक प्रकार की अनावश्यक जटिलता पैदा हो जाती है। चूँकि आधुनिक जीवन को जटिल माना जाता है, इसलिए कहानीकार बिना किसी जटिलता के कहानी लिखे तो आधुनिक कैसे हो ? फलतः उसे आधुनिक होने के लिए कमजोर होना पड़ता है, गलत औपचारिकता का सहारा लेना पड़ता है। श्री राजकमल चौधरी की अधिकांश कहानियों में यह कमजोरी है। वे समानांतर प्रेमकथाओं के बगैर अपने प्रधान पात्र की पात्रता सिद्ध ही नहीं कर पाते ! आसंगों की भीड़ में मूल ही खो जाता है।

डॉ. नामवर सिंह ने राजेंद्र यादव की कहानी 'छोटे छोटे ताजमहल' पर लिखा है–[1] "लेकिन कथानक इकहरा ही हुआ तो क्या हुआ ? लिहाज़ा कथानक को सघन बनाने के लिए कहानी के अंदर एक दूसरी कहानी भी बुन दी गयी है। जादू की छड़ी स्मृति तो है ही ! वर्षों पहले उसी स्थान पर घटी हुई एक घटना की याद आना स्वाभाविक ही है, खास तौर से तब जब कि कोई स्वयं उसका साक्षी भी रह चुका हो।··· एक कहानी का कारण दूसरी कहानी से स्पष्ट कर दिया गया।" यहाँ स्वाभाविक रूप से हमारे सामने प्रश्न उठता है कि क्या कथानक की सघनता केवल वस्तु की समानांतर निबंधना से ही संभव है, क्या एकात्मक स्थापत्य वाले कथानक सघन नहीं होते, आत्मपूर्ण नहीं होते ? कोनराड एकेन की कहानी 'इम्पल्स' को उदाहरणस्वरूप प्रस्तुत करूँ। इस कहानी में कथानक का इकहरापन इतना स्पष्ट है कि उसके संबंध में कुछ विशेष कहने की कोई आवश्यकता मुझे मालूम नहीं पड़ती। परंतु, इस एकात्मक स्थापत्य वाली कहानी की निबंधना कितनी सघन और व्यापक है, इसका प्रमाण माइकेल का अनुभव है। इसी प्रकार की दूसरी कहानी है हेमिंग्वे की रचना 'दि सोल्जर्स रिटर्न'। इस कहानी की सारडोनिक करुणा वस्तुतः पाठक को हिला जाती है। यशपाल जी की अधिकांश कहानियों का कथानक एकात्मक है और सघन भी। फिर क्या कारण है कि सामयिक हिंदी कहानी में इस एकात्मक स्थापत्य (Monolithic structure) का अभाव है ? इस संबंध में विचार करते हुए सामान्यतः कहानीकार की कथा-शक्ति पर ध्यान चला जाता है।

---

1. डॉ. नामवर सिंह–नई कहानियाँ, 'हाशिए पर', जनवरी, 1962

कथा-शक्ति के मामले में मानना पड़ता है कि सामयिक कथाकार अपने पूर्ववर्त्तियों से बहुत कमज़ोर पड़ता है, इसलिए कभी-कभी वह कथा-शक्ति को उथलापन भी कह बैठता है ! खैर ! उसकी इस समझदारी को हम तरज़ीह दे जाते हैं ! कथा-शक्ति के अभाव में आज का कहानीकार उस समश्रेण्यता से कथानक की निबंधना नहीं कर पाता जिस समश्रेण्यता और सरलता से प्रेमचंद कर लेते थे या यशपाल जी कर लेते हैं। फलतः उसे कथानक में नाटकीय परिवर्त्तन करने पड़ते हैं, अनेक कृत्रिम बिंदुओं की अवतारणा करनी पड़ती है और इन सबसे भी जहाँ काम चलता नहीं दीख पड़ता, वहाँ आनुषंगिक कथानक गढ़ना पड़ता है। इतनी बुनावटों के बाद कहानी मुकम्मल होती है। गोया कहानी न हुई पहेली हो गयी, जितना उलझाओ उतनी तीखी !

कहानी के रैखिक विधान से जी न भरा तो चाक्रिक विधान हुआ और अब उससे दो कदम आगे समानांतर विधान ! उपन्यास का परिप्रेक्ष्य हो तो हीगेल के शब्दों में 'वर्ल्ड विदिन दि वर्ल्ड' का चमत्कार उत्पन्न कीजिए; 'कामेडी उमेन' की तरह 'अंतर्वृत्तात्मक कथानक' गढ़िए। किंतु कहानी में तो यह सब संभव नहीं है ! अधिकांश नए कहानीकारों को कहानी की सीमा का विस्तार करने का मोह होता है, इसीलिए भटकाव उन्हें पसंद है। लेकिन ऐसे अनावश्यक विस्तार से कहानी की रचना-प्रक्रिया पर–उसकी निबंधना पर–अनावश्यक बल पड़ता है। कथानक का प्रसार वास्तविक कारणत्व के अभाव में कभी-कभी पूरी कहानी के ढाँचे को बिगाड़ देता है। कहानी का ढाँचा हमारे वास्तविक जीवन की तरह निर्बाध या अस्त-व्यस्त नहीं हो सकता, उसकी निबंधना की एक विशेष सीमा है। स्फीत निबंधना कहानी के किनारों को ही काट डालती है–कूलक्षयिनी होती है। रचना-प्रक्रिया में कहानीकार को इस ओर से सचेत रहने की आवश्यकता पर बल देना यहाँ अनावश्यक है।

कहानी की रचना-प्रक्रिया को लेकर जो दूसरा सवाल पैदा होता है वह है चरित्रों की स्थापना का। कहानी में घटनाएँ किसी चरित्र के व्यापार के केंद्र में, उसके समस्त लोकानुभव के केंद्र में खुलती हैं। इस अर्थ में आज की कहानी सिर्फ घटना-वैचित्र्य को लेकर नहीं चलती। जीवन का सत्य चरित्र के आसंग में सार्थकता ग्रहण करता है। इस संबंध में एल. ए. जी. स्ट्राँग ने स्पष्ट शब्दों में लिखा है[1]–"कला में कोई आंदोलन निश्चित रूप से नई गतियों को उद्दीप्त करता है और महादेश की कथा को प्रोत्साहन देता है, जैसा कि ब्रिटिश कथा लेखकों की एक पीढ़ी के साथ आपने देखा है। उन लेखकों ने लगभग कथानक को विसर्जित हो जाने दिया और उसकी जगह पर चरित्र के अंतरंग वातावरण को लेकर कहानियाँ लिखीं।"

---

1. स्ट्राँग–'दि राइटर्स ट्रेड', पृ. 77, 1953,

स्ट्राँग की उपर्युक्त स्थापना के प्रारंभिक अंश को यदि हम थोड़ी देर के लिए छोड़ भी दें तब भी यह सच है कि परवर्त्ती अँगरेजी कहानी में चरित्र की स्थापना रचना-प्रक्रिया का आंतरिक आधार बन गयी थी। ये कहानियाँ पूर्ववर्त्ती कहानियों की तुलना में किसी अर्थ में प्रक्रिया-शिथिल या अपूर्ण या स्थापत्यहीन नहीं थीं, सिर्फ इनमें आंतरिक एकतानता के निर्वाह की चेष्टा अधिक थी। कहानी की रचना-प्रक्रिया का यह आधार-परिवर्तन केवल एक विशेष आंदोलन की प्रतिक्रिया नहीं थी, इसके पीछे एक स्वतंत्र चेतना प्रेरक के रूप में कार्य कर रही थी। इस आंतरिक प्रेरणा को हम सामयिक जीवन के परिवर्त्तन से समझ सकते हैं। कहानी की कला इस अर्थ में बहुत अधिक लचीली होती है। उसमें युग की संवेदना को पकड़ने की अद्‌भुत शक्ति होती है। इसी दृष्टि से हम 'उसने कहा था' को समझ भी सकते हैं। जीवन के प्रति जो नैतिक दृष्टिकोण और व्यक्ति-चेतना का जो भावात्मक सत्य छायावादी कविता की प्रकृति है वह क्या 'उसने कहा था' में पूर्वाशित नहीं होता ? मानवीय जीवन के परिप्रेक्ष्य में ही विषय-वस्तु का वैविध्य अर्थपूर्ण बनता है। कहानी यदि विषय-वस्तु की दृष्टि से प्रेमचंद के युग से वैविध्य ग्रहण करती है तो इसका स्पष्ट अर्थ है कि वह मानव-जीवन के परिप्रेक्ष्य में विकसित हो रही थी।

मानव-जीवन के परिप्रेक्ष्य में विषय-वस्तु का वैविध्य विकसित करना रचनाधर्मी साहित्यकार की विशेपता है। इस संबंध में हम रूसी लेखक चेख़व के समीक्षक ब्लादीमीर यारमिलोव की कुछ पंक्तियाँ उद्‌धृत करना चाहेंगे। उन्होंने लिखा है[1]–"हम जानते हैं कि चेख़व की प्रतिभा मनुष्य की भावनाओं से सर्वोपरि जुड़ी हुई है, जिसमें एक उतनी ही ऊँची और गहरी नैतिकता भी है। अपनी कहानी 'ह्मयलेंट सेनसेशंस' में, जो 1806 में लिखी गई और जिसमें उनकी उद्‌गत प्रतिभा के दर्शन होते हैं, उस पूरी शृंखला की एक कड़ी है जिसमें प्रतिभा को बुनियादी शक्ति कहा गया है।"

'अंकिल वान्या' शीर्षक कहानी में येलिना प्रतिमा को 'साहस, स्वतंत्र चिंता और दृष्टि-विस्तार' कहती है। प्रेमचंद की रचना-प्रक्रिया का सारा रहस्य इन गुणों में अंतर्हित है। प्रेमचंद की प्रतिभा संपूर्ण युग-जीवन में व्याप्त सत्य को साहस और स्वतंत्र चिंता से ग्रहण करती है। उनकी दृष्टि का विस्तार उनके रचनाधर्मी कथाकार की प्रकृति है। मानव चरित्र की व्याप्ति के विषय पर प्रेमचंद ने न जाने कितनी कहानियाँ लिखी हैं। कुछ कहानियाँ फार्मूलों को लेकर चलीं–हृदय-परिवर्त्तन को लेकर। किंतु, रचनाधर्म इस सीमा को स्वीकार नहीं करता, फलतः प्रेमचंद ने हृदय-परिवर्तनवादी फार्मूले को तिलांजलि दी।

1. ब्लादीमीर यारमिलोव–ए. पी. चेख़व, पृ. 155

प्रेमचंद की कहानियों में कथा-शक्ति चरित्र-व्यापारों को जितनी सामर्थ्य और संदर्भ-गुरुत्व देती है, वह आश्चर्य का विषय है। कभी-कभी इसी कारण उनकी कहानियाँ जीवन-प्रवाह में बहती हुई, स्थापत्य की अवहेलना करती मालूम पड़ती हैं। बहुत व्यापक संदर्भ में जब प्रेमचंद चरित्र की कोई लघु भंगिमा दिखाकर रह जाते हैं तो सचमुच दुःख होता है। किंतु ऐसा प्रेमचंद की बहुत कम कहानियों में होता है। प्रेमचंद भारतीय श्रमजीवी जनता के आंतरिक चारित्र्य के कथाकार हैं। उनकी कहानियाँ अनिवार्य रूप से उस नैतिक, निर्णयात्मक चारित्र्य को उदाहृत करती हैं। 'मुक्तिमार्ग' के चरित्र उदाहरणार्थ प्रस्तुत किए जा सकते हैं। 'कुछ विचार' में, इस दृष्टि से, प्रेमचंद का वक्तव्य हमारा ध्यान आकर्षित करता है।

इस दृष्टि से प्रेमचंद में कहानी की रचना-प्रक्रिया पूर्णता प्राप्त करती मालूम पड़ती है। उनकी कथा-शक्ति नियोजना और निबंधना करती है, चरित्र-व्यापारों से उसका उत्थापन (Elevation) होता है और युग-बोध उसे परिप्रेक्ष्य देता है। रचनाधर्मी साहित्यकार के सभी गुण प्रेमचंद की कहानियों में एकत्र वर्तमान हैं।

प्रेमचंद की प्रारंभिक कहानियों की तुलना में गुलेरी जी की कहानी 'उसने कहा था' का 'कथानक' बहुत तीक्ष्ण रूप में पारिभाषित है, अर्थात् निबंधना के रूप की दृष्टि से बहत सुगठित है। प्रेमचंद की परवर्त्ती कहानियों में कथानक का यह तीक्ष्ण पारिभाषित रूप ही उभरने लगता है और जैनेंद्र, अज्ञेय, यशपाल इत्यादि में आकर तो उसकी तीक्ष्गता एक विशेष गठन ही ग्रहण कर लेती है। प्रेमचंद और गुलेरी एक ही युग के कहानीकार हैं, फिर भी इनकी कहानियों का गठन अलग-अलग है। गुलेरी जी की कहानियों में, और विशेषतः 'उसने कहा था' में जो वस्तुविधान-वैचित्र्य है उसे देखते हुए ऐसे अनुमान सर्वथा निरर्थक नहीं हैं कि इन कहानियों पर विदेशी निबंधना (Lay out) की स्पष्ट छाया है। चाहे यह छाया किसी कहानी-विशेष की न भी हो, परंतु पाश्चात्य कहानियों के विधान का सफ़ल निर्वाह तो इसमें हुआ ही है। प्रेमचंद के कथानक की निबंधना में विपर्ययमूलक जटिलता नहीं है, उसमें बहुत कुछ कथाओं जैसा प्रवाह है, एक सहज पूर्वापर क्रम। किंतु प्रेमचंद की तुलना में 'उसने कहा था' की कथानक-निबंधना पर ध्यान दीजिए। समय का अंतराय–उस अंतराय में विकसित जीवन की अवस्थात्मक सूचना देने के लिए प्रयोग में लाए गए उपाय–उसके क्रम-विकास के विपर्यय का एक बहुत बड़ा कारण है। यह इस कहानी के विधान की विशेषता भी है। कथानक गढ़ने का यह 'फ्लैश-बैक' शिल्प, एक युग था जब अत्याधुनिक माना जाता था। 'कहानी' जैसी प्लैस्टिक कला के लिए इस शिल्प की अहमियत थी और हिंदी में तो विशेष रूप से, क्योंकि कथाओं के रैखिक कथा-प्रवाह में वक्रता के लिए गुंजाइश कम रहती है। फिर यदि किसी घटना की जटिलता या इच्छा के प्रवाह के द्वारा किसी 'भाव-स्थिति' को पकड़ना हो तो वैसी स्थिति में कथानक का रैखिक ढाँचा बहुत

अधिक सहायक नहीं हो पाता। 'उसने कहा था' को ही ध्यान में रखकर हम बात करें तो अधिक सुविधा हो। 'उसने कहा था' के लेखक का उद्देश्य प्रस्तुत कहानी में घटनाओं का चित्रण करते हुए किसी 'विचार' को उदाहृत करने का नहीं है, अर्थात् 'विचार' को घटाने मात्र के लिए वह घटनाओं की योजना नहीं कर रहा है, फलतः रैखिक निबंधना को एक हद तक उसने इस कहानी का संचालक नहीं बनाया है। घटना का प्रवाह एक विशिष्ट जीवन-स्थिति को ही उभारता है, परिणामस्वरूप यह घटना-प्रवाह रैखिक न होकर चाक्रिक (Spiral) है।

प्रेमचंद के समानांतर कहानी-लेखकों की कथानक-निबंधना पर विचार करने से हमें पता चलता है कि प्रेमचंद की तुलना में वे अधिक रूपहीन कथानकों की सृष्टि कर रहे थे। यदि प्रेमचंद की कहानियों पर यह दोषारोपण किया जा सकता है कि उन्होंने उपन्यासों के परिप्रेक्ष्य में कहानियाँ लिखी हैं तो उनके सामयिक कहानीकारों पर, इसके विपरीत, यह आरोप किया जा सकता है कि उन्होंने कहानी की निबंधना को अधिकांशतः विरूप ही कर डाला है। सुदर्शन, कौशिक, विनोदशंकर व्यास, चंडी प्रसाद 'हृदयेश' इत्यादि ऐसे ही कहानीकार हैं जिनकी कहानियों का ढाँचा निश्चित करना जरा मुश्किल-सा काम है। इनकी अधिकांश कहानियाँ निर्माणहीन और निबंधना की संहृति से रहित हैं। इसका प्रधान कारण यह है कि ये जीवन की नाटकीय भाव-स्थितियों' को लेकर ही 'कथानक' का निर्माण करते हैं, घटनाएँ वहाँ 'कारणत्व' से निरपेक्ष होकर उस भाव-स्थिति की नाटकीय सघनता के साधन-रूप में घटती चली जाती हैं। घटनाओं में कारणत्व का अभाव इनकी कहानियों की निबंधना को 'लम्प' (रूपहीन ढूह) बनाकर रख देता है।

जीवन के परिप्रेक्ष्य में इन कहानियों का 'निर्माण' कृत्रिम प्रमाणित होता है। संयोगों, आकस्मिकताओं और दैवदुर्विपाकों की भीड़ में जीवन का स्वाभाविक प्रवाह जाने कहाँ खो जाता है। भावातिशय के कारण भी कथानक का ढाँचा बिगड़ता है। स्वर्गीय जयशंकर प्रसाद, विनोदशंकर व्यास और चंडी प्रसाद 'हृदयेश' की बहुत-सी कहानियाँ भाव-प्रवाह में जीवन के प्रकृत स्थापत्य से दूर जा पड़ती हैं। इन कहानीकारों की अधिकांश कहानियों की निबंधना (Lay out) क्रियात्मक (Functional) नहीं है। इन कहानियों को जीवन के व्यावहारिक ढाँचे में ढालने की चेष्टा कीजिए, सीमाएँ स्पष्ट हो जाएँगी। कहानियों के इस ढाँचे को, स्थापत्य-कला की शब्दावली में 'डेकोरेटिव' कह सकते हैं। इनकी एकरूपता (मोनोटाइप) कभी-कभी व्यावहारिक बुद्धि को असह्य-सी हो जाती है।

कहानी की वस्तु के संसज्जन (Orientation) के लिए जो सहज-सुलभ विधान प्रेमचंद ने स्वीकार किया था वह निश्चित रूप से व्यावहारिक था। उसकी तुलना में उनके युग के ही दूसरे कहानीकारों का विधान शुद्ध औपचारिक (Formalistic) है। बाइज़ाइनटाइन मूर्तियों की तरह ये कहानियाँ चाहे ऊपर से जितनी अलंकृत

हों, किंतु उनमें आंतरिक गतिमत्ता का अभाव है। प्रसाद की कहानियों में, चाहे वे स्थापत्य की दृष्टि से अलंकार-शिथिल ही क्यों न हों, जो भव्यता है, वह भी विनोदशंकर व्यास आदि उनके अनुकरण करनेवालों में नहीं है। कहीं-कहीं ऐसे लेखकों ने ऐसे रूढ़ उपचारों से काम लिया है जिससे कहानी की बनावट का सारा चमत्कार नष्ट हो जाता है। प्रेमचंद युग के लेखकों में 'सुदर्शन', 'कौशिक' इत्यादि की रचना-प्रक्रिया में निर्माण-संबंधी शिथिलता, चरित्र की निरवयवता आदि का कारण भी यही है।

हिंदी कहानी : रचना की प्रक्रिया (2)

प्रेमचंद की अधिकांश कहानियों का दोष यह माना जाता है कि उनमें लेखक कहानी के आंतरिक सूच्य फलक (Frame of reference) से निरपेक्ष नैतिक मूल्यों और धारणाओं का आक्षेप करता है। ऐसा दोष प्रेमचंद की सभी कहानियों में नहीं है, फिर भी उनकी रचना-प्रक्रिया में ऐसे प्रयत्न जरूर यत्र-तत्र मिल जाते हैं। किसी कहानीकार की यह बहुत बड़ी सीमा है कि वह कहानी की निबंधना (Lay out) के बाहर जाकर किसी सत्य की स्थापना करे। ऐसे प्रयत्नों से कहानी का प्रभाव तो घटता ही है, साथ ही साथ उसकी रचना के दोष भी बहुत प्रत्यक्ष होकर हमारे सम्मुख आते हैं। इस अर्थ में प्रेमचंद की अंतिम कहानियाँ बहुत निर्दोष हैं। प्रेमचंद के परवर्त्ती कथाकारों ने इस प्रक्रिया से काफी लाभ उठाया है। जैनेंद्र, यशपाल, अज्ञेय, भगवती चरण वर्मा, उपेंद्र नाथ अश्क इत्यादि की आरंभिक कहानियाँ भी रचना-प्रक्रिया की दृष्टि से बहुत व्यवस्थित और संघटित हैं। प्रेमचंद की 'जुलूस' जैसी कहानियों से इनकी कहानियों की तुलना करने पर बात और स्पष्ट हो जाती है। रचना-विधान की दृष्टि से 'जुलूस' जैसी कहानियाँ वातावरण का प्रयोग कहानी के प्रभाव के रूप में तो करना ही चाहती हैं, साथ ही उनमें एक अतिरिक्त दोष भी आ जाता है। कहानी की मूल संवेदना जब विपर्यय के चमत्कार से स्पष्ट हो तो समझ लेना चाहिए कि कहानी की रचना में कोई आंतरिक दोष है। इस विपर्यय के कारण मूल पात्र की संवेदना अन्य पात्र पर लाद दी जाती है, फलतः यहाँ ऐसा लगता है जैसे कहानीकार कहानी के बाहर से कोई नैतिक मूल्य लेकर, या दूसरे पात्र के जीवन-संघर्षों से भावना लेकर इच्छित पात्र को धन्य करना चाह रहा है। दारोग़ा जी के हृदय-परिवर्त्तन के लिए प्रेमचंद ने कुछ ऐसे ही चमत्कार से काम लिया है। डॉ. राम विलास शर्मा की शिकायत मुझे यहाँ बहुत उचित जँचती है कि ऐसी हृदय-परिवर्त्तनवादी कहानियों में प्रेमचंद सबसे अधिक असफल होते हैं।

प्रेमचंदोत्तर कथा-साहित्य की रचना-प्रक्रिया में विषय-वस्तु से कथानक का आंतरिक समवाय इतना एकसूत्र होता है कि उसमें कहानी की सीमाओं के अतिक्रमण की गुंजाइश ही नहीं रह जाती। अनजाने भी कहानीकार इस सीमा में बँधकर ही रचना-विधान करता है। इसका बहुत स्पष्ट कारण यह है कि जैनेंद्र, यशपाल, अज्ञेय जैसे कहानीकार विषय की संभावनाओं पर अनावश्यक बल नहीं देते। वे कथा के स्वाभाविक स्थैर्य के बावजूद अंतःसरित प्रवाहों के सूत्र को बराबर पकड़ने की चेष्टा करते हैं। यशपाल की कहानियों पर यदि हम दृष्टि डालें तो यह बात स्पष्ट हो जाएगी। यशपाल जी की अधिकांश कहानियों में जो कथा का स्वाभाविक स्थैर्य (Calm) है वह किसी जड़ता का परिणाम नहीं है। यशपाल इसी स्थैर्य के अंतर्प्रवाह के स्तरों की उद्‌भावना के द्वारा कहानी की रचना करने में सफल होते हैं। जैसा मेरा अनुमान है, यशपाल जी जीवन के प्रत्यक्ष अनुभव का प्रयोग केवल थीम (विषय) के अवधान की दिशा में ही करते हैं। इस थीम के अनुरूप कल्पना से वे पूरी विषय-वस्तु निर्मित कर लेते हैं। घटनाओं के निर्माण में यशपाल की रचनात्मक कल्पना उनकी रचना-प्रक्रिया का मूल सूत्र है। प्रेमचंद से यशपाल का तथा अन्य सामयिक लेखकों का यही आधारभूत पार्थक्य है जो उनकी रचना-प्रक्रिया के भेद से स्पष्ट होता है। 'दो मुँह की बात', 'तुमने क्यों कहा था मैं सुंदर हूँ', 'धर्म रक्षा' जैसी कहानियाँ किसी वास्तविक घटना का चयन मात्र नहीं हैं, लेखक की रचनात्मक कल्पना ने विषयगत अंतर्विरोधों के अनुरूप घटनाएँ गढ़ ली हैं। इसी तरह अश्क की कहानी 'काले साहब' और 'डाची' हैं। जैनेंद्र की 'अपना-अपना भाग्य' और अज्ञेय की प्रसिद्ध कहानी 'बंदों का खुदा' ऐसी ही कहानियाँ हैं।

प्रेमचंद की रचना-प्रक्रिया से प्रेमचंदोत्तर कथाकारों की रचना-प्रक्रिया के भेद के कई दूसरे भी कारण हैं। इन कारणों में शायद सबसे बड़ा कारण यह है कि प्रेमचंद की तुलना में परवर्त्ती कथा-लेखक 'कथानक' की अपेक्षा पात्रों के जीवन-प्रवाह पर अधिक बल देने की चेष्टा करते हैं। जैनेंद्र, अज्ञेय, पहाड़ी, इलाचंद्र जोशी इत्यादि अधिकांश ऐसे लेखक हैं जिनकी कहानियों में कथानक बहुत ही क्षीण रहता है। कथानक की इस क्षीणता को वे दूसरे उपादानों से पूर्ण करने की चेष्टा करते हैं। इस संबंध में कुछ प्रसिद्ध कहानियों का उल्लेख करना आवश्यक-सा हो जाता है। जैनेंद्र की 'पत्नी', अज्ञेय की 'गैंग्रीन', पहाड़ी की 'हिरन की आँखें' इत्यादि कहानियों में कथानक अत्यंत स्वल्प है। वातावरण की सघनता से कथानक की इस स्वल्पता को ढक लेने की चेष्टा में कभी-कभी लेखक बहुत बोझिल कहानियाँ लिख डालता है। 'गैंग्रीन' ऐसी ही कहानी है। संपूर्ण वातावरण को प्रतीकात्मक रूप से उत्थापित कर लेखक जीवन के बोध की सार्थकता या निरर्थकता को उभारने की चेष्टा करता है। फलतः, संपूर्ण कहानी में जीवन की एक संवेदनशील परिस्थिति

के अंतर्विरोध से हम चाहे क्षण-भर के लिए अभिभूत हो जाएँ, पर अंततः कहानी में प्रवाह का अभाव हमें खटकता ही है। वातावरण की सघनता जीवन के प्रवाह की कमी को पूरी नहीं कर सकती, फलतः ऐसी कहानियों में जड़ता का बोध ही प्रमुख है, शील-वैचित्र्य का आग्रह ही प्रमुख है। ऐसी कहानियों के घटना-चक्र विचित्र चाहे जितने हों, उन घटना-चक्रों से उत्थापित बोध का संप्रेषण ज़रा मुश्किल हो जाता है। लेखक अपनी संपूर्ण रचनात्मक सामर्थ्य के साथ जीवन के एक बिंदु पर अपनी दृष्टि जमा लेता है, फलतः पृष्ठभूमि के अभाव में यह बोध एकांत की निबिड़ता की तरह ही खोखला रह जाता है। मगर यह दोष सर्वत्र नहीं है। जहाँ लेखक जीवन के व्यापक पार्श्व को दृष्टि में रखकर क्रमशः सघन अवयवों को लक्ष्य बनाता है वहाँ कहानी अपने रचना-विधान में अभूतपूर्व सामर्थ्य अर्जित करती मालूम पड़ती है। 'नीलम देश की राजकन्या', 'पठार का धीरज', 'परदा', 'खिलौने', 'मकड़ी का जाला' इत्यादि कहानियाँ उदाहरणस्वरूप उपस्थित की जा सकती हैं। इन सभी कहानियों की विषय-वस्तु एक-दूसरे से भिन्न है, किंतु रचना-विधान की दृष्टि से ये सभी कहानियाँ विशेष को सामान्य बनाने में, सर्वाश्रयी बनाने में सफल होती हैं। इनमें चयन की गयी प्रत्येक घटना एक जीवन-संश्लेष उपस्थित करती है जिनका स्वतंत्र और आत्मपूर्ण बोध है। प्रेमचंद की कहानियों से उनकी रचना-प्रक्रिया का भेद बहुत स्पष्ट है। प्रेमचंद जीवन की भव्यता को, संदर्भ की संपूर्णता को चित्रित करने में उसके विशेष अंगों की अवहेलना कर देते हैं, परवर्त्ती लेखक इसके विपरीत उन विशेषों से जीवन का बृहत्तर संदर्भ संकेतित करने की प्रक्रिया को उभारते हैं।

'नीलम देश की राजकन्या' में 'राजकन्या' चाहे रोज़ अपनी सहेलियों से अपना मनबहलाव करती हुई क्रीड़ा करती हो, मगर रोज़ वह उस अभाव से पीड़ित नहीं जिससे कहानी का प्रारंभ होता है। स्पष्ट है कि प्रस्तुत कहानी जिस दृश्य (Scene) से प्रारंभ होती है उसका एक विशिष्ट मानसिक संदर्भ खड़ा करना लेखक की रचना का उद्देश्य है। वस्तुतः इस अंतरंग का निर्माण ही इस कहानी की मूलभूत रचना प्रक्रिया है। राजकन्या का विकल्प उसकी आत्मविरोधी भाव-भूमि की समग्रता के कारण अत्यंत मार्मिक भूमिका लेकर इस कहानी में उत्थापित होता है। मानसिक संदर्भ खड़ा करने के लिए ऐसे जटिल किंतु आवश्यक दृश्यों की योजना सफल कहानी की अनिवार्य शर्त्त है। 'नीलम देश की राजकन्या' तथा 'पठार का धीरज' के छोटे-छोटे दृश्य वस्तुतः एक बृहत्तर पार्श्व को संकेतित करने के लिए ही गढ़े गए हैं। प्रेमचंद की कहानियों में इसके विपरीत एक दूरवर्त्ती विशाल दृष्टि रहती है जो संपूर्ण जीवन के विस्तार को घेरने की कभी-कभी अनावश्यक चेष्टा में कहानी के गठन को बरबाद कर देती है। कथा-विधान की आत्मगत विशेषताओं के संबंध में अगर कुछ कहना अनिवार्य हो तो यहाँ इतना भर कहना पर्याप्त होगा कि अन्य

कलाओं की तुलना में वे सर्वतंत्र स्वतंत्र हैं। इस संबंध में प्रसिद्ध लेखक गोर्दों और एलेन टेट ने ठीक ही लिखा है–"कथा दूसरी कलाओं से इस अर्थ में भिन्न है कि इसमें मुख्य सरोकार जीवन की पद्धति से ही होता है। शायद यही कारण है कि हम उसके शिल्प की किसी पूर्वनिर्धारित धारणा से स्वतंत्र होते हैं (ऐसी घोषणाओं से तो और भी अधिक); कथालेखन का कोई नियम नहीं होता, जैसे सफल जीवन का कोई निश्चित नियम नहीं होता; कथा की हर कृति, जैसा कि हर जीवन में होता है, एक न्यूनतम औसत होती है जिसका विश्लेषण मुश्किल है।"[1]

प्रेमचंदोत्तर हिंदी कथा-साहित्य अपने विषय-विस्तार की दृष्टि से चाहे जितना विविध हो, किंतु अपनी रचना-प्रक्रिया में उसमें एक अभूतपूर्व एकतानता है। प्रत्येक रचना के संघटनात्मक अवयवों के विश्लेषण से हम शायद इस तथ्य को और भी स्पष्ट कर सकेंगे। प्रत्येक युग में रचनात्मक कल्पना अपनी परिस्थितियों के अनुरूप व्यावहारिक स्थापत्य (Functional structure) ग्रहण कर लेती है। प्रेमचंद की रचनात्मक कल्पना ने अपने युग की परिस्थितियों के अनुरूप यदि सामाजिक स्थापत्य ग्रहण कर लिया तो प्रेमचंदोत्तर कहानी-साहित्य में भी उसका अपने युगबंध के अनुरूप एक विशिष्ट और अलग स्थापत्य मिल जाना स्वाभाविक है। इस संबंध में अभी हाल में यशपाल जी ने एक बहुत महत्त्वपूर्ण बात कही है। उनके अनुसार–"मेरी कहानियों में वर्णित घटनाएँ मेरी व्यक्तिगत जानकारी में पार्थिव या भौतिक रूप में कभी घटी नहीं हैं, इसलिए कोई आलोचक उन्हें अयथार्थ भी कह सकता है। मैं मानता हूँ, वे घटनाएँ तथ्य नहीं हैं, परंतु उन घटनाओं में जिन मूल कारणों, मान्यताओं, व्यवहारों और भावनाओं की ओर संकेत है वे कारण, मान्यताएँ, व्यवहार और भावनाएँ यथार्थ हैं।"[2] स्पष्ट है कि प्रेमचंद की तरह यशपाल भौतिक घटनाओं से प्रेरणा लेकर कहानियों की रचना नहीं करते। संभवतः आज का कोई समर्थ कहानीकार भौतिक घटनाओं का आश्रित नहीं है। सभी जीवन की मूलभूत परिस्थितियों के बोध से घटनाएँ निर्मित कर लेते हैं, चाहे वे यशपाल हों, जैनेंद्र हों या अन्य कोई कहानीकार। इस अर्थ में आज की कहानी केवल घटना का वर्णन नहीं है, वह घटना के मूल में व्याप्त मानव-जीवन के संपूर्ण संदर्भ का संकेत है।

भ्रमवश हम आज की कहानी को केवल शिल्प की नवीनता की दृष्टि से नयी समझते हैं। वस्तुतः कहानी में यह नवीनता शिल्प (Technique) तक ही सीमित नहीं है। फिर यह शिल्प की नवीनता क्या स्वयं अपना ही कारण है या

---

1. हाउस ऑफ़ फ़िक्शन, सं.–कैरोलाइन गोर्दों एवं एलेन टेट, पृ. 449, 1960
2. सारिका, अगस्त, 1962

इसके पीछे भी कथाकार की कोई मौलिक रचना-शक्ति कार्य करती है ? वस्तुतः जिसे हम तंत्र या शिल्प की भंगिमा समझते हैं वह कथाकार की जीवन-दृष्टि की भंगिमा है, उसके बोध की विशेषता है। वस्तुओं, घटनाओं, व्यापारों और भावनाओं के निरंतर बदलते हुए जीवन-संदर्भ को चित्रित करने के लिए कथाकार निरंतर नए मार्ग ढूँढ़ता है, निरंतर नए माध्यमों और तंत्रों का प्रयोग करता है। वस्तुतः जिसे हम कहानी की शिल्प-विधि कहते हैं वह जीवन के अनिवार्य क्रियात्मक स्थापत्य की ही अभिव्यक्ति है।

इस अर्थ में प्रेमचंद के युग से प्रेमचंदोत्तर युग की कहानियों में अनिवार्य अंतर है। यह अंतर रचना की प्रक्रिया के भेद से ही स्पष्ट हो सकता है, मात्र शिल्प या शैली या ढाँचे के बाहरी विश्लेषण से नहीं। रचना की प्रक्रिया का अर्थ यहाँ उन समस्त उपचारों से लगाया जाना चाहिए जिनकी सिद्धि के द्वारा लेखक किसी भाव, विचार या व्यापार को बहुत ही प्रभावशाली विधि से रूपायित करने में समर्थ हो जाता है। गोर्दों और एलेन टेट के शब्दों में इसे समाहारक व्यापार (Enveloping action) कहा जा सकता है। वस्तुतः समाहारक व्यापारों के द्वारा पात्रों की वास्तविक परिस्थिति का उत्थापन कर कहानीकार एक सामाजिक परिप्रेक्ष्य का निर्माण करता है। यह सामाजिक परिप्रेक्ष्य वस्तुतः पात्रों की गति से ही चालित होता है, स्वयं चालित होने का गुण इसमें नहीं रहता। प्रेमचंद अपनी कहानियों में जब सामाजिक पृष्ठभूमि का निर्माण करते हैं तो उसे अनावश्यक रूप से स्फीत करने में उन्हें सुख मिलता है। छोटी-से-छोटी कहानी में भी प्रेमचंद बहुत बड़े सामाजिक संदर्भ का निर्माण करने की चेष्टा करते हैं। इसके विपरीत आधुनिक कथाकार सामाजिक संदर्भ का उपयोग स्थिर परिस्थितियों के चालन के लिए ही करता है। यशपाल जी की या अश्क जी की कहानियों को यहाँ हम उदाहरण के तौर पर रख सकते हैं। इन दोनों ही कहानीकारों ने सामाजिक परिप्रेक्ष्य में अधिकांश कहानियाँ लिखी हैं, मगर इन दोनों ही कहानीकारों ने समाहारक व्यापारों का बड़ा ही सांकेतिक रूप अपनी कहानियों में रखा है। उन्होंने इस पृष्ठभूमि को कहानी के ढाँचे से बाहर के जीवन के रूप में चित्रित नहीं किया है, जैसा प्रेमचंद अपनी अधिकांश कहानियों में करते हुए मालूम पड़ते हैं। इसका एक कारण तो संभवतः यह है कि यशपाल, जैनेंद्र, अज्ञेय इत्यादि बाह्य परिस्थितियों के कथन की अपेक्षा आंतरिक विधान पर विशेष बल देते हैं। जैनेंद्र और अज्ञेय ने तो अधिकांशतः परिस्थितियों के व्यापार-विधान की अपेक्षा उसके मानसिक प्रभावों से ही अपना काम चलाया है। ऐसे कहानीकार सामान्यतः पात्र की मानसिक परिस्थितियों को लेकर कहानी के जटिल सूत्रों को फैलाने की चेष्टा करते हैं। वास्तविक परिस्थितियों के विधान के लिए कुछ सांकेतिक व्यापारों का चित्रण कर देते हैं। ये सांकेतिक व्यापार केवल कहानी का मिल्यू (Milieu) ही नहीं निर्मित

करते, बल्कि बहुत अंशों में नाटकीय व्यापारों के लिए भी नयी परिस्थितियाँ तैयार कर देते हैं। अज्ञेय जी की कहानी 'मंसो' इसका बहुत अच्छा उदाहरण प्रस्तुत करती है। 'ताज की छाया' में अछूते फूल आदि भी इसी कोटि की कहानियाँ हैं। ऐसी कहानियों में सामाजिक पृष्ठभूमि का संकेत करने के लिए किसी पात्र के जीवन-संबंधी दृष्टिकोण को ही लेखक वह संकेत बना लेता है जिससे समाहारक व्यापार स्वयं उत्थापित हो जाएँ। यशपाल की अधिकांश कहानियों में सामाजिक वातावरण पात्रों के व्यापार से ही निर्मित होता है, कथाकार द्वारा उपस्थित वर्णनों से नहीं।

पहाड़ी ने 'अधूरा चित्र' की भूमिका में अपनी रचना-प्रक्रिया पर यों लिखा है–"मुझे अपने पात्रों का चुनाव करने में कठिनाई नहीं पड़ती। मैं पात्र को उठा लेता हूँ। सड़क पर पड़े पत्थर की तरह घटनाएँ स्वयं उसे चारों ओर से घेरती हैं, मुझे अधिक कठिनाई नहीं पड़ती। इसी तरह मैंने कहानियाँ लिखी हैं। कहानी का एक पूरा ढाँचा मैं पहिले कभी नहीं बनाता हूँ। वह स्वयं ही बनता है। यह मेरी कहानी की कहानी है।"[1] यशपाल से पहाड़ी की कहानी रचना-प्रक्रिया थोड़ी भिन्न इसलिए भी है कि दोनों में वस्तु और विषय के चुनाव को लेकर भेद है। यशपाल जी पहले 'थीम' के रूप में कहानी की अवधारणा करते हैं, फिर कल्पना से घटनाएँ तक गढ़ लेते हैं। पहाड़ी को चरित्र के रूप में कथा का अवधान करना प्रिय है, वे चरित्रों के अनुरूप परिस्थितियाँ, घटनाएँ आदि निर्मित कर लेते हैं। अंततः दोनों ही परिस्थितियों (Milieu) का निर्माण समाहारक व्यापारों के रूप में ही करते हैं। यशपाल की तरह जैनेंद्र को भी विषय के अवधान से ही शुरू करना प्रिय है। वे किसी प्रवहमान जीवन-सत्य को पकड़कर उसे कल्पना से विकसित करते हैं और उस स्वाभाविक विकास-दिशा के प्रति सारी सचेष्टता बरतते हैं। व्याघात उन्हें प्रिय नहीं है। इसी तरह समाज उनके लिए एक अवधारणात्मक सत्य है, इकाई नहीं। उसे कॉनसेप्ट के रूप में ग्रहण करना ही उन्हें अधिक प्रिय है। समाज के इस अवधानात्मक रूप को वे व्यक्ति की मानसिक पृष्ठभूमि के रूप में खड़ा कर देते हैं। यह पृष्ठभूमि क्रमशः कहानी का सामाजिक वातावरण बन जाती है। इस संबंध में उन्होंने एक इंटर्व्यू में कहा था–"बाह्य आंदोलन यदि रचना में ज्यों-के-त्यों उतरें तो उस रचना को मैं निकृष्ट समझूँगा। मैं अवतारणा व्यक्ति की करता हूँ। व्यक्ति तो सुख-दुःख के द्वारा ही कुछ करेगा। बीस हजार का आंदोलन तो 'बैक ग्राउंड' बन जाएगा··· ।"

जैनेंद्र को अपने पात्रों के व्यापारों को सांकेतिक रूप से ही सामान्य बनने देना इष्ट है, वे सिद्धांततः ऐसा करने के पक्षपाती नहीं हैं। जहाँ वे व्यक्ति के

1. अधूरा चित्र–पहाड़ी, पृ. 3, भूमिका, 1941

व्यवहारों तक अपने को सीमित रखते हैं वहाँ उनकी कहानियाँ मर्म में प्रवेश करती हैं, किंतु जहाँ वे अपने पात्रों से दार्शनिक मुद्राओं में चिंतन करवाते हैं वहाँ वे आत्यंतिक रूप से विरूप हो उठते हैं, सामाजिकता उनके लिए दंभ है, व्यक्ति की नैतिकता के अतिरिक्त वे सारे 'नार्म्स' को कृत्रिम और व्यक्ति-विरोधी मान बैठते हैं, भावना के ज्वार में जीवन के समाज-व्यापी सत्यों की अवहेलना करने लग जाते हैं। उनकी रचना-प्रक्रिया में यह दोष सर्वाधिक स्पष्ट है। जैनेंद्र को अपने तर्क प्रिय हैं, इस तर्क के प्रमाण में वे सामान्य सत्य को भी अजीब ढंग से प्रस्तुत करने के आदी हो गए हैं। उनकी इधर की कहानियों में यह विरूपता बहुत स्पष्ट होकर आती है।

जैनेंद्र की तुलना में अज्ञेय की रचना-प्रक्रिया की कुछ अंतरंग विशेषताएँ हैं। यशपाल की तरह ही अज्ञेय की कहानियाँ प्रेमचंद के पश्चात् हिंदी कथा-साहित्य में महत्त्वपूर्ण स्थान रखती हैं। अज्ञेय जी की कहानियों को लेकर और विशेषतः उनकी रचना-प्रक्रिया को लेकर आलोचकों में मुश्किल से दो की रायें मिल पाती हैं। इसका कारण यह नहीं है कि अज्ञेय की ऐसी कहानियों का महत्त्व विवादास्पद है, बल्कि यह कि ये कहानियाँ अर्थ की दृष्टि से गहरी और संवेदना की दृष्टि से इतनी बलवती हैं कि कथात्मक स्तर पर इन्हें उपलब्ध करना आसान नहीं है। अमृतराय ने अज्ञेय की रचनाओं को लेकर जो राय निश्चित की है वह इस अर्थ में असंगत है। अमृतराय जी लिखते हैं–"...सभी कहानियों का वातावरण बहुत दम घोंटनेवाला है क्योंकि उसमें एक म्रियमाण समाज-व्यवस्था का ही चित्रण है, नए विश्व का प्रकाश उसमें नहीं है। जीवन के कोलाहल कैसे अलग हटकर उसकी विकृतियों को समझने का जो प्रयत्न किया गया है, उसी का परिणाम ये कहानियाँ हैं जो प्रथमतः अपनी दुरूह कहानी-कला के कारण समझ में नहीं आतीं, कहानी जान ही नहीं पड़तीं और दूसरे अपनी विषय-वस्तु में इतने घोर नैराश्य में डूबी हुई हैं कि उनसे अरुचि हो जाती है।"[1] अज्ञेय की रचना-प्रक्रिया के संबंध में यहाँ एक ही बात बहुत स्पष्ट रूप से कही गयी है और वह यह कि इनकी कहानियों में जीवन की अंतर्क्रिया का अभाव है। कहानी-कला की दुरूहता वाली बात कुछ अर्थों में हास्यास्पद है। सबसे पहले मैं अज्ञेय की कहानी-कला के प्रसंग में यह कहना चाहूँगा कि उनकी अधिकांश रचनाओं में सामाजिक शक्तियाँ प्रतीकात्मक रूप में ही उदाहृत होती हैं। कहानी में आवश्यक नहीं है कि कोई लेखक अनिवार्यतः सामाजिक शक्तियों की अंतर्क्रिया को यथारूप चित्रित करता चले। प्रतीकात्मक अवधान से भी कहानीकार सामाजिक शक्तियों की अंतर्क्रिया का रूप बहुत सफलता से खड़ा कर सकता है। 'पहाड़ी जीवन', 'शांति हँसी थी', 'प्रतिध्वनियाँ', 'सूक्ति

---

1. नई समीक्षा, अमृतराय, पृ. 162, 1950

और भाष्य' इत्यादि कहानियों में सामाजिक शक्तियाँ प्रतीक रूप में ही अभिव्यक्त और रूपायित हैं। ये प्रतीक अनेक रहस्यात्मक, अवाचक मनःस्थितियों और व्यवहारों को जिस सूक्ष्मता से अभिव्यक्त करते हैं, शायद सामाजिक पृष्ठभूमि का विवरण उस सूक्ष्मता से उनके धायन में पाठक को सहायता नहीं पहुँचा सकता। हेमिंग्वे की कहानी 'किलर्ज', ज्वायस की 'दि डेड' और चेख़व की 'आन दि रोड' सभी प्रतीकात्मक कथाएँ हैं, मगर उनकी रचना-प्रक्रिया में पर्याप्त भेद है। अज्ञेय की कहानियों की रचना-प्रक्रिया चाहे जटिल हो, किंतु उनके प्रतीक सामाजिक संदर्भ के अवधान में निश्चित रूप से सहायक हैं।

जैनेंद्र की तरह अज्ञेय के तर्क व्यक्तिगत नहीं हैं और न तर्क के प्रमाद में अज्ञेय जी सामान्य जीवन-सत्य की अवहेलना ही करते हैं। अज्ञेय की कहानियों में रचना की एक चाक्रिक प्रक्रिया मिलेगी जो उन्हें दूसरे सामयिक कथाकारों से पृथक् भी कर देती है। अज्ञेय की कल्पना विघटन के इस युग में जीवन का मार्ग ढूँढ़ती हुई अनेक दिशाएँ ग्रहण करती है, अनेक शीर्ष को छूती हुई सम्पूर्णतः सामयिक जीवन को घेर लेती है। बोध का यह बृहत् रूप निश्चित रूप से अज्ञेय की कहानियों में ही हमें उपलब्ध होता है।

अज्ञेय की कहानियों की रचना-प्रक्रिया अधिकांशतः आत्मविवृतिमूलक और शोधात्मक है, इसलिए उनकी कहानियों की एक अलग विधा (ज़ॉर) ही है जिसे हम 'क्वेस्ट स्टोरी' की संज्ञा दे सकते हैं। आत्मान्वेषण अज्ञेय की कहानियों में ही नहीं, उनके उपन्यासों में उदाहृत होता है। शेखर के संबंध में उन्होंने लिखा है—"... जैसे क्रिस्तोफ़ में लेखक एक आत्मान्वेषी के पीछे उसका चित्र खींचता चला है, वैसे ही मैं एक दूसरे आत्मान्वेषी के पीछे चला हूँ।" अज्ञेय की अधिकांश कहानियों में 'प्रथम पुरुष कथावाचकता' का कारण भी यही है।

इस अन्वेषण के रूप के संबंध में ऑडेन ने ठीक ही लिखा है—"किसी खोए हुए बटन की खोज से आत्मान्वेषण इस अर्थ में अलग है, कि वह हमारे भीतर है किंतु उसका अनुभव सुनिश्चित नहीं है; हम कल्पना भर कर सकते हैं कि वह क्या है, पर उसे प्राप्त करने पर ही यह तय किया जा सकता है कि यह कल्पनात्मक तस्वीर कितनी सही या ग़लत है।"

अज्ञेय की कहानियों में भी 'खोज' का रूप यही है। 'स्पेश' में हमारा जो रूप है वह लगभग निश्चित है, जो कुछ भी हम होते हैं वह समय की दिशा में। समय की दिशा में मनुष्य का कुछ होते रहना केवल 'अवस्था-भेद' नहीं है जैसा वस्तुगत रूप से (Objectively) हम देख पाते हैं। वस्तुगत रूप से अलग भी हम समय के साथ कुछ होते हैं, और वस्तुतः यही 'होना', यही संभावना हमारे शोध की प्रेरणा (Motif) है। 'गृह-त्याग', 'विपथगा', 'अकलंक', 'अमरवल्लरी' इत्यादि कहानियों की रचना-प्रक्रिया में यह 'प्रेरणा' सहज की अनुमेय है। इन सारी कहानियों

में कहीं 'व्यक्ति अपने होने की सार्थकता' का खोजी है, कहीं अपनी इच्छाओं की सार्थकता का और कहीं अपने विचारों का। 'स्वातंत्र्य की खोज' भी इसी विचार-दिशा में उसके चेतन संस्कारों की प्रेरणा है।

इस होने की खोज को लेकर, आत्मान्वेषण को लेकर कुछ लोगों ने अज्ञेय के पात्रों की (और स्वयं अज्ञेय की भी) असाधारणता का प्रश्न उठाया है। इसके उत्तर में अज्ञेय जी का कहना है–"मनुष्य जो है वही बनता है, इससे इतर कुछ बनना नक्कू बनना है। उसी सत्त्व का उन्मेष होने देना ही सहज जीना है। कह लीजिए कि मुझे साधारण होकर जीने का कोई आग्रह नहीं है, केवल सजह होना चाहता हूँ।"[1] अज्ञेय जी के लिए वर्त्तमान ही सत्य नहीं है, किंतु महत्त्वपूर्ण तो वह है ही। चूँकि आदमी अतीत को दुहरा नहीं सकता क्योंकि प्रत्येक क्षण अपने आप में पूर्ण और आत्मनिर्भर है, इसलिए वह वर्त्तमान को उसी प्रकाश में सँवारता है। यह सँवरण ही वर्त्तमान की सार्थकता है, यही उसका मूल्य है।

कोई एक चित्र इस अस्तित्व-प्रवाह को पूरी तरह चूँकि अभिव्यक्त नहीं करता, इसलिए सामान्यतः भविष्य का जो चित्र हम आँकते हैं वह अनिवार्यतः एक अशेष फैली सड़क का होता है। फलतः जीने का भावात्मक अनुभव हमें विभिन्न पूरकों (Alternatives) के बीच अपना चुनाव कर सकने का विवेक देता है, और यही अनुभव अन्य शंका या ईप्सा या मोह जीवन में अधिक सार्थक और स्वाभाविक होते हैं, निर्णयजन्य व्यापार नहीं। अज्ञेय की रचना-प्रक्रिया पर ध्यान दीजिए तो शंकाओं, इच्छाओं, मोहों की स्वाभाविकता चुनाव से बड़ी दिखेगी। 'अकलंक' और 'विपथगा' में तो यह बहुत उभरकर आनेवाला सत्य है। इस संबंध में अज्ञेय जी के वाक्य ध्यातव्य हैं–वह जीवन कैसे जाना जाय जब कि सुख और दुःख और दोनों के अनुभव की अपनी क्षमता का नित्य नया उन्मेष होता ही रहता है ? ...वैदिक आर्यों की प्रार्थना को आधुनिक रूप देकर कहूँ कि चरम सुख, चरम उपलब्धि यही है कि जीवन के अंत तक उसके संपूर्ण और एकांत अनुभव की क्षमता बनी रहे...।"

इस संपूर्ण और एकांत अनुभव की क्षमता को बना रखना, उसके बनाए रखने के साधनों की खोज करना ही उनकी रचनात्मक प्रक्रिया (Creative Process) का मुख्य उद्देश्य है।

अज्ञेय की कहानियों में जो जीवन-प्रवाह हमें उपलब्ध होता है उसका कारण शायद अज्ञेय के 'दर्शन से झेलने का' यह विश्वास ही है। अपनी रचना की प्रक्रिया में वे पात्रों को अनेक प्रसंगों के बीच, अनेक संदर्भों या किसी एकतान जटिल संदर्भ में डालकर उसके 'झेलने के विश्वास' की परीक्षा करते हैं। इसी परीक्षा में

---

1. अज्ञेय–आत्मनेपद, पृ. 201-202, प्रथम संस्करण 1960

उसके चरित्र का एकनिष्ठ भोक्तृत्व (शील) भी उभरता है। जो इसे नहीं झेल पाते वे 'समय' की दिशा में टूट जाते हैं। इस दिशा में अज्ञेय के 'नायक' साहाय्यों का ऋण भी स्वीकार करते हैं।

इस प्रकार अज्ञेय की कहानियों की रचनात्मक प्रक्रिया के पीछे जीवन का अनंत प्रवाह, उसका बड़ा ही व्यापक बोध उभरता है, आवश्यकता होती है सिर्फ उस संवेदनशील और प्रबुद्ध पाठक की जो भावना के स्तर पर इस 'भावात्मक अनुभव' को प्रतिष्ठित कर देख-परख सके। अज्ञेय जी की कितनी कहानियों की चर्चा इस प्रसंग को लेकर हुई है, मुझे ज्ञात नहीं। संभवतः हिंदी के आलोचकों ने उनकी इस 'शोध-प्रक्रिया' को भी नहीं समझा है। इसका एक कारण अज्ञेयजी की ओर से हमारा पूर्वाग्रह ही है। हम केवल 'असाधारण' की कोटि में सब कुछ डालकर अज्ञेय की रचना-प्रक्रिया को 'डिसमिस' कर देते हैं, देते रहे हैं। किंतु इस रचना-प्रक्रिया को समझे बिना परवर्ती हिंदी कहानी की रचनात्मक उपलब्धियों को न समझा जा सकता है और न समझाया जा सकता है।

हिंदी कहानी : रचना की प्रक्रिया (3)

पिछले दस वर्षों में हिंदी कहानी जिस तेजी से विकसित हुई है, उसकी सामान्य रचना-प्रक्रिया में जो गति आयी है उसके कारणों पर विचार करना यहाँ उद्दिष्ट नहीं। यहाँ सिर्फ इतना भर कहना काफी होगा कि 1945 ई. के उपरांत कहानी एक साथ ही अनेक दिशाओं में विकसित होने की संभावना बना लेती है। रचना-प्रक्रिया से चूँकि इस प्रश्न का सीधा संबंध है, इसलिए यहाँ सामयिक कहानी की विकास-दिशाओं पर ध्यान रखते हुए उसके उस सामान्य रूप की चर्चा करूँगा जो इस प्रक्रिया को विशिष्ट और तात्त्विक रूप प्रदान करता है। सामयिक परिस्थितियों का प्रभाव इस युग में रचनात्मक मानस पर दो रूपों में पड़ता है : एक रूप उसका शुद्ध मानसिक है और दूसरा बोधात्मक। सामयिक कहानी की रचना-प्रक्रिया पर ध्यान देने से ऐसा स्पष्ट हो जाता है कि उसके ये दोनों ही रूप समानांतर ढंग से विकसित हो रहे हैं और उनकी संभावनाएँ अक्षय हैं।

अज्ञेय, जैनेंद्र, पहाड़ी, इलाचंद्र जोशी इत्यादि ने अपनी कहानियों के द्वारा उस प्रक्रिया को यथेष्ट रूप दे दिया था जो शुद्ध मानसिक सत्यों को लेकर कथा के निर्माण में प्रवृत्त थी। बोध-प्रधान कहानियों के लिए प्रेमचंद और यशपाल ने एक निर्दिष्ट परंपरा ही निर्मित कर दी थी। परिणाम यह है कि सामयिक हिंदी कहानी किसी एक ही प्रक्रिया का विकास नहीं है। जो लोग सामयिक हिंदी कहानी को किसी एकात्मक रचना-प्रक्रिया का विकास मानते हैं उनके लिए आज दो धाराओं के उस मूल स्रोत को स्पष्ट करना मुश्किल हो रहा है जिसके आधार पर वे उसकी एकतानता सिद्ध कर सकें।

रचना-प्रक्रिया की इस समानांतरता को स्वीकार कर आज की हिंदी कहानी पर विचार करना उतना कष्टकर प्रतीत नहीं होगा। आज की हिंदी कहानी की एक धारा ऐसी है जो अपनी आंतरिक चेतना से वह रूप गढ़ती है जो प्रत्यक्ष

सामाजिक शक्तियों की अंतर्क्रिया से निर्मित नहीं है। दूसरी ओर एक दूसरी धारा है जो शुद्ध बोध के आधार पर सामाजिक शक्तियों, संबंधों और जीवन-रूपों की व्याख्या करती है। इन अलग-अलग रचना-प्रक्रियाओं पर स्वतंत्र रूप से आज विचार करने की आवश्यकता है। ऐसा करने के उपरांत ही हम आधुनिक कहानियों के स्वरूप को समझ सकेंगे, ऐसा मेरा विश्वास है।

चूँकि कहानी की रचना-प्रक्रिया जीवन के व्यवहारों से ही संबद्ध है, इसलिए उसकी विधाओं के संबंध में आत्यंतिक रूप से और झटके से कुछ कहना उचित नहीं है। आवश्यकता यहाँ इस बात की है कि कहानी की रचना-प्रक्रिया को समझने की चेष्टा में हम अधिक-से-अधिक व्यवस्थित रूप में जीवन के व्यवहारों के आंतरिक और क्रियात्मक ढाँचे का परिज्ञान करें। रचनात्मक मानस इन समस्त जीवन-व्यवहारों को एक ही रूप में ग्रहण नहीं करता, वह कुछ को स्वीकार करता है और कुछ को अस्वीकार। ये दोनों ही प्रक्रिया रचयिता के अवधान और सामान्य जीवन-परिस्थितियों से उसके संबंध का परिणाम है।

यहाँ सबसे पहले मैं हिंदी कहानी की उस रचना-प्रक्रिया की चर्चा करूँ जो जीवन-सत्य का अवधान मानसिक आयाम में करती है। इस रचना-प्रक्रिया के उत्थापन के विशेष कारण थे। प्रेमचंद की अधिकांश कहानियों में विषय (Theme) की एक ऐसी विधि का विकास हुआ था जो समस्त सत्य को शुद्ध रूप से बहिर्गत संबंध के रूप में ही देखती-मानती थी। यशपाल की कहानियों में यद्यपि थोड़ा विषयांतर मिलता है, किंतु इससे कोई विशेष अंतर नहीं पड़ता। प्रेमचंद ने सारे मानवीय संबंधों को आँकड़ों (Measurable data) के स्तर तक सरल कर रखा था। परिणाम यह हो रहा था कि मानव-व्यवहार के उन रूपों को कहानियों में जगह नहीं मिल पाती थी जिन्हें हम सामाजिक आँकड़ों तक सरलीकृत करने में समर्थ नहीं थे। जैनेंद्र आदि की कहानियों में इसके लिए चेष्टा हुई, किंतु संकेतों में। वस्तुतः जैनेंद्र आदि कहानीकारों ने भी मानवीय व्यवहार के इस मानसिक रूप को किसी विशिष्ट जीवन-प्रक्रिया के रूप में नहीं उभारा।

सामयिक हिंदी कहानी में इस ओर कुछ अधिक सचेष्टता बरती जा रही है। नलिन विलोचन शर्मा (स्व.), विष्णु प्रभाकर, भिक्खु, मोहन राकेश, राजेंद्र यादव, निर्मल वर्मा और राजकमल चौधरी की कहानियों की रचना-प्रक्रिया पर विचार करने से हमें इस बात का कुछ सही अंदाज लग सकता है। स्व. नलिन विलोचन शर्माजी की अधिकांश कहानियों में एक केंद्रीय परिस्थिति का उत्थापनकारक आवेगों (Motivation) से होता है जो मुख्य पात्र के अचेतन संस्कारों से कार्य करते हैं। इन कारक आवेगों को पात्रों की परिस्थिति के अंतर्विरोध में ढूँढ़ना उनकी कहानियों के अर्थ को विकृत करना होगा। जो लोग प्रत्येक व्यापार का कारण परिस्थिति में ढूँढ़ने के आदी हैं उन्हें ये कहानियाँ काफ़ी परेशान करती हैं। हमारी सामयिक

जीवन-परिस्थिति अपने प्रस्तार में जितनी जटिल है शायद उससे अधिक जटिल वह अपने आंतरिक रूप में है। व्यक्ति के भोग के धरातल पर उसकी जटिलता का अंदाज़ मोहन राकेश की कहानी 'मिस पाल' के पाठकों को होगा ही। 'जहाँ लक्ष्मी कैद है', 'परिंदे', 'खामोश घाटियों के साँप' इत्यादि रचनाएँ भी इसी कोटि के अंतर्गत आती हैं। इन सभी कहानियों में उस जीवन-परिस्थिति का चित्रण है जो मनुष्य को निरंतर वैयक्तिकता में उलझाती जा रही है, जो व्यक्ति के सामाजिक व्यक्तित्व का संतुलन नष्ट कर रही है और इस प्रकार निरंतर जीवन को क्षयग्रस्त करती चल रही है। मगर इन सभी कहानियों में इस परिस्थिति के प्रति लेखकों की प्रतिक्रियाएँ एक-जैसी नहीं हैं, उनके अनेक धरातल हैं। सामान्यतः जीवन-परिस्थितियों के दो ही रूप होते हैं, एक वह जहाँ घटनाएँ सार्वभौम रूप से एक ही प्रकार की प्रतिक्रिया उत्पन्न करती है। ऐसी घटनाओं को लेकर चलनेवाली रचना-प्रक्रिया अनुभव की दृष्टि से प्रत्यक्ष और विस्तृत रहती है। इसके विपरीत कुछ ऐसी घटनाएँ हैं जो व्यक्ति-मानस पर अलग-अलग गहराइयों में प्रभाव उत्पन्न करती हैं। किंतु दोनों में कोई भी परिस्थिति ऐसी नहीं है जिससे लेखक तटस्थ रहकर काम चला सके। एक काल में यदि एक प्रकार के अनुभव रचना की प्रक्रिया में उभरते हैं तो दूसरे काल में ठीक उससे दूसरे प्रकार के अनुभवों का उभार होता है।

ऊपर मैंने रचना की मानसिक और बोधात्मक प्रक्रियाओं की चर्चा की है। यहाँ मुझे उनके प्रथम रूप की व्याख्या करना अभिप्रेत है। इस संबंध में ऑडेन की कुछ-एक पंक्तियाँ उद्धृत करूँ–"मनुष्य वह इतिहास-निर्माण प्राणी है जिसके लिए भविष्य सदैव खुला है; मानवीय प्रकृति हर क्षण अपना उत्संघ करती चलती है। वर्त्तमान मनुष्य के लिए केवल महत्त्वपूर्ण होता है, वास्तविक नहीं। मनुष्य न तो व्यतीत को उसी तरह दुहरा सकता है–हर क्षण विलक्षण है– न ही उसे छोड़ सकता है–वह हर क्षण उसमें कुछ जोड़ता है और इस प्रकार अपने अनुभव को बदल लेता है।"[1]

सामान्य रूप से प्रत्येक आधुनिक युगजीवी की और विशेष रूप से रचयिता साहित्यकार की यह दृष्टि किसी एक निश्चित बिंब या रूप के माध्यम से अपने अस्तित्व को उदाहृत करने की विधि को आज असंभव बना रही है। इसका एक बहुत बड़ा कारण यह है कि आज का बुद्धिजीवी व्यक्ति वर्त्तमान में नहीं रहता, वह या तो उस अतीत में रहता है जिसमें शारीरिक रूप से मृत भी उसी प्रकार क्रियाशील है जिस प्रकार जीवित व्यक्ति रहता है, या फिर उस भविष्य को लेकर जीवित है जो अपनी सारी अस्पष्टता के बावजूद हमें आकर्षित करता है। इस

---

1. दि क्वेस्ट हियरो–ऑडेन, टेक्सास क्वाटर्ली, अंक 4,1961

अतीत या भविष्य को लेकर जीवित रहनेवाले व्यक्ति का भावात्मक अनुभव निरंतर, भोक्ता के रूप में, वस्तुओं और अवस्थाओं के बीच चुनाव करता रहता है। यही उसकी जीवन-प्रक्रिया का सूत्र है। कहानी पर इस जीवन-प्रक्रिया की छाया न पड़े यही आश्चर्य की बात होगी, कभी 'हाई सीरियसनेस' के साथ, कभी मात्र एक भंगिमा (Gesture) के रूप में और कभी घटना की जटिलता के रूप में इस जीवन-प्रक्रिया को कहानीकार बार-बार दुहराता हुआ मालूम पड़ता है। यह स्थिति सिर्फ़ हिंदी कहानियों की नहीं है, हिंदी कहानी के बाहर भी है और यूरोप के कथा-साहित्य में तो जैसे चुकने लगी है। फिर भी इनका एक स्वस्थ प्रभाव जो हिंदी कहानियों पर पड़ा है, वह है जीवन-व्यापारों के अर्थ की खोज पर बल। सामयिक कहानी-लेखक व्यक्ति-व्यापारों को केवल घटना के साथ जोड़कर कथावस्तु का निर्माण नहीं करता, वह एक ऐसा संतुलन बनाने की चेष्ट करता है जिसमें व्यापार कहानी की परावधि (Telos) की ओर सहज गति से बढ़ते हुए जीवन-प्रवाह का संकेत दे सकें। श्री राजेंद्र यादव ने अपने एक लेख में आधुनिक कहानी की रचना-प्रक्रिया के संबंध में बातें करते हुए इस तथ्य की ओर इशारा किया था।

आधुनिक कहानीकार इस ओर से सचेत हैं कि जीवन समय की दिशा में एक अव्याहत प्रक्रिया है, देश के संयोग से यह प्रक्रिया एक भ्रमण बन जाती है। आधुनिक कहानीकार अपनी वैयक्तिकता और असामान्यता (aniqueness) की ओर से भी उतना ही सचेष्ट है। फलतः उसका लक्ष्य नितांत वैयक्तिक अथवा अनिश्चित भविष्य के हाथों रहता है क्योंकि वह अपने प्रयत्नों के विस्तार में सफल या असफल रहेगा, इसका निश्चय उसे नहीं है। इसके अतिरिक्त वह अपने अंदर की विरोधी शक्तियों के विषय में भी कम सचेत नहीं है जो निरंतर उसकी इच्छा को प्रभावित करना चाहती हैं। इनमें कुछ अच्छी और कुछ बुरी हैं। इन शक्तियों की स्थिति निश्चित है, व्यक्ति इनके प्रति समर्पण या प्रतिरोध का निश्चय तो कर सकता है, किंतु वह इच्छा ही नहीं करे इसके लिए स्वतंत्र नहीं है।

ऑडेन ने ठीक ही लिखा है–"इस अनुभव का कोई भी चित्र आवश्यक रूप से द्विरूप (Dualistic) होगा–दो स्थितियों के बीच का संघर्ष।"

इस आवश्यक धारणा को ग्रहण किए बिना सामयिक कहानियों की रचना-प्रक्रिया पर विचार नहीं किया जा सकता और उसके मानसिक रूप पर तो शायद और भी नहीं। ऐसी स्थिति में आज रहस्य-रोमांच की कहानियों के लिए बहुत कम गुंजाइश रह जाती है क्योंकि वैसी कहानियों में कथा का लक्ष्य कोई व्यक्ति या संस्था है, किंतु जिसका उत्तर स्वयं एक प्रश्न है–किसने हत्या की ? स्पष्ट है कि ऐसी कहानियों में जीवन-परिवर्त्तन की प्रक्रिया, उसका प्रवाह नितांत अनावश्यक चीज़ है। जो कहानी जितने सीमित व्यापार-क्षेत्र में चलेगी, जितने सघन और जटिल वातावरण में लिखी जाएगी उतनी ही सफल होगी। एडविन म्यूर जिसे

'सीनिक डेस्क्रिप्शन' कहता है, वही ऐसी कहानियों की आत्मा है, विस्तार या प्रवाह नहीं।

आज का लेखक घटना-वैचित्र्य को लेकर भी कहानी के निर्माण को उद्यत नहीं होता क्योंकि वैसी कहानियों में लक्ष्य और प्रवाह में (Goal and journey) में अभेद रहता है। यहाँ एक घटना से दूसरी घटना का तारतम्य मात्र रहस्य या रोमांच के लिए स्थापित किया जाता है, जीवन-प्रवाह की अनिवार्यता से नहीं। राजकमल चौधरी की कहानी 'सामुद्रिक' के नायक की खोज कभी समाप्त नहीं होगी क्योंकि ऐसी स्त्रियाँ हमेशा रह जाएँगी जिन्हें उनके नायक ने समर्पण का सुख न दिया हो। रोमांच या रोमांस की यह अशेष खोज जीवन से भटककर मात्र एक निरर्थकता बन जाती है, एक जिज्ञासायुक्त भंगिमा ! कहानियों में यह जीवन-शोध 'ट्रैजिक' परिस्थितियाँ भर उत्पन्न कर पाता है।

निर्मल वर्मा की कहानी 'परिंदे' में जीवन-प्रवाह की एक दूसरी ही मुद्रा है। लतिका अतीत में लौट नहीं सकती, मगर अतीत उसे प्रिय है क्योंकि इस अतीत के साथ अक्षय स्मृतियाँ हैं, जीवन की सार्थकता है। वह अपने जीवन-लक्ष्य को नहीं पाएगी क्योंकि वह स्वयं अतीत है, व्यतीत है, मगर फिर भी जिजीविषा उसे प्रेरित करती है। वह अपने चारों ओर फैली विश्व-शक्तियों से अपरिचित नहीं है, मगर इस भयावह परिचय के बावजूद वह अपने व्यतीत की रक्षा के लिए सचेष्ट है। इससे गहरी सचेष्टता हमें मोहन राकेश की कहानी 'मिस पाल' में मिल जाती है। लेखक ने वस्तुतः यहाँ एक सर्वथा नए प्रकार के चरित्र की सृष्टि कर ली है। ऐसे चरित्रों की काल्पनिक सृष्टि करते हुए लेखक को जीवन की निरंतर विकासलशील संवेदनाओं से परिचय रखने की नितांत आवश्यकता होती है। नयी-नयी परिस्थितियाँ जीवन का सर्वथा नया रूप ही खड़ा कर देती हैं, इन रूपों से आंतरिक रूप से परिचित होकर भी हम इन्हें स्वीकार करने को तत्पर नहीं होते। किंतु कभी-कभी ऐसी स्थिति उत्पन्न हो जाती है जहाँ इनको स्वीकार करना हमारी इच्छा-अनिच्छा पर निर्भर नहीं करता, हमारी विवशता बन जाता है। 'मिस पाल' का विरोध (Contradiction) भी इसी विवशता की अभिव्यक्ति है। कहानी की रचना-प्रक्रिया में इसी विरोध का दिग्दर्शन मुख्य विषय है और लेखक को इसमें निश्चित रूप से सफलता मिली है। 'मिस पाल' का परिप्रेक्ष्य (Perspective) इस दृष्टि से नितांत नवीन है, और इसी परिप्रेक्ष्य के उत्थापन में 'मिल पाल' की संवेदनीयता का मूल्य भी छिपा है, उसके विरोधों का वास्तविक आधार भी।

सामयिक कहानी की रचना-प्रक्रिया के इस रूप-विशेष पर बहुत विस्तार से कुछ न लिखकर यहाँ इतना भर स्पष्ट कर देना अभीष्ट है कि कहानी के निर्माण में आज चरित्र की मूल संवेदना को उभारने का प्रयत्न ही मुख्य हो गया है, घटनाओं और परिस्थितियों की नाटकीयता का चित्रण गौण। लेकिन इससे यह नहीं समझ

लेना चाहिए कि कोई कहानी बिना किसी सिद्ध परिस्थिति के, केवल पात्र का भावनात्मक रूप खड़ा कर अच्छी कहानी बन जा सकती है। इस संबंध में शास्त्रीय पद्धति के अनुसार गर्भोंकों के निर्माण की चर्चा की जा सकती है। पाठक या भावक या श्रोता अनुभव-सामान्य संवेदनाओं का मर्म ही तात्कालिक रूप से ग्रहण करता है। इस तथ्य के ऊपर हेफोर्ड एवं विंसेंट नामक विद्वानों ने अपनी पुस्तक 'रीडर एण्ड राइटर' में बहुत विस्तार से विचार किया है। उनके निष्कर्षों को यहाँ संक्षेप में उपस्थित कर दूँ। उन लोगों ने लिखा है–"ये तमाम अनुभवों से जुड़े टुकड़े हैं जिनसे हम तटस्थ नहीं रह सकते। आप पाएँगे कि पढ़ते हुए आपके उन समान अनुभवों से कहीं मिलते और कहीं अलग होते चलते हैं जो आपकी संवेदना को गहराते चले गए हैं...दूसरों के जीवन में झाँकना अपने को भी अनुभव-समृद्ध करना है।"[1]

स्पष्ट है कि अनुभव का सामान्य वृत्त (Arch type) परिस्थिति के सिद्ध रूपों से ही निःसृत है। आधुनिक कहानी की रचना-प्रक्रिया में जो एक बहुत बड़ा दोष मुझे दीख पड़ता है उसका कारण भावनात्मक विधान की एकांगिता है। सामयिक कहानीकार पात्र के जीवन के मर्म-विशेष को उद्घाटित करने के लिए ऐसी विचित्र परिस्थितियाँ खड़ी करता है जिससे हमारे सामान्य अनुभव का संबंध बड़ा नगण्य होता है। ऐसी विचित्र परिस्थितियाँ खड़ी करने के लिए कहानीकार को ऐसे गर्भांक-समूहों की योजना करनी पड़ती है जो पात्र के विकास के अनुकूल अवस्थाएँ निर्मित कर सकें। परिणाम यह होता है कि आज की अधिकांश कहानियाँ परिस्थिति के आम्रेडन से निर्मित होती हैं। अधिकांश भावनात्मक प्रक्रियावाली कहानियों में लेखक अपनी कल्पना से असामान्य परिस्थितियों की योजना तो कर लेता है, किंतु जहाँ उसका कथा-विधान अपनी सहजता के द्वारा पाठक को उन परिस्थितियों के अंतरंग में ले जाने में समर्थ नहीं होता वहाँ कहानी का पूरा ढाँचा ही बरबाद हो जाता है। निर्मल वर्मा की तथा राजकमल चौधरी की अधिकांश कहानियाँ केवल रोमांस गढ़कर चुक जाती हैं, उनमें अनुभव का 'आर्क टाइप' निर्मित ही नहीं हो पाता, कहानी का मर्म खुल ही नहीं पाता। इन लेखकों की तुलना में राजेंद्र यादव और मोहन राकेश की रचना-प्रक्रिया अधिक प्रौढ़ और अनुभव-सामान्य है। राजेंद्र यादव की 'जहाँ लक्ष्मी कैद है', 'रोशनी कहाँ है', मोहन राकेश की 'मिस पाल' एवं 'आर्द्रा', मन्नू भंडारी की 'यह भी सच है' इत्यादि को लीजिए। यहाँ लेखक की कल्पना का विश्व हमारे अनुभव के विश्व से पृथक् नहीं है, फलतः उसमें किसी पात्र की अवस्था या प्रत्यवस्था का अथवा संतुलन का मर्म हम सहज ही ग्रहण कर लेते हैं। इन सभी कहानियों में गर्भांक-समूहों के बगैर

---

1. रीडर एण्ड राइटर–भाग 3, पृ. 207, 1954

लेखकों ने परिस्थिति और चरित्र का अंतरावलंबन निर्मित कर लिया है। उनमें परिस्थितियों से टूटकर कोई पात्र मार्मिक को उठता है, कोई परिस्थितियों के प्रवाह में अपने प्रतिरोध को प्रमाणित करता हुआ सहसा उद्भासित हो उठता है। दोनों ही प्रक्रियाएँ अपने संदर्भ में सार्थक हैं। 'रोशनी कहाँ है' के बिस्सो को ही लीजिए, उसके जीवन में आर्थिक सीमाजन्य अनेक तनाव हैं, उसे उनका पर्याप्त ज्ञान भी है, मगर उसका मर्म खुलता है एक विशेष परिस्थिति में जब निगम और जसवंत किशोरी की चादर के दस रुपये डकार जाने की चेष्टा में लगे हैं। दूसरों की मुश्किल आसान करनेवाला बिस्सो अपनी मुश्किलों के लिए कोई राहत ढूँढ़ नहीं पाता—"दो घावों से रुपये निकलवा लेने की सारी प्रसन्नता और किशोरी को बचाकर सहायता करने का सारा बड़प्पन जैसे एक ही झटके में उड़ गया ! बिस्सो बाबू एकदम सुस्त हो गया ! अन्ना के प्रति आज का व्यवहार !..." परिस्थितियों के भीतर तनाव का यह सहज मर्म क्या पात्र की भावना के स्तर पर खुलकर भी अनुभव-सामान्य नहीं हुआ ? कहानी में गर्भांक-समूह नहीं है, बस चरम परिणति का एक ही बिंदु है, अनुभवपूर्ण, आत्मपूर्ण। रचनाधर्मी कहानी की इस पूर्णता पर मुझे यहाँ भाई नामवर सिंह की बातें नहीं दुहरानी हैं।

रचना-प्रक्रिया का दूसरा रूप है बोध-प्रधान कहानियों वाला। ऐसी कहानियाँ प्रेमचंद से ही शुरू होती हैं, किंतु कालांतर में उनमें आवश्यक परिवर्त्तन, परिष्कार हुए हैं। इस प्रक्रिया का महत्त्व अनुभव-सामान्य परिस्थितियों की नियोजना और तद्रूप पात्रों के उत्थापन में है। यहाँ एक बार फिर प्रेमचंद की रचना-प्रक्रिया पर कुछ बातें दुहरा दूँ। प्रेमचंद ने अधिकांश कहानियों में अनुभव-सामान्य और तात्कालिक परिस्थिति-गर्भता का बड़ा ही बृहत् रूप अपनी कहानियों में खड़ा किया है, किंतु उनके अनुरूप पात्रों की सृष्टि नहीं कर पाने के कारण, पात्रों को अधिकाधिक 'इंस्ट्रुमेंटल' बना देने के कारण कहानियाँ कमजोर हो गयी हैं। जहाँ उन्होंने अपने को इस दोष से बचा लिया है वहाँ उनकी कहानियाँ रचना-प्रक्रिया की दृष्टि से पूर्ण और मार्मिक हो गयी हैं। 'बड़े भाई साहब', 'रामलीला', 'मुक्तिमार्ग', 'कफ़न', 'पूस की रात' इत्यादि उदाहरण के रूप में उपस्थित की जा चुकी हैं। 'जुलूस', 'नशा', 'घासवाली' इत्यादि कहानियाँ इनकी तुलना में इसलिए कमजोर पड़ जाती हैं कि इनमें परिस्थितियाँ बड़ी सगर्भ हैं, किंतु पात्र उनसे बलात् जोड़े गये हैं। शायद उनके टूटने से कहानी का आंतरिक रूप खुल पाता ! सामयिक कहानी लेखकों में भैरव प्रसाद गुप्त, राजेंद्र यादव, अमरकांत, कमलेश्वर, शेखर जोशी, हर्षनाथ, मार्कण्डेय, रेणु, शानी इत्यादि इसी प्रक्रिया को स्वीकार करनेवाले कथाकार हैं। इससे यह नहीं समझना चाहिए कि कहानी में विकास के स्थल को ये सभी कहानीकार एक ही प्रकार से तोड़ या जोड़ कर उभरते हैं, मगर उस विकास के निर्माण में वातावरण या परिस्थितियों का जो स्वरूप ये गढ़ते हैं उसमें

आधारभूत साम्य है। इस प्रक्रियात्मक साम्य के कारण इनकी कहानियों में 'बोध' की स्पष्टता रहती है, ये सभी कहानीकार अनुभव-सामान्य बोधों के कहानीकार हैं। इन कथाकारों का बोध व्यक्ति के अनुभव-वैचित्र्य का परिणाम नहीं है और न जीवन की असामान्य परिस्थितियों का ही, फिर भी उसमें 'भावना' का एक सहज संप्रेष्य रूप अंतर्भुक्त है। ये कहानीकार पात्रों का 'जेनोटाइप' नहीं गढ़ते, न अद्‌भुत परिस्थितियों को लेकर ही कहानी खड़ी करने की चेष्टा करते हैं। अनुभव के सत्य के रूप में गृहीत कोई घटना, कोई संबंध, कोई व्यक्ति, कोई भावना कहानी का कथ्य बन सकती है यदि उसे संवेदनशील और कल्पना-समृद्ध रचयिता मिल जाए। कहानी में कथ्य और कथ्य का विधान दोनों ही महत्त्वपूर्ण हैं।

रेणुजी ने कुछ बहुत लम्बी कहानियाँ लिखी हैं, जैसे 'मारे गये गुलफाम'। ऐसी कहानियों में उन्होंने किसी बोध को रोमांस के स्तर तक उछालकर भावनात्मक बनाने की चेष्टा में न केवल उनको विषयांतरग्रस्त किया है, बल्कि बहुत हद तक कहानी के 'बोध' को भी उन्होंने आहत हो जाने के लिए असहाय छोड़ दिया है। रचना के प्रवाह में उनका विषय-बोध भावना के कुहासे के स्तरों से दबकर नष्ट हो जाता है। कहानी के निर्माण की प्रक्रिया में यह दोष मार्कण्डेय की रचनाओं में भी पाया जाता है। इसका बहुत बड़ा कारण विचार का स्तर है। इस संबंध में कहा गया है—"विचार की प्रक्रिया अत्यंत जटिल और अपरिभाषेय है; कुछ तो इसलिए कि वह अमूर्त्त है, अपर्याप्त है और कुछ इसलिए कि वह कोई एकांत क्रिया नहीं है—वह उनके माध्यमों से सिद्ध होती है, कभी गणितीय प्रतीकों से, कभी चित्रों से, कभी आत्मसंभव निश्चयता और अंतर्दृष्टि से।"[1] जिस प्रकार विचार की प्रक्रिया जटिल और सावयव होने के कारण सामान्यतः पकड़ में नहीं आती उसी तरह विचारों के स्तर की ओर से जब कहानीकार सचेष्ट नहीं होता है तो वैसी स्थिति में प्रवाह उसे दूर-दूर भटका देता है। रेणु को अपने कथ्य का संश्लिष्ट अवधान नहीं है, फलतः उनकी कहानियाँ प्रवाह में खो जाती हैं, उनकी रचना-प्रक्रिया 'कथानक' के वेग से नियंत्रित नहीं रह पाती। यह दोष रेणु की ही रचना-प्रक्रिया में नहीं है, शैलेश मटियानी की अधिकांश कहानियों में भी यही दोष है अन्यथा ये दोनों ही कहानीकार हिंदी कहानियों में 'बोध' के दो नए धरातल से लेकर उभरे हैं।

भैरव प्रसाद गुप्त, कमलेश्वर, रमेश बक्षी इत्यादि कहानीकारों को टूटते हुए व्यक्तियों का चित्रण प्रिय है। वे परिस्थिति की जटिलता का बड़ा ही सबल रूप खड़ा कर अपने पात्रों को उसमें डाल देते हैं। स्वाभाविक रूप से इन जटिल परिस्थितियों में पड़े पात्र टूट जाते हैं, किंतु उनके टूटने का सहज मर्म इनकी

---

1. रीडर एण्ड राइटर, पृ. 296, 1954

कहानियों को प्राणवान् बना देता है। इन्हें अपने पात्रों को लेकर कोई अतिरिक्त मोह नहीं है। ऐसी कहानियों की रचना-प्रक्रिया में ऐसा सहज सम्भव है कि लेखक कुंठित व्यक्तियों को लेकर कहानी की रचना करना चाहे, किंतु इन लेखकों में बहुत कम ऐसे हैं जिनके पात्र कुंठाग्रस्त हों (रमेश बक्षी में यह दोष कहीं-कहीं उभरता है)।

हिंदी के सामयिक कथाकारों में कुछ ऐसे भी लोग हैं जिनकी कहानियों में 'बोध' का बड़ा ही विकृत रूप मिलता है। इसका कारण यह है कि वे गतिशील जीवन को उसके बाहरी रूप में ही देखने-परखने की चेष्टा करते हैं। जीवन के अंतर्संबंधों में उन्हें वास्तविक गति ही नहीं है। फलतः उनका बोध शुद्ध चाक्षुष है। वे जो देखते हैं उसे ही सत्य मानकर कहानी की विषय-वस्तु गढ़ने की चेष्टा करते हैं। यह प्रक्रिया विकृत बोध को जन्म देती है। परिणाम यह है कि इन लेखकों का सम्पूर्ण साहित्य अभावात्मक तथ्यों, अतिरंजित घटनाओं और कुंठाग्रस्त भोगों से भरा-भरा है। इन प्रक्रियाओं का संकेत कर देना ही यहाँ काफी होगा, इन्हें उदाहृत करना मुझे इष्ट नहीं।

स्पष्ट है कि सामयिक हिंदी कहानी किसी एकांत रचना-प्रक्रिया का विकास नहीं है, आरंभ से ही इसके दो रूप रहे हैं (प्रसाद और प्रेमचंद)। अद्यावधि यह विश्वास हिंदी कहानियों में सुरक्षित है। इधर की कहानियों में जो एक बहुत महत्त्वपूर्ण रचनात्मक रूप उभरा है उसका कारण यह है कि ये कहानीकार मानवीय व्यापार को किसी भौतिक अर्थ में 'वातावरण' का परिणाम मानने के बजाय व्यक्ति के विशिष्ट वातावरण-बोध का परिणाम मानकर चित्रित करते हैं। कहानी की रचना-प्रक्रिया पर इस सत्य का बहुत बड़ा प्रभाव पड़ा है। सबसे पहले आज का कहानीकार अपने पात्रों के व्यापार को परिस्थितियों की सहज प्रतिक्रिया के रूप में चित्रित नहीं करता, वह परिस्थितिबोध को बीच में डाल देता है। इस प्रक्रिया के परिणामस्वरूप पात्रों के अंतरंग का निर्माण करने में वह बड़ी सूक्ष्मता बरतता है। कभी-कभी एक ही भौतिक परिस्थिति से उद्दीप्त दो परस्पर विरोधी प्रतिक्रियाएँ उत्पन्न हो जाती हैं तो उनके बीच वह सहसा कोई निर्णय नहीं ले पाता। पात्रत्व के निर्माण में इस 'तनाव' का बहुत बड़ा हाथ रहता है।

इस तनाव का मर्म कहानी में तभी खुल सकता है जब कहानीकार रचना की प्रक्रिया में इस विलक्षण संयोग के लिए कहानी में पर्याप्त भूमि बना लेता है या पात्र के अंतःकरण की द्रव-दशाओं का सूक्ष्मता से उत्थापन करने में समर्थ होता है। इन दोनों शर्तों के अभाव में इस द्विरूप प्रतिक्रिया को किसी भी प्रकार संश्लिष्ट नहीं किया जा सकता। मन्नू भण्डारी की कहानी 'यह भी सच है' इस प्रक्रिया का सबसे अच्छा उदाहरण है। इसमें मूल पात्र की मनःस्थितियों को बड़ी सूक्ष्मता से उपस्थित कर लेखक ने इस द्विरूप प्रतिक्रिया को संश्लिष्ट बना दिया

है। ऐसी सूक्ष्म मनःस्थितियों की पकड़ से कहानी का रूप चमत्कृत हो उठता है; पात्र हमारी संवेदना को अनायास ही प्राप्त कर लेता है।

अज्ञेय की रचना-प्रक्रिया पर विचार करते हुए मैंने जिस 'शोध' की चर्चा की थी, उसका रूप इन परवर्त्ती कहानियों में बहुत खुलकर आता है। यों सामान्य रूप से इसका निर्वाह करने में सफल बहुत कम लेखक ही हुए हैं, किंतु यह विधा (ज़ाँर) सर्वमान्य-सी हो गयी है। वैसे इससे पृथक् और कथानक-मूलक प्रक्रियाएँ भी समानांतर रूप से विकसित हो रही हैं और कुछ लेखकों में तो उसका बड़ा ही स्पष्ट रूप देखा जा सकता है।

कथा-शिल्प और विधाएँ

पर्सी ल्यूबॉक ने जब पूरे कथा-विधान (Finctional method) को 'दृष्टिबिंदु' के स्तर पर लाकर परखा था, अर्थात् जब उसने कथावस्तु से कथाकार के संबंध के प्रश्न को उठाया था[1] –तब वह सचेष्ट रूप से अपने 'कथा-संबंधी सिद्धांत' की नींव रख रहा था। यह प्रयत्न आज से चालीस वर्ष पहले शुरू हुआ था और तब से अब तक 'दृष्टिबिंदु'-संबंधी धारणा में, संभवतः उसके अर्थ में भी, अंतर पड़ चुका है। इसी अंतर को ध्यान में रखकर गोर्दों और एलेन टेट ने 'कथा-शिल्प'-संबंधी अपनी टिप्पणी में 'दृष्टिबिंदु' का प्रश्न न उठाकर 'ऑथोरिटी इन फिक्शन' की बात उठायी है।[2] चर्चा चूँकि ऐसे विषय की है जिसमें हिंदी और अँगरेजी का सवाल नहीं उठता, इसलिए यहाँ विस्तार से उसे स्पष्ट करने की चेष्टा करूँगा।

'दृष्टिबिंदु' एक पारिभाषिक शब्द है और पारिभाषिक शब्द व्यवहार के अनुसार अर्थ की भंगिमा बदलते रहते हैं। 'दृष्टिबिंदु' को ही लीजिए, इसमें निश्चित रूप से दो प्रकार के अवधान (Concepts) हैं। ये दोनों प्रकार के अवधान क्या हैं, इसे बताने के पहले यह बतला देना ज़रूरी है कि ये दोनों ही अवधान कथा के पूरक पहलुओं को अभिव्यक्त करते हैं। ये दो पहलू हैं कथा के जाननेवाले और कहनेवाले के। हेनरी जेम्स ने बराबर इस शब्दावली का प्रयोग जाननेवाले

1. ``The whole intricate question of method, in the craft of fiction, I take to be governed by the question of the point of view–the question of the relation in which the narrator stands to the story.''--Percy Lubbock, Craft of Fiction, P. 251, 1957.

2. ``On whose authority is the story told ?...It is the focus of the point of view from which the story is told that looks simple, for often the material itself is extremely complex and would reveal at a glance its complexity, even to the point of confusion, if the chosen point of view were not the right one for the complete ordering of the subjet.'' House of Fiction, P. 437, 1960.

के अर्थ में किया है और आधुनिक विद्वानों ने कथावाचक के अर्थ में। एलेन टेट ने अपनी शिल्प-संबंधी टिप्पणी में कथा के आधारभूत तत्त्व के रूप से इस वाचन-स्थापत्य (Voice Structure) का बड़ा ही विशद् और रेखांकन-सहित विवेचन किया है। यही नहीं, मैनुअल कॉमरोफ़, एम. ई. ग्रेनैण्डर, नार्मन फ्राइटमैन इत्यादि विद्वानों ने भी बहुत विस्तार से इस पर विचार किया है। हिंदी में इधर डॉ. नामवर सिंह ने इस 'वाचन-स्थापत्य' को लेकर प्रेमचंद के संदर्भ में बातें चलायी हैं। यहाँ उन सबको दुहराना मेरा उद्देश्य नहीं है। उस प्रकाश में हिंदी कहानी के शिल्प पर संक्षेप में विचार करना मुझे अभिप्रेत है। हिंदी में कथा-शिल्प पर लिखने वाले विद्वानों ने इसकी चर्चा नहीं चलायी, इससे आश्चर्य होता है, यों फ्लैशबैक और मानसिक संयोग की चर्चा निहायत भोंड़े ढंग से ज़रूर हुई है।

'दृष्टिबिंदु' का प्रश्न मूलतः कथा के केंद्र में स्थापित उस अवधारक तत्त्व से है जिससे कथा का पूरा ढाँचा प्रकाश में आ जाता है। दृष्टिबिंदु के इस प्रश्न को यदि हम कथावाचक के पहलू से देखें तो उसका पहला रूप होगा प्रथम पुरुष कथावाचक का। प्रेमचंद की 'रामलीला', 'गुल्ली डंडा', 'बड़े भाई साहब', यशपाल की 'दो मुँह की बात' और 'मैं होली नहीं खेलता', जैनेंद्र की 'अपना अपना भाग्य' इत्यादि कहनियाँ इसी कोटि की हैं। यहाँ लेखक स्वयं कथा का एक पात्र है, इसलिए उसे बोध की प्रामाणिकता में विश्वास दिलाने की जरूरत नहीं पड़ती। पाठक के लिए इतनी प्रामाणिकता ही काफी है कि कथावाचक स्वयं पात्र भी है। कभी-कभी इस विधि की सीमाएँ भी उभर आती हैं, फलतः वहाँ लेखक को दायित्व का हस्तांतरण करना पड़ता है, वह अपनी कहानी के अधूरे स्थलों को दूसरों के मुँह से कहलवा कर पूरा कर लेता है। यशपाल की 'दो मुँह की बात' में कथा का पूरा ढाँचा इस हस्तांतरण से ही बन पाता है इस दृष्टि से दो विरोधी दृष्टिबिंदु का समाहार करने में यहाँ यशपाल को अद्भुत सफलता प्राप्त हुई है। इसके विपरीत 'बड़े भाई साहब' में 'बड़े भाई साहब' का चरित्र इसलिए भी निर्बल-सा रह जाता है कि कथा में उनका 'दृष्टिबिंदु' कहीं नहीं है। छोटा भाई अपने बड़े भाई के प्रत्यक्ष आचरण के आधार पर या अनुमान के आधार पर जहाँ उनका 'दृष्टिबिंदु' स्पष्ट भी करना चाहता है वहाँ इतनी कमजोरी तो रह ही जाती है कि वह उसका अपने ढंग से अवधान कर ले। स्पष्ट है कि प्रथम पुरुष कथावाचक की अनेक सीमाएँ हैं और उस सीमा में बँधकर कोई कहानीकार कथा का पूरा ढाँचा प्रकाश में यदि ला पाता है तो उसकी सामर्थ्य की हमें प्रशंसा करनी पड़ती है। इस अर्थ में प्रेमचंद की 'रामलीला' अपने ढंग की अकेली कहानी है। इसमें कथावाचक कहानी का पात्र होकर भी दूसरे की संवेदना का अपहरण नहीं करता, बल्कि उसे वह और उद्भासित कर देता है–पाठकीय संवेदना का आधार बना देता है।

अधिकांश नये कहानी-लेखक इस 'प्रामाणिकता' के प्रमाद में प्रथम पुरुष में ही कहानियाँ लिखते हैं। उन्हें अपने अनुभव को लेकर शायद यह विश्वास ही नहीं हो पाता कि यदि इसे 'मैं' की प्रत्यक्षता से अनुमोदित न किया जाए तो पाठक इसे स्वीकार करेगा। फलतः वे 'मैं' शैली में कहानियाँ लिखते हैं। इसी प्रमाद में वे 'मैं' को सर्वज्ञ (Omniscient) और सर्वव्यापी भी बना देते हैं। फलतः, उनकी कहानी इस सारी प्रामाणिकता के छद्म के बावजूद पाठक को मात्र एक गप्प या दिवा-स्वप्न या अतृप्त इच्छाओं की कहानी मालूम पड़ती है। कहानी का पूरा स्थापत्य ही वे अपने प्रमाद के कारण विरूप बना डालते हैं।

प्रथम पुरुष कथावाचक की विधि अपनाकर लिखी गयी कहानियों के साथ, लू वॉक के शब्दों में, दूसरी मुसीबत यह है कि परिस्थिति के साथ वह भी कहानी में नाटकीय बन जाता है, उसके व्यवहार अन्य पात्रों की तरह ही हमारी दृष्टि में परीक्षा का विषय बन जाते हैं। फलतः, वह कथावाचक के स्थान से हटकर सामान्य हो जाता है; उसकी प्रामाणिकता इस सामान्यीकरण के कारण संदिग्ध हो जाती है। बहुत अधिक संभावना यह रहती है कि वह अपनी स्थिति का दैवीकरण (Deification) कर दे। वह अपने को अन्य पात्रों की तुलना में उछालने की चेष्टा करे। फलतः, ऐसी कहानियों में कथावाचक का स्वर प्रधान न होकर गौण हो जाता है; प्रधान हो जाता है, अवधान करने वाला मस्तिष्क–ज्ञाता अर्थात् पाठक।

कथा की दूसरी प्रमुख विधि है सर्वज्ञ कथावाचक की। विश्व की अधिकांश कहानियाँ इसी विधा में लिखी गयी हैं। शायद कथा-विधाओं में सबसे प्राचीन भी यही है। इस विधा की सबसे बड़ी विशेषता यह है कि यहाँ कथावाचक प्रत्यक्ष रूप से कथा के वातावरण या घटनाओं में वर्त्तमान न होकर भी भोक्ता की तरह उनका निरूपण करता है। इस विधा में लेखक की निरूपण-शक्ति का चमत्कार ही प्रामाणिकता पैदा कर देता है। हम कथा के प्रवाह में इस ओर शायद सचेष्ट ही नहीं रहते कि इसके पीछे कथावाचक का कोई स्वर है, हम घटनाओं में डूब जाते हैं या वातावरण की सजीवता में खो जाते हैं। प्रेमचंद की कहानी 'कफ़न' को लीजिए। 'कफ़न' का कथावाचक कहानी में स्पष्टतः अवस्थित न होकर भी 'प्राइवेट आइ' की तरह सर्वत्र छाया हुआ है। 'कफ़न' का वातावरण इतना जीवंत है कि हम उसमें कथावाचक के स्वर को पार्श्वसंगीत की तरह ही रहने देना पसंद करते हैं जो आवेग के क्षणों में ही वातावरण पर छाता है, शेष में वातावरण में अनुगूँज-सा बना रहता है। इस संबंध में हेनरी जेम्स का एक अनुच्छेद उद्धरणीय है। उसने लिखा है–"कथा में विषय के चुनाव के लिए पूरा मानवीय परिदृश्य होता है; वह दृष्टिबेध जो चाहे खुली आँखों का हो अथवा उन्मीलित आँखों का, कला का रूप ग्रहण करता है। जैसा भी हो, वह देखनेवाले की उपस्थिति से

परिभाषित होता है, कलाकार की चेतना से बाहर !"[1]

'कफ़न' में कथानक को स्थिर करनेवाले दो प्रमुख तत्त्व हैं, पहला ग्रामीण परिवेश का जीवंत और घटनापूर्ण चित्रण और दूसरा है आर्थिक शोषण की पृष्ठभूमि। पहला कथा के प्रारंभ में भी उभरता है, दूसरा बाप-बेटे की बातचीत में। मगर कहानी के इन दोनों स्थिति-स्थापक तत्त्वों के बीच में उसका मर्म स्थित है, आसन्नमरण बुधिया की छटपटाहट में। कहानी का संतुलन-बिंदु भी यह तृतीय आहत पात्र है; इसी पात्र से कहानी की मूल संवेदना उत्पन्न होती है, अन्यथा घीसू और माधव तो केवल एक पराजित व्यावहारिकता के प्रतीक मात्र हैं। इस अर्थ में 'सर्वहारा' तो बुधिया है, घीसू-माधव तो उपजीवी हैं।

कथावाचक का स्वर ढूँढ़ना आवश्यक नहीं है क्योंकि वह तो समूची कहानी में है, न घीसू में और न माधव में। ग्रामीण परिवेश को यहाँ प्रेमचंद ने उस फलक के रूप में इस्तेमाल किया है जिस पर उपजीविता और शोषण का रंग उभर सके, जहाँ घटना की नाटकीयता मर्म छू ले। इस अर्थ में 'कफ़न' पेटेंट 'एलिगरी' नहीं है (जैसा उसे कुछ लोग समझते हैं) जिसमें घीसू-माधो को अभावात्मक शक्तियों के मानवीकृत रूप में रख दिया गया हो। यदि इस कहानी में केवल ग्रामीण परिवेश ही होता, शोषण की आर्थिक पृष्ठभूमि का संकेत न होता तो ऐसी संभावना बहुत स्पष्ट थी। किंतु, इस पूरक पृष्ठभूमि को दिखाकर प्रेमचंद ने 'कहानी' का एक बहुत ही पूर्ण ढाँचा खड़ा कर दिया है। स्पष्ट है कि ऐसी कहानियों में प्रेमचंद के 'बोध' को ललकारने के लिए हममें शक्ति ही नहीं रहती, यहाँ उनकी सर्वज्ञता अनुभव-संबलित है।

प्रेमचंद के हाथों कथा का यह शिल्प शायद सबसे मँजकर उभरा है। वे सर्वप्रथम कथा के पूरे फलक को कल्पना के पूरे विश्व को इस विधि से उजागर कर देते हैं, फिर धीरे-धीरे तात्कालिक पार्श्व पर दृष्टि जमा लेते हैं। सामान्य से विशेष की ओर यह संक्रमण हठात् नहीं होता, क्रमशः होता है। इस क्रमिक संक्रमण में कथाकार पूरे विधायक आवेग (कारण) को कथा के केंद्र में स्थिर कर उसका ढाँचा निर्मित करता है। स्थापत्य के केंद्रण की यह विधि उनकी कहानियों में इसी विधि का पुष्ट रूप है। वास्तविक पृष्ठभूमि के साथ मानवीय भावना का यह पार्श्व उनकी कहानियों में इसीलिए पूरी सामर्थ्य से उभरता है। उनकी कहानियों की रचना-प्रक्रिया पर विचार करते हुए मैंने इसकी चर्चा की है।

जैनेंद्र, यशपाल, अज्ञेय, अश्क इत्यादि की कहानियों में यह निरंतर परिवर्तित होनेवाली यौगिकता (Juxtaposition) नहीं मिलती। ऐसे लेखक शायद कथा के इस यौगिक रूप को लेकर चलने में समर्थ ही नहीं हो सकते, फलतः इस विधि

---

1. The Art of Novel (New York, 1948) P. 46.

का अनुगमन करना उनके लिए कठिन पड़ता है। प्रेमचंद की कहानियों में जीवन की जटिलता का जितना 'बृहद् 'बोध' उपस्थित किया जाता है उतना परवर्ती लेखक़ नहीं कर सके हैं। एलेन टेट ने शायद इसी व्यावहारिक कठिनाई को ध्यान में रखकर कहा है कि इस शिल्प विधि का संगत निर्वाह महत् प्रतिभा का लेखक ही कर पाता है। यौगपदिक संक्रमण के लिए जो जीवंतता कथा-लेखकों में चाहिए वह यशपाल को छोड़कर किसी परवर्ती कथाकार में नहीं है। इस शिल्प के अधकचरे प्रयोग के कारण कहानियाँ रूपाकारहीन हो जाती हैं। रेणु की कहानी 'मारे गये गुलफ़ाम' और शैलेश मटियानी की कहानी 'परदेस जातेऊँ···' को लेकर इस चर्चा को उदाहृत करूँ।

चूँकि इस विधि में लिखनेवाला पूरी कहानी का दृष्टिबिंदु स्वयं बना रहता है, इसलिए वह सभी पात्रों, परिस्थितियों, अंतर्क्षेपों, संक्रमणों से परिचित रहता है। यह परिचय इतना निकट होता है कि लेखक इसके प्रवाह में घटना का धारावाही इतिवृत्त कहने में रम जाता है, वास्तविक घटना अस्पष्ट-सी हो जाती है।[1] इसके अतिरिक्त यदि लेखक शैलीकार भी हो तो क्या कहिए ! संक्रमण के पार्श्व और धरातल भी एक ही कहानी में बदल सकते हैं ! 'मारे गये गुलफ़ाम' गाँव के एक विधुर गाड़ीवान 'हिरामन' की कहानी है। लेकिन इस कथा का विस्तार इतना ही नहीं है; इसमें ग्रामीण परिपार्श्व का संपूर्ण जीवन-प्रवाह खींचने की चेष्टा की गयी है। 'हिरामन' इस प्रवाह में अकेला नहीं है, उसके साथ दूसरे लोग भी हैं, अलग-अलग व्यक्तित्वों वाले, अलग-अलग जीवन-दृष्टिवाले लोग। अनेक प्रसंगों में हिरामन कथा-प्रवाह में अस्पष्ट हो जाता है, जैसे उसकी स्थिति ही वहाँ नहीं रह पाती। इस प्रवाह में कथाकार केवल हिरामन के साथ नहीं है, यौगपदिक संक्रमण के साथ है, यहाँ-वहाँ सर्वत्र है। वह सिर्फ उनके व्यवहारों को ही देखता-परखता नहीं है, उनके व्यवहारों के मूल में उद्बोधक प्रेरणा (Motivation) का साक्षी भी वह है, उसका पूर्वज्ञाता भी। इस विशद् परिपार्श्व के बोध के साथ वह (कथाकार) मन की भावना का संयोग कराने के प्रयत्न में जब सामान्य से विशेष पर अपनी दृष्टि लौटाना चाहता है या लौटा लेता है तो ऐसा लगता है जैसे उसने जीवन का स्वाभाविक प्रवाह कभी छुआ ही नहीं था; जो था शब्दों का सैलाब था। फिर, मूल पात्र की संवेदना कहानी में कहीं-कहीं इतनी वैयक्तिक मालूम पड़ती है कि उसके लिए सारा विस्तार निरर्थक-सा प्रतीत होता है। आखिर यह विस्तार क्यों, सिर्फ 'मारे गये गुलफ़ाम' ही क्यों नहीं, तीन-तीन कसमों के प्रसंग की अंतरावृत्ति क्यों ?

'परदेस जातेऊँ' में उतना प्रवाह शायद नहीं, मगर यौगिकता उसमें भी है।

1- गोर्दो एवं टेट–हाउस ऑव फिक्शन, पृ. 441, 1960

रमौती मोहन सींग और दूसरी ओर 'नाथू हौलदार'। नाथू हौलदार के संदर्भ में जीवन की अंतर्क्रिया का एक पार्श्व खड़ा किया गया है। किंतु कहानी में इससे कुछ बनता नहीं। जैसे मोहन सींग की कथा सामान्य जीवन-प्रवाह में एक प्रत्यवस्था-सी बनकर रह जाती है। कहानी जिस 'टेम्पो' से शुरू होती है उसी से समाप्त भी हो जाती है, कोई विकास यहाँ नजर नहीं आता। कहानी के व्यापार-फलक (Frame of action) के अभाव में इस जीवन-प्रवाह या भीड़ का महत्त्व ही क्या है ? स्पष्ट है कि यौगपदिक संक्रमण की कला-कहानी में समर्थ विधान की माँग करती है, बोध की माँग करती है, व्यापार-फलक की माँग करती है। 'परदेस जातेऊँ' में मुख्य दोनों 'क्लोजअप्स' हैं प्रारंभ और अंत के। शेष तो 'आउट डोर' हैं, दोनों के बीच संघटन उपस्थित करने के लिए, भरती के लिए। मटियानी यदि इस मोह से अपने को बचा पाएँ तो उनके पास 'बोध का एक व्यापक फलक' है, एक विशेष जीवन है, जीवन-प्रवाह है ! शैलेश मटियानी के पास रचनात्मक कल्पना भी है, किंतु उसे नियंत्रित करनेवाला कोई अनुशासन नहीं है। परिणाम यह होता है कि वे अपनी कहानियों में जीवन के अंश तो अनेक ला खड़ा करते हैं, किंतु उनके अंतस्संबंध की मार्मिकता बहुत उभर नहीं पाती। उनका बोध वस्तुपरक रह जाता है।

राजेंद्र यादव की कहानी 'रौशनी कहाँ है···' तथा कमलेश्वर की 'नीली झील' इस शिल्प में लिखी गयी सफल कृतियाँ हैं। 'नीली झील' का विस्तार वैसा नहीं है जैसा 'मारे गये गुलफ़ाम' का है क्योंकि उसमें कहानी की दृष्टि से अधिक संश्लिष्टता है, उसके स्थापत्य का एक केंद्र है। प्रस्तुत कहानी में निश्चित दृश्य-विधान किया गया है, कहीं कोई विषयांतर उसमें स्पष्टतः नहीं है। दृश्य कथाओं से नाटकीय कथाओं का यह भेद पाठक के 'दृष्टिबिंदु' से इसीलिए महत्त्वपूर्ण है।

इस शिल्प और विधा की कथा के संबंध में चेतावनी देते हुए पर्सी लूबॉक ने ठीक ही लिखा है—"But evidently it is not a form to which fiction can aspire in general."

कथा-शिल्प की इसी विधि का विकास सर्वथा एक दूसरे रूप में भी हुआ है। कहानी में लेखक के वस्तु से संबंध को यह और अधिक माँजता है। कथाकार जब सर्वज्ञ बनकर हर पात्र, हर परिस्थिति का विवरण देता है तो उसके सामने एक कठिनाई उपस्थित हो जाती है, वह है पात्र की मनःस्थिति। पात्र की मनःस्थिति को स्पष्ट करने के लिए उसे कुछ व्यापार कराने होते हैं और इन्हीं व्यापारों के फलक को ध्यान में रखकर पाठक उसकी मनःस्थिति को समझता है। किंतु, इसके विपरीत जब कथाकार पात्र की चेतना में प्रवेश कर जाता है तो वह पात्र का स्वर बन जाता है, पात्र के साथ खुद भी नाटकीय बन जाता है, इसलिए वहाँ उसका स्वर पात्रों के स्वरित स्थापत्य के संश्लेष में वर्त्तमान रहता है, स्वयं स्पष्ट

नहीं। प्रेमचंद ने अपनी कहानी में एक स्थान पर स्वतंत्र टिप्पणी देकर उसका पूरा स्वर स्थापत्य (Voice Structure) ही बदल दिया है, अन्यथा उसमें कहानीकार का स्वर अनावश्यक है, उसकी कोई आवश्यकता ही पाठक महसूस नहीं करता। 'कफ़न' में लेखक का यह 'इंटरजेक्शन' बहुत कम आलोचकों की नज़र में आया है।

राजकमल चौधरी की कहानी 'बस स्टॉप' इसका बहुत अच्छा उदाहरण प्रस्तुत करती है। यों अज्ञेय, जैनेंद्र, पहाड़ी, अश्क, निर्मल वर्मा, मोहन राकेश इत्यादि ने इसका अपनी कहानियों में बहुत स्पष्ट प्रयोग किया है। 'बस स्टॉप' पूरी कहानी पात्रों की आंतरिक टिप्पणियों से निर्मित होती है, इसलिए इसमें उदाहृत स्वर-निर्माण की अपनी अलग विशेषता है। पात्रों के अपने स्वगत के अतिरिक्त इसमें कोई दूसरा स्वर नहीं है, कम से कम स्पष्ट रूप से कोई अतिरिक्त स्वर नहीं है। स्पष्ट है कि लेखक का स्वर अर्थात् उसका कथा से संबंध अस्पष्ट है। मगर इस अस्पष्टता से यह न समझ लिया जाए कि इसमें कथा से लेखक का कहीं कोई संबंध नहीं है। वस्तुतः पात्रों की चेतना में ही लेखक ने अपना स्वर खो दिया है। इस विधि की प्रशंसा करते हुए पर्सी लूबॉक ने लिखा है–"लेखक मनुष्य के दृष्टि-पथ पर ईमानदारी से विश्वास करता हुआ और उसके भीतर रहकर मनुष्य के लिए बोलता हुआ एक सुविधा प्राप्त करता है–वह उसमें कुछ जोड़ता चलता है, कभी बहुत अधिक। अब देखें कि देश में चाहे यह दृष्टि-पथ सीमित हो किंतु काल में वह निःसीम होता है।"[1]

समय के आयाम में यह स्वतंत्रता कोई मामूली चीज नहीं है, लेखक चाहे तो इस स्वतंत्रता के उपयोग के द्वारा दूसरे अनेक आयाम भी खड़े कर सकता है। यों राजकमल ने ऐसे दूसरे आयाम खड़े नहीं किए हैं, फिर भी कहानी का ढाँचा उससे अत्यंत संश्लिष्ट जरूर हो गया है। समय के साथ कहानी के सारे अंतःसंबंधों का सूत्र यहाँ लेखक के हाथ में होता है, फलतः वह प्रत्येक परिवर्तित होते हुए संबंध को उत्थापित करने में यहाँ स्वतंत्रता का उपयोग कर सकता है। यहाँ वह वर्त्तमान और भविष्य के बीच के प्रत्येक स्तर की उद्भावना करने का सूत्र अपने हाथ में रख लेता है। सफल कृतिकार के लिए यह कोई कम सहायता नहीं है।

कथा-शिल्प की अधुनातन तीसरी विधि है केंद्रापसारी दृष्टि की। लेखक संपूर्ण कथा में अपनी व्याप्ति के लिए मुख्य चरित्र को आधार बना लेता है। फलतः, कथा के संपूर्ण घटना-व्यापार में यही केंद्रापसारी बुद्धि (Central Intelligence) व्याप्त रहती है। इस विधि का मूल सूत्र उपस्थित करते हुए एलेन टेट ने लिखा है–"कथानायक का मन ही नाटक का परिचय है–अन्य चरित्र केवल उसकी इस

1. पर्सी लूबॉक–दि क्रैफ्ट ऑव फिक्शन, पृ. 257, 1957

मानसिकता को शब्दों या व्यापारों से सघन करते हैं।" सम्प्रति हिंदी कहानी की यह सर्वव्यवहृत विधा है। मोहन राकेश की 'आर्द्रा' , मार्कण्डेय की 'माई', शेखर जोशी की 'नरू का निर्णय', डॉ. रणधीर सिन्हा का 'बिछुड़ता हुआ गाँव', प्रयाग शुक्ल का 'जन्म', योगेंद्र चौधरी का 'नागपाश', शानी का 'एक पागल आदमी' इत्यादि कहानियाँ उदाहरणस्वरूप प्रस्तुत की जा सकती हैं। इस विधा की दो विशेषताएँ हैं। पहली यह है कि इसमें प्रथम पुरुष कथावाचक की सारी सुविधाएँ सुलभ हैं; दूसरी यह कि इसमें कथाकार को केंद्र में स्थापित होकर सभी दिशाओं में अग्रसर होने की सुविधा रहती है। मुख्य नाटकीय व्यापारों के केंद्र में एक केंद्रापसारी बुद्धि की स्थापना की और कई विशेषताएँ हैं। उपर्युक्त कहानियों के आधार पर इस शिल्प की व्यावहारिकता की कुछ चर्चा करूँ।

'जन्म' का कथानक बहुत इकहरा है, बस नायिका (मुख्य पात्र) की मनःस्थितियों और प्रतिक्रियाओं का विधान। मानवीय भावनाएँ कहानी के प्रेरक तत्त्व के रूप में कार्य करती हैं। इसमें कथानक के विकास का आग्रह नहीं होने के कारण सिर्फ एक आंतरिक ढाँचा ही प्राप्त होता है। इस कहानी से मोहन राकेश की 'आर्द्रा' की तुलना कीजिए। कथानक वहाँ भी इकहरा ही है, घटनाओं का अंतर्क्षेप भी नहीं है, सिर्फ माँ की 'भावना' कारण रूप में प्रतिष्ठित है। दोनों ही कहानियों में ढाँचा आंतरिक है, मगर 'आर्द्रा' में जो व्याप्ति है वह 'जन्म' में नहीं है गोकि कहानियाँ दोनों ही सफल हैं। इस व्याप्ति का रहस्य क्या है ? इसका रहस्य है 'आर्द्रा' की मानसिक पृष्ठभूमि की संश्लिष्टता और मानवीय व्यापार की विरोधी परिस्थितियों की मार्मिकता। कहानी का यह तीसरा आयाम 'आर्द्रा' में बहुत गहरा है। मार्कण्डेय की 'माई' में परिस्थितियों के साथ 'माई' को भी नाटकीय बना देने की चेष्टा न होती तो उसकी 'व्यापार-परिस्थितियाँ' शायद और अधिक जीवंत होकर, क्रियात्मक होकर उभरतीं। नाटकीय पात्र उसी अर्थ में सह्य होते हैं यदि उनकी नाटकीयता किसी विशेष दिशा में उनकी चेतना को बढ़ाने में मदद दे। इस अर्थ में निर्विशेष रूप से पात्र को नाटकीय बना देने का कोई मूल्य नहीं होता। 'माई' के रूप में कहानीकार ने एक केंद्रापसारी बुद्धि प्रतिष्ठित कर प्रत्येक व्यापार के लिए एक द्रष्टा तो अवश्य बना लिया है, किंतु नाटकीयता का कोई अर्थ वहाँ स्पष्ट नहीं हो पाता। शानी की अधिकांश कहानियों में भी वह अर्थहीन नाटकीयता आकर उसे भावात्मक रूप से अवरुद्ध कर देती है, यों लेखक इस नाटकीयता का उपयोग करता है भावात्मक उद्रेक के लिए ही। 'डाली नहीं फूलती' शीर्षक कहानी-संग्रह के समीक्षक (धनंजय वर्मा) ने ठीक ही लिखा था—"कुछ कहानियों से यदि नाटकीयता हट जाती तो वे शानी की मास्टर पीस होतीं—मसलन् 'कफ़न चाहिए' और 'मासूम बाबा'।"[1]

---

1. 'कहानी' (मासिक पत्र), एप्रिल 1960, समीक्षा-विचार

योगेंद्र चौधरी की कहानी 'नागपाश' जीवन के व्यापारिक संदर्भ में लिखी गयी है। और मानसिक ऊब और उलझन को चित्रित करती है। दृश्य-विधान के साथ घटनाओं की एक सहज बोधात्मक पृष्ठभूमि इस कहानी की विशेषता है। लेखक कथा के मुख्यपात्र को अपना दृष्टिबिंदु देकर इस कहानी में खड़ा करता है, किंतु संपूर्ण कहानी में 'लेखक' अदृश्य है, ऐसा नहीं कि लेखक पात्र के भोक्तृत्व को अपने दृष्टिबिंदु से अतिक्रांत कर ले। इस कहानी के सहज बोधात्मक ढाँचे को देखकर प्रेमचंद की उन कहानियों की याद ताज़ा हो जाती है जिनमें उन्होंने अपने लेखकीय जीवन के अंतर्विरोधों का चित्र खींचा है। लेखक अपने को नया कहलाने के लिए 'शिल्प' के साथ कोई खिलवाड़ यहाँ नहीं करता, बस एक आदिम सरलता जो बहुत कम आधुनिक कहानीकारों को उपलब्ध है।

इधर, यों श्रीकांत वर्मा, शांता सिंहा, उषा प्रियंवदा, मन्नू भंडारी ने भी इस शिल्प में कुछ बहुत साफ कहानियाँ लिखी हैं। श्रीकांत वर्मा की कहानियों में चूँकि प्रथम पुरुष कथावाचक की स्थिति बहुत स्पष्ट है, इसलिए वे अदृष्ट कथाकार के दृष्टिबिंदु का निर्वाह नहीं कर पाते। मन्नू भंडारी ने अवश्य 'यह भी सच है' में तथा उषा प्रियंवदा ने 'पचपन खंभे लाल दीवारें' में इसका सफल निर्वाह किया है। दोनों की कहानियाँ इस शिल्प को बहुत सफलता से उदाहृत करती हैं। यों दोनों कहानियाँ आत्मपीड़ा के रोमांटिक मूड में लिखी गयी हैं, मगर उनके विधान में स्पष्ट अंतर है। मन्नू भंडारी की कहानी 'यह भी सच है' में एक ऐसी आत्मबोधक विवृति है जो उसे सामयिक कहानियों की पूरी परंपरा से अलग कर देती है। इस कहानी की विचार-वस्तु को यदि 'यथार्थवादी' निर्माण या शिल्प प्रदान किया जाता तो निश्चित रूप से यह एक निहायत बदसूरत तस्वीर बन जाती। ऐसे चरित्र शायद जीवन में सुख न दे सकें, मगर पाठक उनके सम्पर्क से जीवन का अर्थ ग्रहण कर लेता है। ऐसे पात्रों के लिए उसके मन में अनंत संवेदना जगती है; यह उनकी नैतिक व्यावहारिकता का परिणाम है। हठात् विवृत होकर पात्र की यह नैतिक व्यावहारिकता हमें बोध के एक सर्वथा नये स्तर पर ला खड़ा करती है।

सामान्य अर्थ में 'यह भी सच है' कथा के ढाँचे से अधिक एक स्वर-स्थापत्य (Voice Structure) है। इस स्वर-स्थापत्य में जीवन के वस्तु-सत्य बहुत सूक्ष्म रूप में उभरते हैं, अपने स्थूल भैतिक ढाँचे में नहीं। जीवन के स्वाभाविक निर्माण में यह सूक्ष्मता भी सत्य है, उसका गोचर रूप में चाहे अवधान न किया जा सकता हो ! 'पचपन खंभे लाल दीवारें' में यह बात नहीं है, उसका बोध रोमांस के स्तर से उठा हुआ नहीं है, उसी में निबद्ध है। इस नैतिक व्यावहारिकता के संबंध में डेविड सेसिल ने ठीक ही लिखा है–"एक आत्यंतिक नैतिक दृष्टि, किसी भी तरह, अँधेरे से भरी और असंतोषजनक परिणामों तक जाती है। जीवन इतना जटिल,

पौरुषेय और रहस्यमय है कि उसे सही और ग़लत के दरबों में सहेजा नहीं जा सकता। ऐसा करने में हम उस बहुत कुछ को छोड़ देते हैं जो रुचिकर और रंजक है।"[1]

लेखिका ने यहाँ निश्चित रूप से एक परंपरित कथानक को लेकर उसे पात्र और परिस्थिति के अनुरूप ढलने की यातना नहीं दी है। स्पष्टतः पूरी कहानी का अंतर्फलक (Internal fram of reference) पात्र के बोध के अनुरूप और संश्लिष्ट है। स्पष्टतः यहाँ लेखिका मूल पात्र की संवेदना में स्थित होकर भी उसे अपने 'दृष्टिबिंदु' की स्वतंत्रता देती है।

यथार्थ का निर्माण : विधा का अवधान

किसी भी कथा-लेखक का आत्यंतिक उद्देश्य जीवन के.यथार्थ का निर्माण करना ही होता है, चाहे यह यथार्थ कितना भी एकांत, व्यक्तिनिष्ठ या क्षणबद्ध हो। इस अर्थ में चाहे हम जैनेंद्र की इस परिभाषा को स्वीकार कर भी चलें कि कहानी 'शिलीभूत क्षण' की अभिव्यक्ति होती है तब भी हमारे सम्मुख यह समस्या बनी रह जाती है कि आखिर इस शिलीभूत क्षण का जीवन से कैसा सादृश्य है और किस विशिष्ट प्रक्रिया में यह शिलीभूर्त क्षण कथाकार का कथ्य बन जाता है। कहानी में इस यथार्थ के सादृश्य का निर्माण वस्तुतः एक सावयव प्रक्रिया है जिसे लेखक घटनाओं के दृश्य रूप की योजना के द्वारा और घटनाओं की पृष्ठभूमि की गोचरता के निर्माण के द्वारा पूर्ण करता है।

घटनाओं के दृश्य रूप की योजना कथा के 'यथार्थ' का वास्तविक धरातल है। घटनाएँ किस रूप में, किस क्रम से घटित होती हैं। यदि कहानी में घटना इकहरी है तो इसके घटने में कौन-सी ऐसी विचक्षणता है जो हमारे यथार्थ जीवन के ज्ञान को उजागर करती है ! चूँकि रचना-प्रक्रियावाले परिच्छेदों में मैंने इसकी बहुत सविस्तार चर्चा की है इसलिए उसके मूल रूप पर ही यहाँ फिर से विचार करना उचित होगा। ऊपर मैंने घटना (या घटनाओं) के दृश्य रूप की योजना की बात की है। घटना के इस दृश्य रूप के विधान के कारण प्रथमतः पाठक उसकी सत्य का अवधान करने में सफल होता है और फिर इसी अवधान के कारण वह घटना के परिणामों और अर्थों का मर्म ढूँढ़ने या पाने की चेष्टा में लग जाता है। ये घटनाएँ हमारे अंदर बहुत सारी प्रतिक्रियाएँ पैदा करती हैं, हमारी संवेदना के अनेक स्तरों पर अवस्थित होकर हमें द्रवीभूत करती हैं। 'कफ़न', 'उसने कहा था', 'ताई', 'सुजान भगत', 'राखी', 'उसकी माँ', 'पराई', 'रौशनी कहाँ हैं' इत्यादि कहानियों में इसके सफल निर्वाह का उदाहरण है।

---

1. डेविड सेसिल–'अर्ली विक्टोरियन नॉबेलिस्ट्स', पृ. 241, 1948

'उसने कहा था' में प्रारंभिक घटना का रूप निर्विशेष है, 'तेरी कुड़माई हो गई है ?' 'धत्' और फिर 'देखते नहीं यह रेशम से कढ़ा हुआ सालू···' लड़की भाग गयी किंतु, सम्पूर्ण चेतना पर इस उत्तर की एक परत बैठा जाती है···लड़का विक्षिप्त-सा बाज़ार में दौड़ता है। 'रास्ते में एक लड़के को मोरी में ढकेल दिया, एक छावड़ीवाले की दिन-भर की कमाई खोयी, एक कुत्ते पर पत्थर मारा और एक गोभीवाले के ठेले में दूध उड़ेल दिया; सामने नहाकर आती हुई किसी वैष्णवी से टकराकर अंधे की उपाधि पायी··· ।'

एक स्मृति बनकर यह घटना संपूर्ण जीवन पर छा जाती है, इसलिए नहीं कि इस घटना का कोई विशेष महत्त्व है, बल्कि इसलिए कि जिस व्यक्ति के जीवन में यह घटता घटती है वह विशिष्ट से संवेदनशील है। मृत्यु के क्षण में स्मृति और साफ हो जाती है···घटना के दृश्य-रूप का विधान अपनी पूरी नाटकीयता से दुहरा दिया जाता है···यहाँ उसका वास्तविक मर्म है 'भावों की टकराहट से मूर्च्छना खुलती है, मगर दर्द बढ़ जाता है। पहली बार उसे दुःख हुआ था, क्रोध हुआ, अब उसी घटना की स्मृति भावों की टकराहट से मर्म पैदा करती है। इस दृश्य-रूप की योजना से पात्र के व्यापार स्फटिक की तरह साफ़ हो जाते हैं, उसके हर व्यापार का बोध पाठक करता है; ये व्यापार बहुत ही सवर्ण हैं। निर्विशेष का यह विशेषीकरण, सामान्य का यह संदर्भ-निरूपित वैशिष्ट्य क्या अपने आप में भी कम नाटकीय और चित्रात्मक है।

'कफ़न' में घटना के दृश्य-रूप की योजना में शायद नाटकीय परिस्थितियों का एक दूसरा ही मर्म खुलता है–जीवन के अंतर्विरोध का मर्म। यहाँ लेखक ने 'समस्त दृश्य फलक' और 'विशिष्ट घटना-परिस्थिति' में अद्‌भुत सामंजस्य स्थापित किया है। अन्य कहानियों की तरह प्रेमचंद ने 'कफ़न' में 'समस्त दृश्य फलक' पर ही अपना ध्यान केंद्रित नहीं कर लिया है, यहाँ विशिष्ट घटना-परिस्थिति को केंद्र में रखकर ही वृत्त-व्यास का अवधान प्रस्तुत किया गया है। फलतः अपने 'माइक्रोकॉज्म' के साथ यह कहानी संपूर्ण जीवन के यथार्थ को जैसे निश्चित क्षण में रूपाकार दे देती है। वस्तुतः यहाँ 'कथा' का रूप समाप्त हो गया है और पात्रों पर सीधा प्रकाश पड़ रहा है, लेखक को अपनी ओर से कुछ कहने की आवश्यकता ही शेष नहीं रह गयी है। यहाँ घटना 'व्यापार की परिस्थिति' से 'व्यापार के रूप' से ही समस्त विधान ग्रहण कर रही है, लेखक (Narrator) की आवश्यकता यहाँ नहीं है।

कहानी प्रारंभ होती है इस 'दृश्य' (Scene) से–'झोंपड़े के द्वार पर बाप और बेटा दोनों एक बुझे हुए अलाव के सामने चुपचाप बैठे हुए हैं और अंदर बेटे की जवान बीवी बुधिया प्रसव वेदना से पछाड़ खा रही थी···' दृश्य का–घटना की विशिष्ट भूमि का–स्पष्ट और मर्मपूर्ण अवधान यहाँ पाठक को सहज ही हो

जाता है, सहज ही वह किसी आशंका से अभिभूत हो उठता है, ऐसी विवशता के क्षण जीवन में आते ही हैं। यह दृश्य उसके लिए अपरिचित नहीं। जीवन के यथार्थ से इसका यह मर्मपूर्ण सादृश्य सहज ही अनुमेय है।

बाप-बेटे की बात-चीत से जो 'दृश्य' उपस्थित होता है, वह एक ऐसे क्षण को उत्थापित करता है जिसे कहानी में फिर दुहराया नहीं जा सकता। इस दृष्टि से यह क्षण अभूतपूर्व है। बाप-बेटे फिर मिलते हैं, उनकी फिर बातचीत होती है, मगर यहाँ उस 'संदर्भ का प्रसार' मात्र है, उसमें वह संवेदनीयता नहीं है। यहाँ उसे दुहराना न संभव है न अभीष्ट, संदर्भ के प्रसार के द्वारा प्रेमचंद कहानी का परावधिक रूप खड़ा करते हैं। 'घीसू को उस वक्त ठाकुर की बारात याद आयी, जिसमें बीस साल पहले वह गया था।' यह टेट (Tate) के शब्दों में 'पैनोरमा' है। इसी अवधान से विशिष्ट का सामान्य से संबंध स्थापित हो जाता है–'अतीत' से वर्त्तमान की अभावात्मकता प्रकाशित हो जाती है।

यशपाल की 'पराई' शीर्षक कहानी एक 'विस्तृत दृश्य फलक' (Panorma) से शुरू ही होती है–'पहाड़ों की ढलवान पर खेती की जुताई हो रही थी। सुनहली धूप में घास से मढ़ी पहाड़ियाँ, पहाड़ों के पार्श्व पर चीड़ों के जंगल, जुते-अधजुते धूसर खेत, मकानों की फूस और स्लेट की छतें सब चकाचौंध हो रही थीं। घटना की पृष्ठभूमि की गोचरता के निर्माण में प्रेमचंद और यशपाल से अधिक सफल शायद ही हिंदी का कोई कहानी लेखक हो पाया है ! यशपाल को तो इस दिशा में शायद प्रेमचंद से भी अधिक कौशल उपलब्ध है। अज्ञेय ने यशपाल जी के इस पक्ष की बहुत स्पष्ट शब्दों में प्रशंसा की है। इस संबंध में सामान्य रूप से टिप्पणी करते हुए पर्सी लूबॉक ने लिखा है–"दृश्य-फलक, सामान्य सर्वेक्षण, में देश-काल के अधिकृत रूप के साथ वह लम्बी दूरी तय कर ली जाती है जहाँ तीखा प्रकाश भी काम नहीं आता।"[1] वस्तुतः इस 'दृश्य-फलक' का उपयोग कहानीकार ने परवर्त्ती घटनाओं के संस्थान और उसके आंतरिक रूप के संघटन के लिए ही किया है।

प्रसाद की कहानियों में 'दृश्य-फलक' का उपयोग बहुत मुक्त होकर किया गया है, किंतु जो घटनाएँ नियोजित हैं उनसे 'दृश्य-फलक' बहुत कम ही अन्वित है। परिणाम यह होता है कि कुछ कहानियों को छोड़कर यह फलक सिर्फ शोभाकारक बाह्य वस्तु के रूप में ही वहाँ शेष रह जाता है। इसे प्रसाद जी न समय की दिशा में और न देश की दिशा में ही अधिकृत कर पाते हैं। वातावरण के रूप में यह 'दृश्य-फलक' कभी-कभी इतनी व्याप्ति ग्रहण कर लेता है कि पात्र बौने लगें, उनके व्यापार तुच्छ लगें। इस परीक्षा में कुछ ही कहानियाँ सफल उतर

1. क्रैफ्ट ऑफ़ फिक्शन, पृ. 270, 1957

पाई हैं और वे निश्चित रूप से प्रसाद की कहानियों में सर्वाधिक पुष्ट निर्माण की कहानियाँ हैं। 'आकाश दीप', 'नूरी', 'गुंडा' इत्यादि की नाटकीय विधा (dramatic pattern) इसी का परिणाम है। इस 'पैटर्न' में 'हिमालय का पथिक' आदि उनकी कमजोर कहानियाँ हैं।

आधुनिक कहानीकारों में कुछ को छोड़कर शेष इस 'पैनोरमा' के मोह से मुक्त हैं। अधिकांश सामयिक कथा-लेखक प्रत्यक्ष, गोचर, चित्रात्मक दृश्य विधान से ही अपना काम चलाने में विश्वास करते हैं। प्रेमचंद, प्रसाद या यशपाल की तरह पैनोरमा गढ़ना उन्हें इष्ट नहीं है। अपवाद के रूप में रेणु, कमलेश्वर, शैलेश मटियानी इत्यादि आते हैं। रेणु और मटियानी को पैनोरमा का, समस्त दृश्य फलक का मोह है। कहीं-कहीं इस पैनोरमा के अवधान में उन्हें अद्भुत सफलता भी मिली है। कहीं-कहीं इस पैनोरमा से इनके कथानक इतने संश्लिष्ट हैं कि उन्हें अलग अलग कर देखा ही नहीं जा सकता, वैसी स्थिति में उनका संपूर्ण बल ही नष्ट हो जायगा।

अधिकांश सामयिक कथा-लेखक घटनात्मक पृष्ठभूमि से ही कहानी का वातावरण गढ़ते हैं। शायद इससे अधिक उन्हें और कोई उपचार ही आवश्यक प्रतीत नहीं होता। निर्मल वर्मा, कमलेश्वर, रामकुमार, राजकमल चौधरी, रमेश बक्षी, राजेंद्र किशोर, मन्नू भंडारी, उषा प्रियंवदा, शांता सिंहा, केशव चंद्र वर्मा, रघुबीर सहाय इत्यादि की कहानियों के साथ यह बात बिलकुल लागू होती है। घटना की दृश्य-भूमि (Scene) गढ़ने में इनमें अधिकांश लेखकों को बहुत अधिक सफलता मिली है। लेकिन इनकी इस दृश्य-भूमि के निर्माण के पीछे सामाजिक सत्य का आग्रह उतना नहीं है जितना एक मानसिक फलक के लिए वास्तविकता के संकेत का। इनमें से अधिकांश कथाकारों की दृश्य-भूमि सामाजिक वास्तविकता के प्रवाह के दृष्टिकोण से निर्मित की गयी मालूम नहीं होती।

सामाजिक वास्तविकता और कथा-शिल्प

एडमंड विल्सन ने अपनी पुस्तक 'एक्सेल्स कैसल' में लिखा था—"हमारे युग का साहित्येतिहास बहुत अंशों में प्रतीकवाद का विकास और यथार्थवाद से उसके संश्लेषण या विरोध का इतिहास है।"[1] बहुत अर्थों में यह तथाकथित 'नयी कहानी' के इतिहास की प्रक्रियात्मक वास्तविकता है। 'नयी कहानी' के संदर्भ में, इसकी चर्चा हम आगे करेंगे, यहाँ हम सामाजिक वास्तविकता से कथा-शिल्प के सामान्य संबंध पर पहले विचार कर लें।

शू मेकर ने इस सामाजिक वास्तविकता को कथा का 'एक्टर्नल फ्रेम ऑफ़ रेफ़रेंस' कहा है। अँगरेजी में इसके लिए 'सोशल बैक ग्राउंड' और 'मिल्यू' शब्द

1. एडमंड विल्सन—एक्सेल कैसल, पृ. 27, 1961

का व्यवहार भी किया गया है। कथा-शिल्प की व्यावहारिक समझदारी के लिए गोर्दों एवं एलेन टेट इसे 'इनवैलोपिंग ऐक्शन' कहना अधिक उचित समझते हैं।[1] उन्होंने लिखा है–"व्यापक रूप में हम 'आवृत व्यापार' को वह जीवन कह सकते हैं जो कहानी के ढाँचे से एकतंत्र होता है। वह उस गर्भ की तरह है जिससे कथा का कोई विशेष नाटकीय रूप जन्म लेता है।"

वस्तुतः सामाजिक वास्तविकता कहानी का उत्स है और कहानी की संपूर्ण कथावस्तु के फलक से स्वतंत्र भी उसका कथा में संस्थापन अनिवार्य हो जाता है। इस संबंध में दो प्रकार की दृष्टि हमें प्राप्त होती है। कुछ लेखक सामाजिक वास्तविकता को संपूर्ण रूप से कहानी के प्रवाह में स्थापित करने की चेष्टा में उसके आंतरिक स्थापत्य या सहज विकास के साथ जबरदस्ती करते हैं, किंतु जहाँ कोई ऐसा प्रयत्न नहीं रहता वहाँ संकेत रूप में वर्त्तमान सामाजिक वास्तविकता कथा के स्थापत्य के संघटित करने में सबसे अधिक सहायक तत्त्व बन जाती है। 'कथा के स्थापत्य' की दृष्टि से इस सामाजिक वास्तविकता का विश्लेषण मैंने स्वतंत्र रूप से भी किया है। उसकी कुछ मूलभूत स्थापनाएँ यहाँ दुहरा देना उचित समझता हूँ। वस्तुतः किसी भी साहित्य-रूप में सामाजिक वास्तविकता के स्वरूप का अंश वर्त्तमान रहता ही है। कथा-साहित्य में यह सामाजिक वास्तविकता कलात्मक स्थापत्य बनकर ही आती है। प्रश्न यहाँ यह उठता है कि क्या लेखक इस सामाजिक वास्तविकता के स्वाभाविक स्थापत्य को कथा के स्थापत्य में उसी रूप में उपस्थित कर देता है या उसे कथानक के अनुसार माँजता-सँवारता भी है। वस्तुतः सामाजिक वास्तविकता कथा के स्थापत्य के बाहर एक स्थिर तथ्य है, कथा में अंतर्भाव के द्वारा लेखक उसे गतिशील बना देता है। वह सामाजिक वास्तविकता को कथा के विकास के अनुरूप विकसित होता हुआ दिखलाकर उसे गतिमत्ता प्रदान करता है। इसकी सामान्यतः दो विधियाँ कथा-साहित्य के शिल्प में सामान्यतः स्वीकृत हुई हैं; पहली, **मुख्य पात्रों की तात्कालिक परिस्थिति के रूप में** सामाजिक वास्तविकता का अंतर्भाव और दूसरी, **पात्रों की परस्पर अंतक्रिया द्वारा उसके स्वरूप का संकेत**। इस अर्थ में पहले प्रकार से सामाजिक वास्तविकता कथा में 'स्टेट ऑफ एफ़ेयर' के रूप में और दूसरे प्रकार से संबंध (Relation) के रूप में अभिव्यक्ति पाती है।

इस तथ्य पर विचार करते हुए हाल में 'नई कहानियाँ' में री मन्मथ नाथ की एक टिप्पणी छपी है। उन्होंने लिखा है–"इसलिए हम युग-बोध शब्द का··· समाजशास्त्र में, विशेषकर वैज्ञानिक समाजशास्त्र में···जो अर्थ है, उससे इस वक्तव्य को समझने की चेष्टा करेंगे। आज तक मनुष्य जाति के इतिहास में मोटे तौर

---

1. गोर्दों एवं एलेन टेट–हाउस ऑफ फिक्शन, पृ. 451. 1960

पर इतनी पद्धतियाँ बतायी गयी हैं—आदिम समाजवाद, दासता का युग, सामंतवाद, पूँजीवाद और समाजवाद। यह तो समझ में आता है कि इन पद्धतियों के आने के साथ-साथ पहले की धारणाएँ, विचारधाराएँ आदि बदल गयीं और बदलती हैं; पर क्या इस प्रकार बदला हुआ युग-बोध एक और अविभाज्य होता है ? पहली बात तो यह है कि कोई भी युग विशुद्ध रूप से एक युग नहीं होता, पूर्व युग के अवशेष रहते हैं और आगामी युग का अंकुर भी।…किसी भी युग में शोषक और शोषित का युग-बोध एक-सा नहीं होता—एक का रुख़ होता है पीछे की ओर, दूसरे का रुख़ आगे की ओर होता है।…युग-बोध शब्द आते ही प्रश्न उठता है, किस तबके का युग-बोध ?"[1] चूँकि श्री मन्मथ नाथ की टिप्पणी का कुछ दूसरा ही संदर्भ है, इसलिए यहाँ उनकी इतनी बातों से ही मैं काम चलाने की चेष्टा करूँगा क्योंकि आगे की पंक्तियाँ 'पोलमिक्स' खड़ा करती हैं। डॉ. नामवर सिंह ने इस संबंध में लिखा था—"निस्संदेह एक समरस एवं अविभाज्य भाव-बोध का निर्माण दीर्घ प्रक्रिया है, किंतु जहाँ ऐसे भाव-बोध के निर्माण के लिए प्रयत्न करने की जगह मन में अपनी-अपनी जगह नयी-पुरानी सभी रुचियों को सुरक्षित रखने का बौद्धिक आलस्य दिखाई पड़े, वहाँ साहित्य के वास्तविक मूल्यांकन की क्या आशा की जा सकती है ?"[2] 'पोलमिक' की ध्वनि यहाँ भी है, इसलिए इस विस्तार में न जाकर डॉ. नामवर का और राजेंद्र यादव का एक-एक उद्धरण देकर अपने मंतव्य को स्पष्ट करने की चेष्टा करूँगा। उपर्युक्त प्रसंग में ही उन्होंने लिखा था—"कहानी का यह अभीष्ट प्रभाव (शायद भाव-बोध) किसी एक बिंदु पर केंद्रित नहीं है और न इसका कोई शास्त्र-निरूपित निश्चित 'चरम सीमा' ही है, यह प्रभाव आद्योपांत पूरी कहानी पर जैसे व्याप्त है। इसलिए कथा-विन्यास भी 'एक सामूहिक प्रभाव' डालने वाले कथानक की तरह गढ़ा हुआ नहीं है। कह सकते हैं कि इसके गठन में चिरपरिचित कथानक-सुलभ घटना-विन्यास नहीं, बल्कि प्रसंगोपांत घटनाओं का संकलन है… ।"[3] श्री राजेंद्र यादव ने लिखा है—"लेकिन आइडिया पहले हो और उसके लिए बाद में मैटर जुटा लिया जाये, यथार्थग्रही (!) लेखक को यह बात तत्त्वतः ग़लत लगती है, वह इसे भाववादी चिंतन (!) समझता है। वह तो सीधे 'मैटर' को छूकर उसका 'फील' पाठक तक पहुँचाना चाहता है… ।"[4]

उपर्युक्त उद्धरणों से सामाजिक वास्तविकता की कथा में अंतर्भाव के रूप पर और शिल्प-विधि पर थोड़ा प्रकाश पड़ता है। यहाँ किंचित् विस्तार में मैं उसकी

---

1. नई कहानियाँ 'हाशिए पर', जुलाई, 1962
2. उपरिवत्, मार्च, 1962
3. उपरिवत्
4. उपरिवत्, जून, 1962

चर्चा करूँगा। कथा का स्थापत्य सामाजिक सत्यों के तथ्य-निरूपण की छूट नहीं देता। तथ्य-निरूपण के लिए छोटी कहानियों में गुंजाइश ही नहीं रहती, क्योंकि छोटी कहानियाँ निबंधना-क्षेत्र (Space) में निश्चित या सीमित रहती हैं। हम काल की दिशा में ही यह कार्य कर सकते हैं, फलतः कथा में सामाजिक सत्यों का गति-संकेत भर रहता है। कथावस्तु के विकास से यह गति उत्पन्न होती है।

व्यक्ति का प्रकृति से संघर्ष आदिम कथाओं में यदि सामाजिक वास्तविकता का रूप लेकर आता है तो व्यक्ति का समाज या वर्ग या समूह से संघर्ष या सामंजस्य का प्रयत्न 'आधुनिक कहानियों' की सामाजिक वास्तविकता है। इस सामाजिक वास्तविकता को उदाहृत करने के लिए ढूँढ़-ढूँढ़कर प्रसंगों का चयन करना कहानी के स्थापत्य को कृत्रिम और सायास नियोजित बना देता है। कभी-कभी ऐसी कहानियों का शिल्प नितांत विवरणात्मक होकर प्रभावहीन भी बन जाता है। सफल शिल्पकार सामाजिक वास्तविक को नाटकीयता प्रदान कर कहानी में उपस्थित कर देता है, फलतः उसे उसके तथ्य-निरूपण की आवश्यकता नहीं रहती। 'पूस की रात' में पूरी सामाजिक वास्तविकता नाटकीय रूप से मुखपात्र की तात्कालिक परिस्थिति से अन्वित होकर आयी है। डॉ. रामविलास शर्मा ने जब इस कहानी की प्रशंसा की थी तो स्पष्टतः उसका शिल्प उन्हें बहुत प्रिय लगा था। इस कहानी में प्रेमचंद ने बहुत कौशल से संपूर्ण सामाजिक वास्तविकता को नाटकीय रूप से कथा की परिस्थिति बनाकर रख दिया है। स्पष्ट रूप से इस कहानी में तथ्यों की भीड़ नहीं है, फिर भी सामाजिक वास्तविकता का एक पूर्ण परिप्रेक्ष्य यहाँ उत्थापित हो गया है। 'मुक्ति मार्ग' और 'कफ़न' में इस सामाजिक वास्तविकता को गहरे नाटकीय रूप में कथाकार ने उपस्थित किया है। वस्तुतः इन कहानियों में यह वास्तविकता एक जीवन-दृष्टि बन जाती है। 'मुक्ति मार्ग' में तो खैर इससे लेखक ने अपने पात्रों को उपराम किया है, किंतु, 'कफ़न' में तो यह अपने पूरे आंतरिक विस्तार के साथ वर्त्तमान है। चाहे 'कफ़न' में अपने पात्रों को इस बर्बर वास्तविकता से लेखक ने उपराम न किया हो, पर पाठक को ज़रूर वह एक विकसित जीवन-दृष्टि दे गया है; अभावों के संकेत से ही क्यों न ऐसा हुआ हो। 'पूस की रात' के साथ 'मुक्ति मार्ग' और 'कफ़न' की यह तुलना निश्चित रूप से हमारे लिए निर्णयात्मक हो सकती है।

स्पष्ट है कि सामाजिक वास्तविकता को चित्रित करने का सामयिक कहानियों में जो यथार्थवादी शिल्प स्वीकृत है उसके कुछ सूक्ष्म भेद भी इधर की कहानियों में विकसित हुए हैं। यह यथार्थवादी शिल्प विवरणात्मक या तथ्य-निरूपक शिल्प से भिन्न और गत्यात्मक है। निश्चित रूप से इस शिल्प का विकास 'कफ़न' जैसी कहानियों की परम्परा में ही हुआ है। 'सामाजिक वास्तविकता' का चित्रण आज जिस यथार्थवादी शिल्प के द्वारा होता है वह केवल देश का सत्य नहीं है, वह

समय की चेतना का प्रवाह है। प्रेमचंद की कहानी 'कफ़न' को ही लीजिए, बाप-बेटे की बातचीत में देश के सत्य से समय की चेतना का प्रवाह क्या प्रबल नहीं मालूम पड़ता ? समय की दिशा में सत्य का यह स्वरूप निश्चित रूप से कहानी में सामाजिक वास्तविकता का एक नया आयाम प्रस्तुत करता है।

आधुनिक कहानीकार जब सामाजिक वास्तविकता के इस गत्यात्मक रूप का अवधान करता है और उसे कहानी में उदाहृत करने की चेष्टा करता है तो निश्चित रूप से तथाकथित जड़ यथार्थवादी शिल्प उसके लिए नाकाफ़ी सिद्ध हो जाता है। इस दिशा में जैनेंद्र और अज्ञेय की कहानियों ने एक क्रांतिकारी भूमिका पूरी की है। उन्होंने स्पष्ट ही लिखा है–'सारी दिशाएँ स्पेस में चलती हैं, मुझे टाइम की दिशा पसंद है।' टाइम की दिशा में सारी दिशाएँ आत्मिक हो जाती हैं, सब्जेक्टिव। कहानी में सत्य की आत्मिक दिशा को निरूपित करने की चेष्टा भरसक जैनेंद्र जी ने अपनी कहानियों में की है। उनकी कहानी 'मौत और···' की कुछ पंक्तियाँ यहाँ उद्धृत करूँ–

"भरा पूरा परिवार है और सब उसकी ओर देखते हैं। वह सफल आदमी समझा जाता है। बाहर मान-प्रतिष्ठा है, घर में आदर और आतंक है। पर इधर जैसे जीवन का उद्देश्य उसमें से मिट चला है।···तो अँधेरा घना हो रहा था और वह बिस्तर पर उठ बैठा था। जैसे भीतर-बाहर सब ओर से वह खाली हो। समय मानो उसके चारों तरफ़ अँधियारा होकर जम गया था।···उसे अनुभव हुआ कि अपने से छिनकर मानो वह काल में समाया जा रहा है···वह डरा।"

एक दूसरी कहानी 'नीलम देश की राजकन्या' की कुछ पंक्तियाँ यों हैं–

"तो यह प्रतीक्षा कैसी ? अभिषेक नहीं होना है तो रस इकट्ठा होकर मन को उभार की पीड़ा क्यों दे रहा है ? जब किसी को भी आना नहीं है तो भीतर प्रति क्षण यह निमंत्रण किसका ध्वनित हो रहा है ? क्या किसी का भी नहीं ? ···किसी क्षण भी कण्टकित हो उठनेवाली मेरी पुष्पित देह मेरी प्रतीक्षा की साक्षी है। और यह प्रतीक्षा ऐसी सत्य है कि मैं कुछ भी और नहीं जानती। इस ओर यह सत्य है, तब उधर प्रतिसत्य भी है। वह है कैसे नहीं, जो आएगा, देखेगा और जिसके दृष्टि-स्पर्श से ही मैं जान लूँगी कि मैं नहीं हूँ, मैं कभी नहीं थी–सदा वही था, वही है और मैं उसी में हूँ।"

समय की दिशा में यह आत्मबोध कितना वास्तविक है और कितना कल्पित इसकी परीक्षा हमें यहाँ नहीं करनी है, मगर यह है आंतरिक दिशा ही। चेख़व की कहानी 'वो' (Woe) में यह आंतरिकता सचमुच समय के आयाम में खूब खुलकर आयी है, बोध का एक सर्वथा नया धरातल उभारकर। 'दि डेड' शीर्षक कहानी में ज्वायस (Joyce) ने वस्तुतः इस वास्तविकता को प्रतीकात्मक धरातल पर उत्क्षेपित कर दिया है। जैनेंद्र की कहानी 'नीलम देश की राजकन्या' में इसी तरह

जीवन की आंतरिक वास्तविकता को नाटकीय प्रतीक के रूप में परिवर्तित कर दिया गया है। समय की दिशा में उसकी (राजकन्या की) आत्मविवृत्ति का एक मूल्य है, जड़ यथार्थ से ऊपर।

अज्ञेय की कहानियों में व्यक्ति सत्य और सामाजिक सत्य के बीच दूसरे सूक्ष्म स्तरों की उद्‌भावना की गयी है। ये स्तर केवल उद्‌भावना की मौलिकता के नहीं हैं, ये वस्तुतः सामयिक जीवन-प्रक्रिया के स्तर हैं। फलतः व्यक्ति अपने और समाज के धरातल पर रहने के अलावा बीच के स्तरों पर भी प्रतिष्ठित होता है, इसका परिज्ञान हमें अज्ञेय की कहानियों के परिप्रेक्ष्य में ही होता है। 'मंसो' और 'ताज की छाया में' जैसी कहानियाँ इसे उदाहृत कर सकती हैं। 'रोज़' शीर्षक कहानी का 'बोधात्मक' महत्त्व भी शायद इसी कारण है। जीवन के समय-गर्भित 'ऑन्विए' (Ennuye) पार्श्व को, तज्जन्य चेतना को जिस सफलता से इस कहानी में नाटकीय परिस्थिति के रूप में चित्रित किया गया है वह आज भी शिल्प-विधि की सफलता का मील-स्तंभ है। 'गैंग्रीन' में इसी शिल्प को थोड़े अंतर के साथ दुहराया गया है। सामाजिक वास्तविकता के अंतर्वर्ती रूपों को अज्ञेय की कहानियों में उदाहृत होने के अनेक अवसर आये हैं। 'सामाजिक वास्तविकता' पर किये गये प्रश्न के उत्तर में उन्होंने कहा था कि 'सामाजिक वास्तविकता' का यह आग्रह 'साहित्य के सामाजिक तत्त्व को ग़लत समझने का परिणाम है।' और 'समाज के जिस अंग में से···के पात्र आए हैं उनका वे ग़लत प्रतिनिधित्व नहीं करते। इसके आगे उनमें से प्रत्येक चरित्र एक सही सुनिर्मित विश्वास्य व्यक्ति-चरित्र हो और जीवंत होकर सामने आ सके, यही मेरा उद्देश्य रहा और इतना मात्र मैं कलात्मक उद्देश्य मानता हूँ।'[1]

समाज के सत्य को अज्ञेय और अधिकांश सामयिक लेखक यथार्थ के शिल्प में बाँधने के आग्रही नहीं हैं। उनके लिए इस यथार्थ को आँकड़ों के रूप में कहानी में फैला देना कोई अर्थ नहीं रखता। कला में 'बेरिसिमिलिच्यूड' का प्रश्न दूसरी विधियों से भी हल किया जा सकता है। यों स्पेस में स्थित यथार्थ को आधुनिक कहानीकार यों भी अधूरा ही समझता है।

प्रतीकवादी पद्धति

प्रत्येक कल्पनाप्रधान साहित्य कुछ अर्थों में प्रतीकात्मक होता है। आधुनिक कहानी में जीवन के बहिर्फलक के साथ-साथ कहानीकार जब आंतरिक सत्यों में प्रवेश करना चाहता है तो उसके सम्मुख सबसे बड़ी समस्या यह उठ खड़ी होती है कि वह इस आंतरिक सत्य को कैसे मूर्त्त करे। आंतरिक सत्यों की गत्यात्मकता उसे

1. अज्ञेय–आत्मनेपद, पृ. 86, प्रथम संस्करण, 1960

दूसरी उलझन में डालती है। परिणाम यह होता है कि उसे ऐसे मूर्त्त रूपों को ग्रहण करना पड़ता है जो या तो लोक-मानस में सामान्य 'भावना' का आधार बन चुके हैं या फिर ऐसे मूर्त्त रूपों को जिन्हें वह अपनी रचना के संदर्भ में विशिष्ट अर्थ दे देता है। एलेन टेट ने प्रतीक को 'वह मूर्त्त संकेत कहा है जिसके द्वारा किसी वस्तु या भाव-विचार को हम ग्रहण करते हैं।' दृश्य, तन्मात्रज चित्र या बिंब भी प्रतीकों का कार्य करते हैं।

सामान्यतः प्रतीकों की दो कोटियाँ स्वीकार की गयी हैं–(1) सर्वाश्रयी (Archetype) और (2) व्यक्तिबद्ध (Geneotype)। दोनों प्रकार के प्रतीकों को लेकर कथा का यह शिल्प विकसित हुआ है। रचनात्मक प्रतिभा के अनुसार लेखकों ने इन दोनों कोटियों के प्रतीकों का उपयोग किया है। आधुनिक कहानियों में अधिकांशतः प्रतीक जीवन के सामयिक अनुभवों के आधार पर निर्मित हैं।

इस प्रतीक के संबंध में अज्ञेय जी ने ठीक ही लिखा है–"महत्त्व या मूल्य प्रतीक का या प्रतीक में नहीं होता, वह उससे मिलनेवाली अनुभूति की गुणात्मकता में होता है।" वस्तुतः कहानीकार का उद्देश्य कथा के स्तर पर या अन्य किसी स्तर पर अनुभूति की इस गुणात्मकता को प्राप्त करना होता है। अनुभूति के इस गुण या धर्म को वह कथनों, व्याख्याओं, टिप्पणियों और घटना-प्रसंगों से व्यक्त नहीं कर पाता तो उसे प्रतीक गढ़ने पड़ते हैं, ऐसे प्रतीक जो अनुभूति के इस गुण या धर्म को धारण करनेवाले हों। एलेन टेट और गोर्दोन ने 'अनुभूति के इस गुण धर्म' को धारण करनेवाली कई प्रतीक-कोटियों को स्पष्ट करने के लिए दांते से उद्धरण दिये हैं। उन्हें संक्षेप में यहाँ दुहरा दूँ–

"पुस्तकों को चार प्रमुख अर्थों में समझा जा सकता है और इन्हीं अर्थों में उनकी व्याख्या की जानी चाहिए। पहला शाब्दिक है, जो शब्द से परे नहीं जाता, जैसे उस विषय का साधारण वर्णन, जिसे आप प्रतिपादित कर रहे हैं। दूसरा लाक्षणिक होता है और यह वह अर्थ है जो नीतिकथाओं के आवरण के नीचे छिपा रहता है और यह एक सुंदर कल्पना के नीचे छिपा हुआ सत्य होता है।...तीसरा नैतिक अर्थ कहलाता है; और उसे पाठकों को सभी प्रकार के लेखन में से ध्यानपूर्वक चुनना होता है।...और चौथा अर्थ है रहस्यात्मक, अर्थात् जो चेतना से भी परे का है।..."

प्रतीकवादी शिल्प में सामान्य प्रतीकों की अपेक्षा विशिष्ट प्रतीकों की रचना एक महत्त्वपूर्ण बात समझी जाती है। ये प्रतीक हमारे मंतव्यों के आंतरिक रूप (Internal reference) को धारण करने में रूप और गुण से समर्थ होते हैं। वस्तुतः प्रतीक को कथा की मुख्य परिस्थिति के बीच प्रतिष्ठित कर कथाकार घटना का विधान करता है और इस प्रकार कथानक का एक और मंतव्य निर्मित कर लेता है। सामान्य स्तर पर जो मंतव्य प्रकट नहीं होता, प्रतीक के माध्यम से वह मंतव्य

विशिष्ट रूप से हमारी संवेदना को उभारने में सहायक हो जाता है। कभी-कभी 'कथात्मक स्तर' इस प्रतीकवादी मंतव्य के इस क़दर विरोध में पड़ता है कि एक दूसरी ही दृष्टि (Second vision) कहानी में उभर ज...ी है और परिस्थिति के बोध में आनेवाला यह 'प्रतिसत्य' ही कहानी का मूल मंतव्य बन जाता है। फ्लोबेयर की कहानी 'ए सिम्पल हार्ट' में टेट ने इसी मंतव्य की विशिष्टता की ओर संकेत किया है। 'उग्र' की प्रसिद्ध कहानी 'भुनगा' में भी यह 'प्रतिसत्य' एक दूसरी दृष्टि ही उद्भासित कर देता है। सत्य के प्रति कथाकार की यह दूसरी दृष्टि 'रूपात्मक स्तर' पर खुलती है, सामान्य कथात्मक स्तर पर नहीं। इसी प्रकार काफ़्का (Kafka) की प्रसिद्ध कहानी 'मेटामौर्फोसिस' को लीजिए। उसकी प्रारंभिक पंक्तियाँ हैं–

"एक सुबह जब ग्रेगर सम्सा ने, बेचैन कर देनेवाले सपनों के बाद, आँखें खोलीं तो उसने पाया कि वह अपने बिस्तर में एक विशालकाय कीड़े में रूपांतरित हो गया है। वह अपनी सख़्त–वस्तुतः बख़्तर-जड़ी–पीठ के बल पड़ा हुआ था और जब उसने अपना सिर जरा-सा उठाया तो उसे धनुषाकार कड़ी फाँकों में विभाजित अपना गुंबदाकार भूरे रंग का पेट दिखाई पड़ा···उसकी अनगिनत टाँगें, शेष शरीर की तुलना में, अत्यंत दयनीय रूप से पतली थीं और उसकी आँखों के सामने असहाय भाव से हिल रही थीं।"

हमारे 'सत्य के बोध' को यह परिवर्त्तन स्वीकार नहीं होता, हम आश्चर्य से इस 'बोध' को ग्रहण करते हैं। किंतु, प्रतीकात्मक स्तर पर बात दूसरी हो जाती है। 'सामसा' एक कीड़े में क्यों परिवर्त्तित हुआ, क्यों नहीं वह शेर हो गया ? अस्तित्व की तुच्छता और आकस्मिकता (Casuality of existence) का यह परिज्ञान क्या सत्य के प्रति हमें नितांत दूसरी दृष्टि नहीं देता ? क्या हम इस 'भुनगे' की ज़िंदगी और अपनी सामर्थ्यहीनता में कोई तारतम्य यहाँ बैठा नहीं लेते ? आज के जीवन में यह आकस्मिकता और तुच्छता सर्वाधिक बोध-सत्य है। फिर हज़ार टाँगोंवाले इस कीड़े की सामर्थ्यहीनता का कोई संकेत यहाँ नहीं हैं क्या ? और फिर आगे देखिए–"उसका कमरा–जो कि उसका रोज का सोने का कमरा था–चिरपरिचित चारों दीवारों के भीतर शांत पड़ा था।" स्पष्ट है कि बाह्य जगत् के सत्य में किसी प्रकार का परिवर्त्तन घटित नहीं हुआ है, सिर्फ 'सामसा' सामर्थ्यहीन 'भुनगा' बन गया है। परिवर्त्तन का यह आंतरिक सत्य क्या सत्य का नया 'बोध' नहीं है ?

उग्र ने 'गंगा, गंगदत्त और गांगी' शीर्षक कहानी में परिवर्त्तन के सत्य का ठीक एक ऐसा ही बोध प्रस्तुत किया है।

"पंडित जी के पचपन लड़के थे और बावन लड़कियाँ... । पंडितजी ने सोचा, दो दाने और होने से सुमेर के साथ पूरी माला तैयार हो जायेगी। मगर अब ! गंगदत्त का शरीर शिथिल था। मन ही का कुनमुनाना नहीं रुकता था। अतः···

'गांगी !' अपनी धर्मपत्नी को संबोधित कर गंगदत्त जी बोले, 'सुंदरी ! दो बच्चों के अभाव में माला अधूरी रहती है। यदि तू कृपा करे···!' 'चुप भी रहो !' स्त्रीसुलभ लज्जा से लाल और पति की पुरुष दुर्लभ निर्लज्जता से पीली पड़कर गांगी बोली, 'पौने दो सौ सालों से विलास करते आ रहे हो और अब भी दो मनके बाकी हैं ! हाथ हिलने लगे,···इंद्रियाँ शिथिल पड़ गयीं !···लेकिन दो मनकों की कमी अभी शेष है !' सत्य के रूप में इस घटना का अवधान बुद्धि को ग्राह्य नहीं है। फिर, क्या सत्य के प्रति इसमें कोई दूसरी दृष्टि है ? निश्चित ही यह घटना इस कहानी में किसी सत्य की अभिव्यक्ति करने के हेतु ही अंतर्भुक्त है, फिर वह सत्य क्या है ? यह सत्य है जीवन के अंतर्विरोधी रूपों का सत्य, बहिर्जगत् और अंतर्जगत् के विरोध का सत्य, इंद्रियों की शिथिलता और मन की अकुलाहट के विरोध से उत्पन्न होने वाला सत्य ! शिल्प की दृष्टि से इस कहानी की प्रशंसा इसलिए की जानी चाहिए कि इस कहानी में औत्सुक्य का टेम्पो बिना किसी रहस्यरोमांच के निर्मित कर लिया गया है। किसी 'फेयरी-टेल कोडा' के अभाव में ऐसी कहानी का निर्माण शिल्प की अन्यतम विशेषता है। जीवन का अवस्थांतरण तो एक रूपक मात्र है, मुख्य है वह अंतर्विरोध जो हमारे मन में बैठा है। यही अंतर्विरोध प्रसंगात् इस कहानी को प्रतीकित-उद्‌भासित कर देता है। ऐसे अंतर्विरोधों को लेकर निःस्पृह रूप से व्यंग्य करना उतना कठिन नहीं है जितना उसके मर्म का उद्‌घाटन ! बँगला में परशुराम और हिंदी में यशपाल ने इस अंतर्विरोध को लेकर व्यंग्य कथाएँ खूब लिखी हैं।

प्रतीकात्मक शिल्प-विधि के विकास का एक दूसरा भी कारण है। सामयिक जीवन का विस्तार देखते हुए यह मानना पड़ता है कि उसके कालसापेक्ष 'आयाम' का अवधान हम किसी भी क्रियात्मक स्थापत्य के विधान से नहीं कर सकते, फलतः दो विच्छिन्न से लगनेवाले क्षेत्रों के अनुभव-सूत्र को कहानी में उदाहृत करने के लिए इस प्रतीक-पद्धति की आवश्यकता होती है। मार्सेल प्रूस्त (Marcel Proust) ने लिखा ही है[1]–"जिस क्षण से कोई लेखक दो अलग-अलग पात्रों को उठाता है, उनके संबंधों को निर्धारित करता है, कला की दुनिया के सादृश्य को विज्ञान की दुनिया के कार्य-कारण नियम के एकमात्र संबंध के साथ जोड़कर उन्हें श्रेष्ठ शिल्प के घेरे में ले आता है, उसी क्षण से सत्य अनावृत होना शुरू हो जाता है। इसमें, जैसे कि जीवन में, वह (लेखक) दोनों प्रकार के संवेदनों का संश्लेषण करता है, उनका तत्त्व निथार कर और समय की आकस्मिकता में से बाहर निकालकर उन्हें एक रूपक में ऐक्यबद्ध कर देता है।"

अज्ञेय जी की कहानी 'गैंग्रीन' इसी अर्थ में प्रतीकात्मक शिल्प में लिखी

---

1. लु ताँ रित्रूव–भाग 2, पृ. 239 (अँगरेजी संस्करण)

गयी कथा है। 'पठार का धीरज' की चर्चा इस संदर्भ में डॉ. नामवर सिंह ने विस्तार से की है।

विधाएँ

हिंदी कहानियों के विकास पर ध्यान देते हुए मानना पड़ता है कि आज की कहानी का रूप अधिक आत्मचेता, अधिक गठित और विकसित है। इस अर्थ में वह अपनी जातीय परम्परा के विकास में आज उस अवस्था तक पहुँच गयी है जहाँ उसकी विधाओं को हम उनकी संपूर्णता में पहचान सकें। इस अर्थ में आज का कहानीकार दुहरे दृष्टिकोण को लेकर कहानियाँ नहीं लिखता या कहानी की प्रक्रिया में अपना दृष्टिबिंदु बदल नहीं देता। पिछले बीस वर्षों में हिंदी कथा साहित्य में फेंटेसी, रूपक कथा, दृश्य कथा, व्यंग्य और आत्मावेषी कथा के अनेक रूप प्रकाश में आये हैं। ये सभी रूप अपने ऐतिहासिक विकास में आज आत्मपूर्ण और स्वच्छंद हो गये हैं। आज के कहानीकार के लिए यह आवश्यक नहीं है कि वह व्यंग्य को दूसरी विधाओं से मिलाकर लिखे या रूपक कथा लिखता हुआ वह 'वास्तविकता के बोध' के नाम पर यथार्थवादी शिल्प अपना ले। हिंदी कहानियों की विधा का विस्तार उसकी आत्मपूर्णता का बहुत बड़ा प्रमाण है। मैंने इन विधाओं पर आगे विस्तार से विचार किया है, इसलिए यहाँ संकेत रूप में इतना ही कहना पर्याप्त होगा कि विधा-विस्तार कथाकार के दृष्टिकोण की पूर्णता पर निर्भर करता है और इस दृष्टि से आज का कथा-लेखक अधिक सजग और एकतान है।

व्यंग्य और युग-बोधक चेतना

व्यंग्य सामान्य रूप से कहानी की एक विधा तो है ही, व्यापक रूप से वह एक प्रेक्षण-विधि भी है और मानसिक भंगिमा भी। व्यंग्य के द्वारा हम वस्तु-व्यापारों को उनके समस्त जटिल रूपों में देखने-परखने में समर्थ होते हैं। व्यंग्य की इसी विशेषता को ध्यान में रखकर मैंने उसकी युग-बोधक चेतना की बात की है। संतुलन और सामंजस्य के युग में व्यंग्य मनोरंजन का एक साधन है, किंतु तीक्ष्ण अंतर्विरोधों के युग में वह एक व्यावहारिक हथियार है, एक अत्यंत सिद्ध साधन भी है। वॉन ओ' कोनर ने ठीक ही लिखा है–"व्यंग्य का गुण-धर्म युग की प्रकृति पर निर्भर करता है।" मानव-विचार और व्यवहार की व्यापक और व्यावहारिक परख वस्तुतः सहिष्णु व्यंग्यों द्वारा ही होती है, क्योंकि रचना के रूप में व्यंग्य अंतर्विरोधों और विषमताओं को इंगित कर उसे संतुलन और सामंजस्य की दिशा में अग्रसारित करते हैं।

विश्लेषणात्मक बुद्धि व्यंग्योन्मुख होती है। समझौतों और पलायन में विश्वास करनेवाले लोगों के लिए व्यंग्य चाहे जितनी भी महत्त्वहीन विधा हो, किंतु जो लोग जीवन को भोगने को प्रस्तुत हैं उनके लिए व्यंग्य एक सशक्त साधन है। आधुनिक हिंदी कहानी जीवन के जिस संदर्भ को लेकर उत्थापित हुई है उसमें व्यंग्य की ऐतिहासिक भूमिका है। भारतेंदु-युग के व्यंग्यों को देख जाइए, उनकी तीक्ष्णता और व्यावहारिकता आपकी नजर में आ जाएगी। आधुनिक कहानियों में इस व्यंग्यात्मक भंगिमा (Ironic temper) के यों तो अनेक कारण हैं, पर मूल रूप से हम दो कारणों की चर्चा यहाँ करेंगे। सर्वप्रथम यहाँ हम उन शक्तियों पर विचार करें जिनसे मध्यवर्ग का चारित्र्य निर्मित होता है। मध्यवर्ग की जीवन-दृष्टि में जो समझौतापरस्ती है वह व्यंग्य के लिए गुंजाइश पैदा कर देती है। व्यापक रूप से मध्यवर्ग का जीवन ही व्यंग्य का विषय रहा है। भारतेंदु-युग के

उपन्यासकारों और निबंधकारों ने इस नवोत्थित मध्यवर्ग के संस्कारों को लेकर जितना पैना व्यंग्य लिखा है उनसे हमारा अंतरंग परिचय है। कहानियों में व्यंग्य की विधा का विकास अपेक्षाकृत देर से हुआ। उस अर्थ में आधुनिक कहानियों का स्वरूप-विकास भी हिंदी में अपेक्षाकृत देर से ही हुआ है। 'पंच परमेश्वर' (सन् 1916) में प्रेमचंद के कुछ वाक्य ध्यान देने योग्य हैं। उन्होंने लिखा था—"बिरला ही कोई आदमी होगा, जिसके सामने बुढ़िया ने आँसू न बहाए हों। किसी ने तो यों ही ऊपरी मन से हूँ-हाँ करके टाल दिया और किसी ने इस अन्याय पर जमाने को गालियाँ दीं।"[1] व्यक्ति के अन्याय के लिए जमाने को गालियाँ देने की कार्यनीति मध्यवर्ग की एक विशेषता है। इसका संस्कार दूसरे वर्गों में भी प्रभाव-रूप से देखा जा सकता है। इस कार्यनीति से नैतिक दायित्व भी पूरा हो जाता है और किसी व्यक्ति विशेष को क्षति भी नहीं पहुँचती। इस 'इवेसिव' दृष्टिकोण को लेकर प्रेमचंद ने अन्यत्र भी तीखे व्यंग्य किये हैं।

सामाजिक गतिविधि के अंतर्विरोधों को लेकर व्यंग्यात्मक रूप से उसका निराकरण करने की प्रवृत्ति भारतेंदु बाबू की रचना 'एक अद्‌भुद अपूर्व स्वप्न' से लेकर अद्यावधि, विभिन्न रूपों में दिखलायी जा सकती है। प्रेमचंद, प्रसाद, उग्र, यशपाल, भगवती चरण वर्मा, अज्ञेय इत्यादि विभिन्न लेखकों से उदाहरण लेकर हम इस बात को सिद्ध कर सकते हैं। जीवन के प्रति इन सभी लेखकों के दृष्टिकोण यद्यपि एक-से नहीं हैं, किंतु जहाँ तक युग के अंतर्विरोधों का प्रश्न है, ये सभी लेखक कमोबेश तौर पर व्यंग्य करते हैं।

व्यंग्य के लिए वातावरण पैदा करने में दूसरा कारण 'संक्रमणशील' परिस्थितियों को माना जा सकता है। आज पुराना युग अपनी समस्त शक्तियों को व्यय कर समाप्त हो चुका है और नया युग अपनी समस्त संभावनाओं को लेकर निर्विरोध रूप से उत्थित होने को है। ऐसी स्थिति में विषमता के लिए, विरोध के लिए स्वाभाविक क्षेत्र खुला पड़ा है। जिस प्रकार कार्तियन चेतना (Cartesian spirit) ने व्यंग्यात्मक तुलना के लिए सतरहवीं शताब्दी में ज़मीन तैयार कर दी थी, ठीक उसी प्रकार भारतेंदु बाबू हरिश्चंद्र ने हिंदी में उन्नीसवीं शताब्दी में पुराने जीवन-मूल्यों से नये जीवन-मूल्यों की तुलना करने को हमें बाध्य कर दिया था। दोनों में अंतर सिर्फ इतना है कि भारतेंदु बाबू के व्यंग्य ऐतिहासिक जीवन-प्रक्रिया से बाधित नहीं होते। धार्मिक जीवन-मूल्यों के क्षय के उपरांत जिन सेक्यूलर जीवन-मूल्यों की संभावनाएँ उभर रही थीं, पुराने विश्वासों का उनसे सीधा विरोध था। इस विरोध का प्रभाव तात्कालिक रूप से हमारी चिंता-धारा पर भी पड़ रहा था। श्री जी. पी. श्रीवास्तव जैसे लोग इस विरोध को लेकर हास्य-व्यंग्य

1. प्रेमचंद—मानसरोवर, भाग 7, पृ. 154, 1950

की रचनाएँ लिखने लगे। किंतु श्रीवास्तव जी की दृष्टि व्यंग्य के मामले में प्रतिक्रियावादी थी। प्रेमचंद ने अवश्य व्यंग्य को एक बौद्धिक ऊँचाई दी थी। श्री जी. पी. श्रीवास्तव के व्यंग्य अधिकतर बौद्धिक विकास की प्रतिक्रिया में लिखे गये हैं, इसलिए खुद भी उपहासास्पद हैं।

इस संबंध में 'उग्र' जी का नाम बड़े आदर से लिया जाना चाहिए। हिंदी कहानी में जितनी तत्परता से 'उग्र' ने व्यंग्य को सिद्ध किया उतनी तत्परता से, शायद यशपाल को छोड़कर, कोई दूसरा लेखक समर्थ नहीं हुआ। 'उग्र' जी का व्यंग्य यशपाल की तरह तटस्थ, बौद्धिक, निर्विकल्पता लिये कहानियों में उदाहृत नहीं होता। बहुत अर्थों में उनका व्यंग्य 'वृत्तितः' रोमांटिक है। रोमांटिक लेखकों की तरह उनका व्यंग्य लक्ष्य-सिद्धि का साधन बनकर आता है। उन्होंने समाज, जाति, धर्म और मानवीय व्यवहार की विरूपताओं को लेकर तीक्ष्ण से तीक्ष्ण व्यंग्य लिखे हैं। 'मूर्खा', 'खुदाराम', 'कुण्डगोलक', 'नेता का स्थान' इत्यादि कहानियों में उनके व्यंग्य का स्वरूप खूब खुलकर आया है। 'उग्र की श्रेष्ठ कहानियों' के ब्लर्ब (Blurb) में ठीक ही कहा गया है–'उग्र के साहित्यिक ओज को सहना उनके समकालीन साहित्यकारों और आलोचकों के बूते की बात नहीं रही है।' उग्र के व्यंग्यकार व्यक्तित्व के मूल में उनका संवेदनशील, अतिभावुक मन कार्य करता है। व्यंग्य की यह साधनरूपता (Instrumentality) कभी-कभी उसके स्वरूप को स्फीति से भरने लगती है। मगर, अधिकांश वैसे स्थलों पर जहाँ व्यंग्य लौकिक व्यवहार की दृष्टि से या मानव-मर्यादा की दृष्टि से किया गया है, अभूतपूर्व है।

मेरा व्यक्तिगत विचार है कि उग्र की कहानियों में उनकी शक्ति कथात्मक स्तर से अधिक व्यंग्यात्मक धरातल पर उभरती है। प्रसिद्ध अँगरेज कथाकार स्विफ्ट (Swift) से उनकी तुलना की जाए तो यह बात और साफ होकर उभर जायेगी। उग्र जी की साहित्यिक प्रतिभा कला के प्रति तटस्थ किंतु जीवन के अंतर्विरोधों के प्रति अनावश्यक रूप से उग्र है। उनकी अधिकांश कथात्मक रचनाएँ 'कला' की दृष्टि से चाहे उतनी महत्त्वपूर्ण न भी हों, किंतु व्यंग्य की दृष्टि से उनकी प्रतिभा का लोहा मानना पड़ता है। कभी-कभी तो उनकी व्यंग्यात्मक छटपटाहट रचनात्मक प्रतिभा पर भी हावी हो जाती है। स्वर्गीय आचार्य नलिन विलोचन शर्मा ने एक बार बातचीत के दौरान में मुझसे कहा था–'उग्र जी जैसे सारी दिल्ली का दर्द लेकर कुछ लिख नहीं पा रहे हैं।' स्विफ्ट[1] की तरह ही उग्र ने भी कथा को व्यंग्य का साधन बना दिया है। व्यंग्य का साधन बनकर उनकी कहानियाँ

---

1. "निश्चय ही स्विफ़्ट में कहानी कहने की प्रतिभा थी, मगर वह आख्यान को केवल अपने प्रहसन का वाहक बना देता था।"

हुघ वाकर, 'इंग्लिश शार्ट स्टोरीज़ ऑफ़ टुडे', प्राक्कथन, पृ. Xiii

अधिकांशतः 'एपिग्राम' बन गयी हैं और उनका कथात्मक स्तर संवेदनीयता से रिक्त हो गया है। इस संबंध में मुझे प्रसिद्ध अमरीकी लेखक पो (Poe) की एक स्थापना याद आ गयी है। उसने अपनी प्रसिद्ध कहानी 'मेरी रोजेत का रहस्य' में एक स्थान पर लिखा है[1]–"निगमन तर्कण में, साहित्य की अपेक्षा जरा भी कम नहीं, सूक्तियाँ ही हैं, जिनका रसास्वादन अत्यंत तात्कालिक और सार्वभौम होता है। (पर) दोनों में, योग्यताक्रम में ये सबसे नीचे हैं।"

उग्र की कहानियों की व्यंग्यात्मक दिशा को समझने में कभी-कभी आलोचकों ने भारी से भारी भूल की है। 'नई कहानियाँ' के मार्च, 62 वाले अंक में उनकी श्रेष्ठ कहानियों की समीक्षा करते हुए मार्कण्डेय साहब ने कुछ ऐसी ऊलजलूल बातें की हैं जिन्हें पढ़कर क्षोभ होता है। 'मूर्खा' शीर्षक कहानी के संबंध में उन्होंने लिखा है–"कहीं यह अम्मा का प्यार का नाम तो नहीं है ? और 'मुक्ति' और 'करुणा' जैसे चमकदार शब्दों की पृष्ठभूमि में लेखक की ज़िद की प्रवृत्ति और गऊमाता का आदर्श घूँघट ओढ़े तो नहीं बैठा है ?" मार्कण्डेय साहब एक इस कहानी को दो-चार बार फिर से पढ़ें तो शायद उनके क़यास में यह बात आ जाए कि 'गऊमाता' का आदर्श 'कहानी' का 'विचार तत्त्व' नहीं है, 'गऊमाता' यहाँ अन्यार्थक हैं। वस्तुतः इस घटना के माध्यम से लेखक ने एक संपूर्ण जीवन-दृष्टि पर व्यंग्य करते हुए मानव-संवेदना का धरातल खड़ा किया है। 'मूर्खा' की व्यंग्य ध्वनि शायद समीक्षक की पकड़ में नहीं आयी। वस्तुतः ये सचाइयाँ अनोखी नहीं हैं, युग-बोध से उत्पन्न हैं। हाँ, ऐसे चरित्र ज़रूर आज के नज़रिये से अनोखे हैं, क्योंकि उनकी संवेदना चुक नहीं गयी है। वे निरूदित मानव के प्राणि-प्रेत नहीं हैं !!! और मार्कण्डेय की कहानियों के सिनेमाई पात्रों की तुलना में तो उग्र के पात्र कहीं अधिक परिचित लगते हैं।

मार्कण्डेय साहब की एक और उक्ति है–"समस्या के मूल कारणों से उनका (!) कोई मतलब नहीं। और इन कहानियों को पढ़कर तो ऐसा लगा कि उनमें जीवन को गहराई से समझने की क्षमता ही नहीं है।" वाक्य के व्याकरणिक रूप पर ध्यान न भी दें, आक्षेपों पर तो देना ही पड़ता है। जीवन को गहराई से समझने की क्षमता का प्रमाण क्या है ? शायद जिसे मार्कण्डेय साहब गहराई से समझना कह दें, वही। मेरी दृष्टि में जीवन को गहराई से समझने की क्षमता का अर्थ एक व्यंग्यकार के लिए उसकी अंतर्विरोधी परिस्थितियों की मार्मिक पहचान के अलावा और कुछ नहीं है, और यह पहचान 'उग्र' को मार्कण्डेय की अपेक्षा शतशः अधिक है। उग्र जी 'मात्र किस्सागोई और भाषा के चमत्कार के बल पर रचना का भ्रम' खड़ा नहीं करते, उन्हें और भी सबल साधन प्राप्त हैं (यों एक किस्सागोई ही मार्कण्डेय साहब को बीस पड़ेगी !)।

---

1. Selected Tales of Edgar Allan Poe, p. 215, 1956

व्यंग्य को अनिवार्यतः अभावात्मक चारित्र्य की विधा मानना एक प्रकार की ऐसी भूल है जिसे तात्कालिक रूप से सुधारा नहीं जा सकता। स्विफ्ट के व्यंग्यों का महत्त्व एक अर्सा बाद खुला है। एफ. आर. लीविस (F. R. Leavis) ने ठीक ही लिखा है[1]–"परंतु, वास्तव में, व्यंग्य पर अपराध और दंड, अपराधी और दंडदाता की शब्दावली में चर्चा करना फलप्रद नहीं है, यद्यपि इस पर भी गौर करना चाहिए।"–उग्र जी का व्यंग्य संघातक होता हुआ भी व्यक्ति-विशेष की ओर नहीं है; वह संपूर्ण जीवन-परिस्थितियों के प्रति लक्ष्यान्वित है। जो लोग उग्र के व्यंग्य को 'पक्षधर' के दृष्टिकोण से ग्रहण करते हैं वे उसके स्वरूप की विशेषता को ही नष्ट करने की चेष्टा करते हैं।

उग्र की व्यंग्यात्मक कहानियों के विषय सामाजिक सीमाओं में ही बँधे नहीं हैं। उन्होंने कभी-कभी बड़ी तीव्रता से मानवीय भाव-बोध की असंगतियों पर भी व्यंग्य किया है। 'गंगा, गंगादत्त और गांगी' शीर्षक उनकी फ़ेंटेसी को ही लीजिए। इस कहानी में ईप्साजन्य मोह के कारण जो विपर्यस्तता उत्पन्न हो जाती है उस पर लेखक ने बड़े सीधे ढंग से व्यंग्य किया है। कभी-कभी हमारा मोह हमारे ही जीवन पर प्रतिक्रियाभूत होने लगता है। गंगादत्त का मोहजन्य विपर्यस्त जीवन कितनी विषमताओं का कारण बन जाता है, जब परिस्थितियाँ उनके वश से बाहर चली जाती हैं! सामाजिक जीवन के वृत्त के बाहर जाकर उग्र ने विशेषतः धर्म, संप्रदाय और जातियों से सम्बद्ध विषमताओं को लेकर व्यंग्य किए हैं। मार्कण्डेय जी जैसे लोग भले उनके दृष्टिकोण को साम्प्रदायिक या धार्मिक मानने का दुस्साहस करें, मेरी दृष्टि में तो उग्र की तरह इन विषयों पर निर्भीक होकर, प्रेमचंद के बाद, किसी ने कलम नहीं चलाई।

सबसे अधिक जीवंत और तीखा व्यंग्य उन्होंने अर्द्धविकसित राजनीतिक दृष्टिकोणों, उसके सरपरस्त लोगों और संस्थाओं पर किया है। राजनीति की आड़ में काम करनेवाली फ़िरकापरस्त, स्वार्थोन्मुख, व्यक्ति-केंद्रित प्रवृत्तियों को जिस कौशल से उन्होंने प्रकाश में लाया है वह हमें सचमुच स्विफ्ट की याद दिलाती हैं। इन स्थलों पर उनकी भाषा कितनी तीखी हो गयी है इसका तो पाठक एहसास भर कर सकता है। किंतु ऐसे स्थलों पर भी उनकी प्रतिभा कूलक्षय नहीं करती–तेज नदी की तरह अपने ही किनारों को नहीं काटती। ऐसे स्थलों पर भी उनका बौद्धिक वेग 'डायबोलिक' नहीं है। 'नेता का स्थान' जैसी कहानियाँ मेरी इस स्थापना को उदाहृत करती हैं। 'उग्र' के मार्कण्डेय जैसे समीक्षकों को भी मानना पड़ा है[2]–" 'नेता का स्थान' जैसी कहानियों में यह भाषा कथा-वस्तु से कुछ अलग

1. कॉमन परस्यूट, पृ. 76, 1962
2. नई कहानियाँ, मार्च, 1962, 'अम्मा का नाम गुलाबो' शीर्षक समीक्षात्मक टिप्पणी

पड़ती है, फिर भी यह एक अच्छी कहानी है।"

यों उग्रजी ने 'टापिकल' (सामयिक) व्यंग्य भी लिखे हैं। हिंदू-मुस्लिम समस्या पर, सनातन धर्म से संबंध रखनेवाली संस्थाओं की असंगतियों पर और मनुष्य के खोखले सांस्कृतिक जीवन के अर्द्धविषम धरातल पर खूब जमकर उग्र जी ने लिखा था। 'भुनगा' शीर्षक उनकी कहानी व्यंग्य को एक रूपकात्मक (Allegorical) प्रस्तार देती है।

उग्र की तुलना में प्रेमचंद जी ने 'व्यंग्य' को एक 'सीमित वस्तु-विचार' के रूप में ही स्वीकृत किया है। 'शतरंज के खिलाड़ी', 'नशा', 'बड़े भाई साहब', 'घरजमाई', 'मनोवृत्ति', 'रामलीला', 'एक्ट्रेस' इत्यादि कुछ ही ऐसी कहानियाँ हैं जहाँ व्यंग्य का रूप उनमें बहुत उभरकर मिलता है, किंतु ऐसी कहानियों में भी भावना का रूप सर्वथा छूट नहीं गया है। 'बड़े भाई साहब' और 'रामलीला' उदाहरणस्वरूप हैं। 'रसिक संपादक', 'लाटरी', 'लैला', 'सभ्यता का रहस्य' इत्यादि कहानियों में भी व्यंग्य का एक विशिष्ट रूप उभरता है। 'मंत्र' शीर्षक कहानी में पं. लीलाधर चौबे का वर्णन यों किया गया है—"यही चौबेजी की शैली थी, वह वर्त्तमान की अधोगति और दुर्दशा तथा भूत की समृद्धि और सुदशा का राग अलापकर लोगों में जातीय स्वाभिमान जागरित कर लेते थे, इसी सिद्धि की बदौलत नेताओं में उनकी गणना होती थी, हिंदू-सभा के तो वह कर्णधार ही समझे जाते थे।"

यों छिटपुट रूप से व्यंग्यात्मक वर्णन प्रेमचंद की अनेक कहानियों में मिल जाएगा। भाषा की सादी किंतु चित्रात्मक शक्ति उनके वर्णनों में भी रस उत्पन्न कर देती है। 'आँसुओं की होली' के पं. श्रीविलास, एलियस सिलबिल की झाँकी पाइए—"बेचारे सिलबिल सचमुच ही सिलबिल थे। दफ़्तर जा रहे हैं, मगर पायजामे का इज़ारबंद नीचे लटक रहा है, सिर पर फ़ेल्ट कैप है मगर लंबी-सी चुटिया पीछे झाँक रही है। अचकन तो बहुत सुंदर है, कपड़ा फ़ैशनेबुल, सिलाई अच्छी मगर ज़रा नीची हो गई है। न जाने उन्हें व्यवहारों से क्या चिढ़ थी।"

भावना का औदात्य प्रेमचंद को उग्र की तरह व्यंग्य की कृच्छ्रता स्वीकार करने नहीं देता। वे प्रसंगवश भले व्यंग्य करें, अवसर खोजकर दो-चार पंक्तियाँ व्यंग्यात्मक डाल दें, मगर शुद्ध व्यंग्यात्मक उद्देश्य से उन्होंने बहुत ही कम रचनाएँ लिखी हैं। फिर भी जीवन के अंतर्विरोधी वस्तु-सत्य से साक्षात्कार करते वक्त प्रेमचंद की व्यंग्य-चेतना जैसे सहसा जाग्रत हो जाती है। भावनाओं के बीच भी वे रास्ते ढूँढ़ निकालते हैं। 'नशा' शीर्षक कहानी को ही लीजिए। कुछ लोगों का ख़याल है कि इस कहानी में प्रेमचंद ने प्रारंभ से ही एक कमज़ोर चरित्र के व्यवहारों पर अपनी दृष्टि जमा ली है। बात कुछ हद तक ठीक भी है। ऐसे कमज़ोर पात्रों पर परिस्थितिजन्य अंतर्विरोध का आक्षेप कोई विशेष अर्थ-चमत्कार उत्पन्न नहीं करता। ऐसा लगता है जैसे इस कहानी का उक्त पात्र प्रारंभ से ही स्खलित है,

परिस्थितियों के प्रति उसमें किसी प्रकार की जागरूकता है ही नहीं। फलतः उसका स्खलन एक सहज-स्वाभाविक प्रक्रिया में हो जाता है। मध्यवर्ग के इस स्खलनात्मक चारित्र्य को लेकर विशेष संभावनाएँ खड़ी नहीं की जा सकतीं।

'बड़े भाई साहब' के बड़े भाई साहब की विवशता से भी लाभ उठाया गया है; वस्तुतः यह पात्र व्यंग्य की योग्यता प्रमाणित ही नहीं कर पाता। उसके प्रति तो हमारे मन में स्वाभाविक रूप से करुणा जागती है। हाँ, जिन विषम परिस्थितियों में वह पड़ा हुआ है वह उसकी प्रतिष्ठा के लिए बोझ ज़रूर है। 'बड़े भाई साहब' से साक्षात्कार करते हुए सहसा ग्रीक नाटकों के एलेज़ॉन (Alazon) की याद आ जाती है। 'बड़े भाई साहब' के प्रतिष्ठा के संस्कार से प्रेरित व्यवहारों को हम खोखले नैतिक सामाजिक मूल्यों के अंतर्गत रख सकते हैं। 'बड़े भाई साहब' की विषय-वस्तु है प्रतिष्ठा के खोखले संस्कारों की अव्यावहारिकता और इसे प्रेमचंद ने बड़े सधे हाथों से प्रकाश में लाया है।

प्रेमचंद की कहानियों से जो दूसरा महत्त्वपूर्ण उदाहरण प्रस्तुत किया जा सकता है, वह है 'शतरंज के खिलाड़ी'। व्यंग्य के लिए इससे अधिक उर्वर भूमि मुश्किल से कहीं और मिल पाएगी। पुराने जीवन के निरंतर ह्रासोन्मुख मान-मूल्यों को लेकर इस कहानी की विषय-वस्तु निर्मित है। वास्तविक जीवन के अंतर्विरोधों से बचने के लिए हम कैसी-कैसी अपकल्पनाएँ कर लेते हैं, कैसे कृत्रिम साधन ढूँढ़ निकालते हैं इसका अच्छा उदाहरण हमें 'शतरंज के खिलाड़ी' में मिल जाएगा। शतरंज के खिलाड़ियों में आत्म-विस्मृति की अद्भुत क्षमता है। 'शतरंज के खेल' में उनका 'उत्साह' जीवन में उत्साह के अभाव की क्षतिपूर्ति है। इस विपर्यस्त उत्साह-शक्ति को युग के परिप्रेक्ष्य में रखकर प्रेमचंद ने सचमुच व्यंग्य का सही धरातल उभार दिया है।

'रामलीला' का व्यंग्य उभरकर भावना की तरलता में डूब जाता है। 'रामलीला' में मानवीय संवेदना इतनी तीव्र है कि उसके सम्मुख परिस्थितियों के सारे अंतर्विरोध, उनकी सारी कृच्छ्रताएँ धुल-बह जाते हैं। जीवन की विरूपताएँ मानवीय संवेदनशीलता के सम्मुख परास्त हो जाती हैं। पाठक कहानी समाप्त करने के बाद अंतर्विरोधों के धरातल से ऊपर उठ जाता है; ऐसा कहा जाए कि 'रामलीला' में रसबोध विषमता की जमीन से ऊपर उठकर ही होता है तो किसी प्रकार भी बाधा नहीं होगी। इनकी तुलना में 'घरजमाई', 'ऐक्ट्रेस', 'रसिक संपादक', 'मनोवृत्ति' इत्यादि कहानियों में जरूर व्यंग्य उभरता है, किंतु परिस्थितियों के हल्केपन के कारण हासात्मक होकर ही समाप्त हो जाता है।

सन् 1920 के पहले 'सरस्वती', 'इंदु' आदि पत्रिकाओं ने हिंदी में और 'ज़माना' ने उर्दू में जो कार्य किया था वह सन् 1930 के आस-पास काफी प्रस्तार पा चुका था। इस काल के लेखकों में जो सबसे तेजी से उभर रहे थे उनमें जैनेंद्र,

भगवतीचरण वर्मा, पहाड़ी, यशपाल, अज्ञेय और उपेंद्रनाथ अश्क थे। इनके चतुर्दिक हिंदी कहानीकारों का एक बहुत बड़ा दस्ता था। बिहार के नलिनविलोचन शर्मा स्व.), दिवाकर प्रसाद विद्यार्थी (स्व.) इन्ही दिनों कहानी के क्षेत्र में प्रवेश कर रहे थे। श्री मन्मथ नाथ गुप्त, भैरव प्रसाद गुप्त, ठाकुर प्रसाद सिंह, राजेश्वर प्रसाद सिंह और अनंत प्रसाद विद्यार्थी नए लेखकों में से तेजी से उभर रहे थे। इनमें से अधिकांश लेखक ऐसे थे जो जीवन को रोमांटिक दृष्टिकोण से परखते थे। किंतु ऐसा नहीं था कि जीवन के अंतर्विरोधों के प्रति वे असचेष्ट थे। जैनेंद्र ने लिखा ही है[1]–"हास्य अच्छा नहीं, मुझे मुस्कान रुचिकर है। पर व्यंग्य तो होना ही चाहिए। कहानी जो कुछ कहती है, व्यंग्य से कहती है। सीधे रूप में तो वह कुछ कहती नहीं। यदि कहानी अच्छी है तो उसमें व्यंग्य अवश्य है। यदि मेरी रचनाओं में इसका अभाव है तो मैं इसे अच्छा नहीं मानता।" वस्तुतः कहानीकार का रचनाधर्म अंतर्विरोधों की ओर से सूक्ष्म सचेष्टता की माँग करता है। इस युग के सबसे प्रख्यात व्यंग्य-लेखकों में यशपाल जी का नाम लिया जा सकता है। 'विशाल भारत', 'आरती', 'सैनिक', 'हंस', 'माधुरी', 'सरस्वती', 'विश्वमित्र', 'बिजली' इत्यादि पत्रिकाओं के द्वारा सन् 1935 के आस-पास कहानी की विधा का अद्भुत विकास हो रहा था। इन कहानियों में 'शिल्प' के विविध रूप उभर रहे थे और विषय-वस्तु की विविधता के दर्शन हो रहे थे।

यशपाल जी अपने व्यंग्य को 'निगेशन ऑफ निगेशन' की भूमिका के रूप में स्वीकृत करते हैं। वे अंतर्विरोधों को प्रकाशित कर मनुष्य को जीवन की विरूपताओं की ओर से सचेष्ट बनाने के प्रयत्न में ही व्यंग्यों की सृष्टि करते हैं। व्यंग्य उनके लिए 'वक्रता का चमत्कार' नहीं है। एक व्यक्तिगत वार्त्तालाप के प्रसंग में सन् 1951 में उन्होंने कहा था[2]–"जब मैं सेक्स-संबंधी कमज़ोरियों को उभारकर अपनी रचनाओं में रखता हूँ तो न मैं खुद उसमें रस लेता हूँ न पाठक को रस लेने के लिए अवसर ही देता हूँ। चेख़व की रचनाएँ पढ़ो, तुम्हें मेरी बात स्पष्ट होती मालूम पड़ेगी।" उन्होंने 'लहर' में कहानी-संबंधी अपनी स्थापनाओं पर प्रकाश डालते हुए लिखा है[3]–"समाज-विकास, गति और परिवर्त्तन के मार्ग पर चलता है, इसलिए कहानी में भी विकास, गति और परिवर्त्तन नितांत आवश्यक हैं।" विकास, गति और परिवर्त्तन के अवरोधक तत्त्वों को, उनके समस्त अंतर्विरोधों के साथ प्रकाश में लाना यशपाल के व्यंग्य की क्रियात्मक भूमिका है।

मध्यवर्ग की तथाकथित 'व्यावहारिक दृष्टि' की असंगतियों ने कथाकार को

---

1. साहित्य का श्रेय और प्रेय, पृ. 398, 1953
2. बिहार जनवादी नौजवान सम्मेलन, टिकारी (गया), 1951 के अवसर पर
3. 'लहर', नई कहानी-विशेषांक, जुलाई 1961, 'हमारी दृष्टि' के अंतर्गत यशपाल का वक्तव्य

व्यंग्य के लिए बनी-बनाई परिस्थिति प्रदान की। यह व्यावहारिक दृष्टि समझौतापरस्त, अवसरवादी, आंतरिक रूप से खोखली और अनेक तात्कालिक विषमताओं से पीड़ित थी। यशपालजी ने इन समस्त प्रकाशित 'गुणों' को लेकर व्यंग्य की विषय-वस्तु का ढाँचा तैयार किया है। किंतु उनकी रचनात्मक दृष्टि उसके बाह्य रूपों तक ही सीमित नहीं रही, गहरे पैठी है। इस गहरे पैठने का तात्पर्य उसके आंतरिक अवयवों से निर्मित स्वरूप की पहचान से है। अभाव की अनुभूति हमें तत्परता देती है और अंतर्विरोधों का ज्ञान हमें सामंजस्य की ओर सक्रिय बनाता है। यशपाल के व्यंग्य की ये ही दो स्पष्ट दिशाएँ हैं। अंतर्कथनों, रूपकों, अन्यार्थक घटनाओं, कभी-कभी 'एनेकडोट्स' और सचेष्ट निगमनों (लाइटोरेज़) द्वारा यशपाल के व्यंग्य का सावयव निर्माण होता है। रासायनिक संघटन की दृष्टि से उन्हें जर्मन शब्दावली में आप 'ओक्सिमेली' भी कह सकते हैं।

यशपाल जी की व्यंग्यात्मक कहानियों की गिनती गिनाना न संभव है और न अभिप्रेत। यशपाल जी के व्यंग्य पूरक वृत्तियों के अवधान में हमारी सहायता करते हैं और यही उनके महत्त्व के लिए काफ़ी है। भावुक कथाकार ऐसे भावों को एकतान रूप से स्वीकृत करता है जिनमें चाहे वृत्तिजन्य जटिलता जितनी हो किंतु उसमें विरोधी वृत्तियों के समाहार के लिए जगह नहीं रहती। व्यंग्यकार एक भाव की स्वीकृति के द्वारा उसके पूरक और विरोधी भावों के संकेत के लिए गुंजाइश पैदा कर लेता है। व्यंग्य कथाएँ भावों के सरलीकरण के नुस्खे से काम लेने के बजाय बौद्धिक तटस्थता और जीवंतता (Intellectual agility) से काम लेती हैं।

यशपाल जी के प्रगतिवादी आलोचकों का मत है कि वे अंतर्विरोधी परिस्थितियों में और खास कर वहाँ, जहाँ रोमांस की गुंजाइश हो, रस लेने लगते हैं। किंतु इससे अंतर्विरोध की तीक्ष्णता में कमी आती हो, ऐसा मुझे नहीं लगता। व्यंग्य के लिए यहाँ संभावनाएँ और प्रबल हो जाती हैं। 'रिज़क' शीर्षक कहानी को ही लें। ऐसी कहानियों को पढ़ते वक्त थोड़ी सावधानी आवश्यक हो जाती है, अन्यथा रोमांस के वातावरण में अंतर्विरोधों की ओर से, लेखक के मंतव्य से, पाठक निश्चेष्ट भी रह सकता है। डॉ. रामविलास शर्मा और अमृतराय जी को ऐसी कहानियों से बेहद चिढ़ है। वे यशपाल जी की शक्ति-सामर्थ्य का ज़िक्र करते हुए भी ऐसे स्थलों के लिए अपना निर्णय सुरक्षित रखना पसंद करते हैं। 'रिज़क', 'धर्मरक्षा', 'तुमने क्यों कहा था कि मैं सुंदर हूँ' इत्यादि कहानियों के साथ ऐसी आशंका ग़लत नहीं कही जाएगी। खंड-प्रसंगों पर ध्यान रखकर ही यदि आलोचना करना कोई महत्त्व रखता है तो हमें कुछ हद तक अमृतराय जी की बातें भी स्वीकार करनी होंगी। किंतु हम स्तरीय पाठ की आशंकाओं के संबंध में ऊपर लिख चुके हैं, उन्हें इस प्रसंग में दुहराना हमें अभिप्रेत नहीं है। इसके विपरीत, 'मैं होली नहीं

खेलता', 'या साईं सच्चे', 'नमकहलाल', 'आदमी का बच्चा', 'परदा' इत्यादि कहानियों के साथ यह बात लागू नहीं होती। 'परदा' के संबंध में तो अमृतराय जी का ख़याल है कि वह "भावगांभीर्य और सुघार कलात्मकता में प्रेमचंद की 'कफ़न' की परंपरा को आगे बढ़ाता है।"

'कफ़न' की परंपरा का एक अर्थ है उपरामता (Disillusionment)। जीवन के विगत और अव्यावहारिक मूल्यों के प्रति उपराम हुए बग़ैर हम प्रगति–यानी अग्रगति और परिवर्त्तन–की संभावनाओं की दिशा में बढ़ नहीं सकते। 'परदा', 'नमकहलाल' आदि कहानियाँ व्यापक सामाजिक स्तर पर हमें पुराने युग के जीवन-मूल्यों के उपराम बनाती हैं। एक सकारात्मक व्यंग्य-कथा और नकारात्मक व्यंग्य-कथा के बीच भूमिका का भेद होता है। यशपाल की व्यंग्य-कथाएँ निश्चित रूप से प्रगतिशील भूमिकाएँ पूरी करती हैं। वस्तुतः ये कहानियाँ हमें मनुष्य की बुद्धिमत्ता और उसकी संवेदनशीलता के प्रति ही जागरूक बनाती हैं। प्रसिद्ध अमरीकी कहानीकार कोनराड एकिन की तरह ही यशपाल अपनी व्यंग्य कहानियों की विषय-वस्तु का मार्मिक और एकतान विधान करते हैं। शायद एकिन से एक कदम आगे जाकर यशपाल अपनी कहानियों में 'समाज के विकास का अर्थ' भी विवृत करने में समर्थ हो जाते हैं।

यशपाल जी के व्यंग्य अपनी वस्तु और विचारणा की दृष्टि से आसानी से परिभाषित हो जाते हैं। गहरे से गहरे वस्तु-विचार (Theme) के प्रकाश में लिखे गये यशपाल के व्यंग्य 'सामान्य मनुष्य' की जीवन-संबंधी जटिलताओं को बेधकर सामंजस्य का धरातल निर्मित करते हैं। 'आदमी का बच्चा' शीर्षक कहानी में जीवन के प्रति जो सामान्य करुणा है उसके मंगल-रूप का बोध प्रत्येक पाठक के मन में स्वतः स्फूर्जित होता है। ऐसी कहानियों में व्यंग्यात्मक वस्तु के साथ उदात्त, रसात्मक और वियोगात्मक वस्तु भी समाहृत है। उन्हें अलग-अलग करके देखा-परखा नहीं जा सकता। अभिव्यक्ति-कौशल और प्रत्यक्षता की शक्ति यशपाल की व्यंग्य कहानियों को और भी ग्रहणशील बना देती है। जीवन के प्रति असंगत दृष्टिकोण और व्यवहार पर लेखक बिना किसी टिप्पणी के, स्वाभाविक घटनाओं के प्रवाह में व्यंग्य करता है।

'काला आदमी' जैसी व्यंग्य-कथाएँ सामयिक विषय-वस्तु को लेकर लिखी गई हैं। भारतीय मध्यवर्ग पर अँगरेजियत का प्रभाव किन असंगत दूरियों तक पड़ रहा था, इसकी एक झाँकी हमें 'काला आदमी' में मिलती है। 'एंग्लोमाइनिया' के इस 'थीम' को लेखक ने जिस खूबी से कथा पर घटाया है वह उसकी अद्‌भुत सामर्थ्य का परिचायक है। कहानी के अंत में जाकर शैक को अपने इस कृत्रिम संस्कार से मुक्ति दिलाकर लेखक ने पाठक के लिए एक हल्का-सा संकेत भर किया है।

यशपाल जी जब व्यंग्य-रचनाओं में सांस्कृतिक जीवन की गहराइयों मे उतरते हैं तो उनका यह हथियार और पैना हो जाता है। 'नमक हलाल' शीर्षक कहानी हिंदी व्यंग्य-कथाओं में शायद इसलिए सबसे अधिक महत्त्वपूर्ण है। 'आदमी का बच्चा' शीर्षक कहानी का धरातल भी यही है। यहाँ जीवन का मर्म एक चक्र पूरा करने के बाद स्वयं ही विवृत्त हो जाता है। इस कहानी का अंत यों है–"आया कहने लगी–'बैरी की आँख में राई-नोन ! हाय मेरी मिस साहब, तुम ऐसे आदमी थोड़े ही !···भूख से मरते हैं 'कमीने आदमियों के बच्चे !' कहते-कहते उसका गला रुँध गया। उसे अपना लल्लू याद आ गया···दो बरस पहले···! तभी से वह साहब के यहाँ नौकरी कर रही थी।" मुझे इस कहानी के साथ चेख़ब की कहानी 'इन दी लाइनदो' याद आ जाती है।

सफल व्यंग्यकार के लिए युगबोध एक अनिवार्यता है। यशपाल जी जीवन के प्रति प्रगतिशील दृष्टिकोण रखते हैं, जन-जीवन के विकसित होते हुए आयामों से उनका आत्मिक परिचय है, फलतः अपने युग के अंतर्विरोधों के प्रति सजगता वस्तुतः रचनात्मक कोटि की है।

सामयिक हिंदी कहानी में व्यंग्य का जो रूप उभरा है वह कथन-वक्रता (Epigram) से मुश्किल से ऊपर उठ पाता है। सामयिक जीवन के वस्तुगत और भावगत अंतर्विरोधों को लेकर 'विचार' व्यक्त करना जैसे व्यंग्य-शक्ति का पर्याय माना जाने लगा है। सफल व्यंग्यकार का जो संश्लिष्ट व्यक्तित्व और दृष्टिकोण होता है उसका आये दिन अभाव-सा है। कुछ एक कहानीकारों को छोड़कर अधिकांश लेखक कुण्ठित भावनाओं के शिकार हैं, चाहे वह कुण्ठा यौन जीवन की विषमता से उत्पन्न होती हो या आर्थिक जीवन के विरोधों से। आज की अधिकांश कहानियों में व्यंग्य जैसे भावना की दुर्बलता को लेकर की गयी टिप्पणियों के स्तर तक ही सीमित रह जाता है।

अतिशय बौद्धिकता व्यंग्य की चेतना पर जब छा जाती है तो उसे उद्धत बना देती है और अतिशय भावुकता व्यंग्य के लिए परिस्थिति निर्मित ही नहीं होने देती। आज के कथा साहित्य में ये दोनों प्रवृत्तियाँ न्यूनाधिक रूप से वर्त्तमान हैं, फलतः व्यंग्य को जैसे विकसित होने का अवसर ही नहीं मिल पाता है। जो थोड़े नए लोग व्यंग्य की दिशा में प्रयत्नशील हैं उनके भी स्खलन का खतरा हमेशा बना रह जाता है। व्यंग्य लेखक से तटस्थता की माँग करता है और संश्लिष्ट व्यक्तित्व की भी। मात्र चामत्कारिक और आश्चर्य प्रदान करने के झटके व्यंग्य की कोटि में आज नहीं आ सकते। दूसरी चीज यह है कि आज हमने कुछ हद तक अन्तर्विरोधों से समझौता कर लिया है और मानने लगे हैं कि मानव-जीवन में अन्तर्विरोध कोई पाप नहीं है। यदि कोई इस अन्तर्विरोध को अपने व्यक्तित्व का संप्रसार (व्हिटमैन–आइ एम वास्ट, आइ कंटेन मल्टिट्यूड्स) मान लेता है तो

फिर उस पर व्यंग्य करने का प्रश्न ही कहाँ उठता है। एक प्रसिद्ध हिंदी लेखक की कुछ पंक्तियाँ उद्धृत करूँ—"और मान ही लीजिए कि किसी के कर्म में कुछ परस्पर विरोधी तत्त्व आप पाते हैं और वह केवल कर्म में नहीं, कर्त्ता की चेतना में भी पाया जाता है, तो इससे भी क्या सिद्ध हो जायगा···क्या अन्तर्विरोध होना पाप है ? या अपराध है ? या अपात्रता है—जीने की, समाज में रहने की, लिखने की, कला-कृतित्व की ?···अंतर्विरोध का होना या लक्षित होना, अपने-आप में बहुत बड़ा नकारात्मक तर्क है, ऐसा कोई साहित्यालोचक (!!!) भी कैसे मान सकता है मेरी समझ में नहीं आता··· ।"

इस तरह के वक्तव्य को मैं आत्मसंरक्षणात्मक प्रतिक्रिया मात्र समझता हूँ। जो पूर्ण है उसमें अंतर्विरोध होना उसका संप्रसारी गुण है, जो अपूर्ण है उसमें अंतर्विरोध होना उसकी अतिरिक्त अपूर्णता है। व्यंग्य को जो लोग आत्मसंरक्षण के संस्कार से झुठलाना चाहते हैं वे ऐसे ही 'नकारात्मक तर्क' से काम लिया करते हैं, वे संपूर्ण तर्क को ही नकारात्मक मान लेते हैं ! इस संबंध में बेसिल विले (Basil Willey) की महत्त्वपूर्ण स्थापना को उद्धृत करूँ[1]—"क्योंकि मनुष्य की प्रकृति की, उसके भीतर के विचारक सिद्धांतों के साथ, पहचान करने से—इस अनुभव से कि हम अपना वह अंश हैं जो विचार करता है—यह समवर्ती निष्कर्ष निकलता है कि मनुष्य के आदर्श और उसकी वास्तविक प्रकृति के बीच एक बहुत बड़ी खाई है।"

व्यंग्य की भंगिमा के लिए जो आवश्यक बोध चाहिए उसका रचनाकार के व्यक्तित्व में अभाव होना कोई अच्छी चीज़ नहीं है। यहाँ हम सामान्यतः ऐसा करने को उत्सुक नहीं हैं कि वर्त्तमान युग में व्यंग्य के लिए गुंजाइश ही नहीं रह गई है कि आज व्यक्ति का व्यावहारिक जीवन सर्वथा अंतर्विरोध-मुक्त हो गया है। आज भी कथा-साहित्य में व्यंग्य लिखनेवाले लोगों की कमी नहीं है। सम्प्रति, डॉ. प्रभाकर माचवे, अमृतराय, नागार्जुन, राजेंद्र यादव, कृष्ण बलदेव वैद्य, मोहन राकेश, हरिशंकर परसाई, विजयदेव नारायण साही, अमरकांत प्रभृति लेखक मानवीय व्यवहारों के अंतर्विरोध पर, युग से व्यक्ति के जीवन-संबंधों के अंतर्विरोध पर काफ़ी सफलता से कलम चला रहे हैं। 'हीरक जयंती', 'डाक मुंशी की एक शाम', 'समाधि', 'बिक्कुजी', 'एक अतृप्त आदमी की कहानी', 'विज्ञापन युग', 'बाबू पुराण' जैसी रचनाएँ तो लिखी ही जा रही हैं, 'डिप्टी कलक्टर' जैसी रचनाएँ भी लिखी जा रही हैं। हाँ, यशपाल के 'अण्डरटोन' में व्यंग्य लिखने वाले कहानीकार, सम्प्रति, नगण्य हैं।

चाहे शुद्ध व्यंग्य-कथाएँ आज बहुत कम लिखी जा रही हों, मगर व्यंग्यात्मक

1. बेसिल विले—'सेविंटींथ सेंचुरी बैकग्राउण्ड', पृ. 86, 1962

चेतना का अभाव आज के कथा-साहित्य में नहीं है। प्रत्येक कहानीकार, जो युगबोध को प्रतिफलित करने की चेष्टा करता है, अवरोधक तत्त्वों को लेकर व्यंग्य करता है। फ़र्क यही है कि वह व्यंग्य करता हुआ भाव की दिशा पकड़ लेता है, उसी स्थल पर रुक नहीं जाता। उग्र जी की तरह व्यंग्य ही उसका कथ्य नहीं है। उग्र जी की तरह आज का व्यंग्य-लेखक अपनी ध्वंसात्मक प्रतिभा को ही कलात्मक बल के रूप में नहीं लेता।

स्पष्ट है कि आज गहरे स्तर पर बोध की आवश्यकता व्यंग्यकार भी महसूस करता है, इसलिए उसका व्यंग्य बड़ा सूक्ष्म और सकारात्मक होता है। राजेंद्र यादव, मोहन राकेश, अमरकांत और सर्वेश्वर दयाल की रचनाओं में व्यंग्य के रूपक इसीलिए भावनाओं पर चोट करते हैं, बुद्धि-वैभव का प्रदर्शन मात्र नहीं। भाव-बोध के स्तरों पर जीवन के विरोध को पकड़ने का प्रयास प्रारंभ होता है अज्ञेय की कहानियों से ही। इधर कुछ अधिक प्रगल्भ होकर हरिशंकर परसाई ने व्यंग्य लिखे हैं। परसाई के व्यंग्य चूँकि सामयिक और निश्चित लक्ष्य को ध्यान में रखकर गढ़े गए होते हैं, इसलिए कभी-कभी विषय-वस्तु की स्वाभाविक असंगति को थोड़ा नाटकीय विस्तार भी देते हैं।

फैंटेसी, रूपक, रोमांस और आत्मशोध : कथा-विधाएँ

यशपाल जी के कथानकों पर विचार करते हुए मुझे बार-बार ऐसा लगता है जैसे वे घटनाएँ गढ़ते हैं। हर समर्थ कथा-लेखक कल्पना से घटनाएँ गढ़ता है और वैसे कथाकार तो अनिवार्यतः, जिनका संबंध कथा की लोकव्यापी चेतना से है। प्रेमचंद की क़िस्सागोई सर्वमान्य है। इधर अपनी रचना-प्रक्रिया पर छोटा-सा वक्तव्य प्रकाशित कर यशपाल जी ने मेरी धारणा को मज़बूत कर दिया है। यशपाल जी से अगर मेरी कोई शिकायत हो सकती है तो बस यही कि जिस अद्‌भुत कल्पना-शक्ति का उपयोग वे वास्तविक जैसी लगने वाली घटनाओं के निर्माण में करते हैं, उसी का उपयोग वे 'फैंटेसी' गढ़ने में भी कर सकते हैं। हिंदी में फैंटेसी की विधा का विकास नगण्य ही हुआ है। मेरी इस सलाह पर (सलाह देने के क़ाबिल तो नहीं हूँ) कुछ लोग चौंक सकते हैं। मैं चौंकाने-चमत्कृत करने के लिए कोई सवाल उठाऊँ, यह मुझे प्रिय नहीं है। 'फैंटेसी' को सचमुच ही मैं 'वस्तुसत्य' के प्रति दूसरा और नया दृष्टिकोण (Second vision) समझता हूँ।

क़ाफ्का (Kafka) की प्रसिद्ध कहानी 'मेटामॉर्फ़ोसिस' या 'दि हण्टर ग्रैशुस' (The Hunter Cracchus) पढ़ते हुए मुझे बार-बार यह ख़्याल आता रहा कि क्या यशपाल जी की कल्पना ऐसी फैंटेसी' गढ़ने में समर्थ नहीं हो सकती ? क्या यशपाल वस्तुसत्य के प्रति इस नवीन दृष्टि का उपयोग नहीं कर सकते ? अपनी अद्‌भुत कल्पना-शक्ति के उपयोग के द्वारा क्या वे जीवन की प्रत्यक्ष या आंतरिक असंगतियों को उभार नहीं सकते ? इसके लिए क्या 'फैंटेसी' का उपयोग वे नहीं कर सकते ? मेरा विश्वास है, यशपाल जी किसी भी फैंटेसी-लेखक को इस दिशा में पीछे छोड़ सकते हैं।

कुछ लोगों का ख़्याल है कि वस्तुसत्य के प्रति प्रत्यक्ष के सिवा कोई दूसरी

दृष्टि नहीं होती। यथार्थवादी दृश्य-योजना के सिवा यथार्थ को पाने का कोई दूसरा चारा नहीं है। काफ़्का की कहानी 'मेटामॉर्फ़ोसिस' में एक ही स्थान पर फैंटेसी का उपयोग है, शेष पूरी कथा यथार्थ के धरातल पर स्थित है। साम्सा (Samsa) का एक सुबह नींद खुलने पर अपने को भुनगा के रूप में बदला हुआ पाना। इसके बाद की पूरी कथा सामान्य यथार्थ के रूप में ही विकसित होती है। इस शुद्ध फैंटेसी में कोई धर्म-रूपक नहीं है, जैसा उसकी कहानी 'दि हण्टर ग्रैशुस' में है। कहीं किसी प्रतीक का उपयोग भी लेखक ने उस अर्थ में नहीं किया है। फिर इस 'फेंटेसी' का क्या अर्थ हो सकता है ? प्रसिद्ध नाटककार इब्सन ने अपने 'घोस्ट्स' की भूमिका में लिखा था—"हमारी सीमा के प्रसार का समय क़रीब आ गया है।" वस्तुतः हिंदी में भी आज कहानी की घिसी-पिटी सीमाओं के प्रसार का समय आ गया है। मगर इस सीमा के प्रसार में समझ-बूझ की, कल्पना-शक्ति और रचनात्मक प्रतिभा की आवश्यकता है। (पुरानी सीमा के तोड़ने में केवल ज़िहादी नारों से हमारा काम नहीं चलेगा ! 'नई कहानी' के उद्‌घोष के साथ इस 'नई' की सीमाएँ भी समझना जरूरी है।) काफ़्का ने अपने 'मेटामॉर्फ़ोसिस' के द्वारा इस सीमा के प्रसार में सहायता की थी।

मेरी दृष्टि में 'फैंटेसी' हमारी बहुत-सी आंतरिक असंगतियों को सहज प्रकाश में ला सकती है। यथार्थ की जो तीखी पकड़ काफ़्का की कहानी में है वह क्या इस धारणा को पुष्ट नहीं करती ? इस कहानी में जीवन के सामयिक यथार्थ को बहुत ही सही दिशा में उभारा गया है। रोज़मर्रा की ज़िंदगी में जो ऊब (ओन्वी) व्याप्त है वह आदमी के अस्तित्व को ही जैसे विरूप बना रही है। अपने बाहर के यथार्थ से दबा-घुटा हुआ मनुष्य आज उतना ही असहाय है जितना भुनगे के रूप में साम्सा। मगर भुनगे के रूप में परिवर्तित साम्सा का यथार्थ-बोध जितना तीव्र है उतना ही तीव्र बोध इस 'फैंटेसी' के द्वारा पाठकों में भी उत्पन्न होता है। सार्त्र के उपन्यास 'दि चिप्स आर डाउन' में 'फैंटेसी' का उपयोग भी इसी 'बोध' की दिशा में हुआ है। आज के जीवन के 'ओन्विए' परिवेश में यह आत्मबोध स्वयं ही वास्तविकता के प्रति एक नवीन दृष्टि प्रस्तुत करता है। भुनगा बनकर जिस वास्तविकता को साम्सा प्राप्त करता है, शायद अपने मानवीय रूप में वह उसे कभी प्राप्त नहीं कर सकता था।

फैंटेसी का उपयोग यदि एक रचनात्मक प्रतिभा का कहानीकार करता है तो जिन प्रच्छन्न वास्तविकताओं तक उसकी पहुँच हो सकती है, शायद प्रत्यक्ष स्तर पर उसे किसी भी रूप में पाया नहीं जा सकता। जीवन के वास्तविक निरूदन (Dehydration) का जो अनुभव साम्सा को भुनगा बनकर प्राप्त होता है, क्या आदमी रहकर इतने विवृत रूप में उसे कभी प्राप्त हो सकता था ?

अर्थ यह हुआ कि फैंटेसी केवल 'ऐंद्रजालिकता' नहीं है, वह वास्तव के प्रति

सर्वथा एक नवीन दृष्टि भी बन सकती है। फ़र्क इतना ही है कि सत्य से, वास्तविकता की आँच से हम बचना चाहते हैं और सहसा जानने का झटका बर्दाश्त करने को हम तैयार नहीं हैं। फैंटेसी का कथा-शिल्प के रूप में उपयोग करनेवाला लेखक निश्चय ही रचनात्मक प्रतिभा का कहानीकार होता है इसमें शक की कहीं कोई गुंजाइश नहीं है। सामयिक हिंदी कहानी में 'फैंटेसी' का अभाव बहुत खटकता है। गुजारिश यह है कि फैंटेसी का उपयोग कहानी में 'बोध' के लिए किया जाए, व्यंग्य के लिए नहीं ! काफ़्का ने निश्चय ही व्यंग्य के लिए फेंटेसी का उपयोग नहीं किया है।

उग्र की कहानी 'गंगा, गंगदत्त और गांगी' एक फैंटेसी है, मगर 'बोध' से अधिक उसमें व्यंग्य है। फिर भी चूँकि उसमें 'फैंटेसी' का उपयोग है, इसलिए यहाँ उस पर विचार कर लेना मैं उचित समझता हूँ, यों अन्यत्र बहुत विस्तार से मैंने उसकी चर्चा की है। गंगदत्त पचपन लड़के और बावन लड़कियों के पिता थे मगर मन से भोग की कामना न गई थी। उन्होंने सोचा दो की संख्या और हो जाए तो सुमेर के साथ माला पूरी हो जाएगी ! एक दिन उन्होंने अपनी जिज्ञासा गांगी (पंडिताइन) के सम्मुख रखी तो बूढ़ी गांगी ने छिः छिः के तिरस्कार के साथ उनका मंतव्य ठुकरा दिया। बोलीं–"धिक् ब्राह्मण ! आर्यावर्त में रहते हुए आप भी विज्ञानी नहीं, ज्ञानी नहीं, कोरे अज्ञानी हैं ! आपके पुत्र हैं, पुत्रियाँ हैं और हैं पुत्र-पुत्रियों के बच्चे···! फिर भी शंकर ऐसे भगवान् को संतुष्ट कर आप लेंगे केवल यौवन ! रत्नाकर से माँगना पंक ! हिमालय से भर आँख धूल की कामना ! छिः ! सौ बार छिः ब्राह्मण।" विवेक पर कामना हावी हो जाए तो सदासद का ज्ञान कहाँ रहता है, फिर एक मित्र के रूपांतर (कायाकल्प) से ब्राह्मण की कामना और भी बलवती हो जाती है। फलतः चक्रवर्ती सम्राट् का दर्शन कर उन्होंने यौवन-लाभ किया। किंतु ब्राह्मणी तैयार न हुई। यौवन-लाभ करके गंगदत्त में अविवेक के लक्षण प्रकट होने लगे। पत्नी ने युवा पति को जिस भाव से स्वीकार किया उससे शास्त्रविद् पंडित को बड़ा दुःख हुआ। शिव की तपस्या करके उन्होंने पुनः अपनी उम्र वापस माँग ली। इधर पति की असंगति से पीड़ित वृद्धा ने पार्वती की तपस्या से जवानी पाई। स्थिति का यह विपर्यय स्वयं व्यंग्य बन गया !

फैंटेसी का बहुत सामान्य अर्थ है अतिरंजना। कथाकार के लिए यह अतिरंजना बोध की अनिवार्यता बन जाती है। उदाहरण के तौर पर दोस्तोएव्स्की की प्रसिद्ध पुस्तक 'ब्रदर्ज कारमाज़ोव' को ही लीजिए, ईवान की मनःस्थिति को उभारने के लिए वहाँ परिस्थिति की अतिरंजना (प्रेत-दृश्य) की गई है। काफ़्का की कहानी से उदाहरण दे ही चुका हूँ। भय और अवसाद के मूल में जो आत्मदंश है उसकी अभिव्यक्ति के लिए सरमादेकोव की परिस्थिति की अतिरंजना भी इसी कारण सार्थक है। काफ़्का और दोस्तोएव्स्की में भेद यह है कि काफ़्का वस्तुसत्य

के प्रति शुरू से ही एक अतिरंजित दृष्टि लेकर चलता है और दोस्तोएव्स्की में यह अतिरंजना वस्तुसत्य से जुड़ी होती है। वहाँ प्रथम दृष्टि से ही वस्तुसत्य के प्रति यह अतिरंजित दृष्टि उत्पन्न होती है

प्रसाद ने कथा-साहित्य में कुछ अच्छी फैंटेसी निर्मित की है, मगर उनके साथ सामान्य रूप से दोष यह है कि वे रोमांस के लिए ही परिस्थिति की अतिरंजना करते है। चूँकि उनका कथात्मक 'थीम' बहुत एकरूप है इसलिए उन्होंने अतिरंजना की जो विधियाँ अपनाई हैं, एक सचेत पाठक के लिए वे भी कथारूढ़ियों की तरह ही चर्वित सिद्ध होती हैं। यही कारण है कि प्रसाद जी की फैंटेसी पर यहाँ बहुत विस्तार से विचार करना मैं अनिवार्य नहीं समझता। जैनेंद्र फैंटेसी से अधिक रूपक गढ़ते हैं, इसलिए उनकी चर्चा अन्यत्र करूँगा। हाँ, अज्ञेय जी को अतिरंजना का मोह है। प्रश्न यह है कि जिन विषयों के बोध के लिए अज्ञेय अतिरंजना करते हैं उन्हें क्या 'फर्स्ट विज़न' से देखा नहीं जा सकता ? मेरा व्यक्तिगत विचार है कि लॉरेंस की तरह उन्हें अतिरंजना का मोह है। काफ़्का वाली अनिवार्यता अज्ञेय के साथ नहीं है। जहाँ अज्ञेय ने फैंटेसी के द्वारा प्रतीक-स्थितियाँ निर्मित की हैं, वहाँ जरूर उन्हें सफलता मिली है।

इधर के कहानीकारों में विष्णु प्रभाकर की 'धरती अब भी घूम रही है' का ज़िक्र नामवर सिंह ने किया है। सचमुच वहाँ परिस्थिति की अतिरंजना की एक सार्थकता है। इस बात पर विस्तार से विचार करने के पहले यह विचार कर लेना उचित समझता हूँ कि फैंटेसी की सफलता किस प्रकार परिस्थिति-व्यापार (Enveloping action) की समर्थ योजना कर लेने में है। काफ़्का का उदाहरण फिर प्रस्तुत करने की मजबूरी है। काफ़्का ने अपनी कहानी में सगर्भ सामाजिक परिस्थिति का बहुत सार्थक संकेत प्रस्तुत किया है। साम्सा के चारों ओर फैली यह सामाजिक परिस्थिति सच्चे अर्थ में 'डीह्यूमनाइज़िंग' है। अपने बदले हुए रूप में इस अमानवीय जीवन-स्थिति का बोध उसे बड़ी सहजता से हो जाता है। इस जीवन-स्थिति में जो कुछ अकथ्य है उसे आधिभौतिक रूप में ही प्राप्त किया जा सकता है। इसी 'अतिमानसिक' सत्य को प्राप्त करने, बोधगम्य बनाने के लिए हम अतिरंजना का प्रयोग करते हैं, सामान्य रूप से और सभी परिस्थितिया को लेकर अतिरंजना करना कहानीकार की कमजोरी ही मानी जाएगी।

मिल्यू (Milieu) निर्मित करने के लिए सामान्यतः परिस्थितियों की अतिरंजना नहीं की जाती, कम-से-कम समर्थ कथाकार इस दिशा में प्रयत्न नहीं करता। सामान्यतः सामाजिक संदर्भ की असंगति दिखलाने के लिए भी फैंटेसी का उपयोग कोई अर्थ नहीं रखता। इस अर्थ में फैंटेसी की शुरू से ही एक सीमा रही है और उसका निर्वाह अपेक्षित समझा गया है। इधर एक फ्रेंच कहानी-लेखक की सुंदर फैंटेसी पढ़ने को मिली—'वाकर थ्रू दि वाल्ज़'। मानवीय इच्छा की अदम्यता और

उसकी पराजय के ट्रेजिक थीम को लेकर यहाँ एक अद्भुत फैंटेसी लिखी गई है। हिंदी में अभी तक कोई ऐसी फैंटेसी लिखी गई हो, यह मुझे ज्ञात नहीं है। हिंदी में जिस अनुपात में रोमांस और आत्मशोध-विषयक कहानियाँ लिखी गई हैं उसमें फैंटेसी का स्थान नगण्य ही माना जाएगा। सफल रूपकों (Allegories) की रचना भी हिंदी में कम ही हुई है।

हिंदी कहानियों में प्रेमचंद की कहानी 'दो बैलों की कथा' सम्भवतः पहली ऐसी रचना है जिसमें एक स्फुट रूपक का उसी प्रकार निर्वाह हुआ है जिस प्रकार पैराबल्स (Parables) में होता है। यों इस कहानी का रूपक बहुत सांग नहीं है। फिर भी यह कहानी समसामयिक जीवन का एक व्यापक संदर्भ लेकर प्रतीकपूर्ण ढंग से उसका उत्थापन करती है। हीरा और मोती वस्तुतः भारतीय राजनीति की दो धारा-से हैं जो समान रूप से स्वतंत्रता के लिए संघर्ष कर रहे हैं और उन दोनों का संघर्ष एक समान लक्ष्य से प्रेरित है; यों दोनों के व्यवहार और व्यापारों में आधारभूत अंतर है। चाहे अंगों, गुणों आदि की व्यापक संगति इस रूपक में न भी हो मगर सीमित रूप में भी इसका अन्यार्थकत्व बहुत स्पष्ट है। जैनेंद्र की प्रसिद्ध कहानी 'नीलम देश की राजकन्या' भी एक प्रकार का रूपक ही है। लूथर ने लिखा है–"एक कुतर्की का रूपक हमेशा पेंचदार होता है।" जैनेंद्र के कथात्मक रूपकों के साथ भी यही परेशानी है। ये कथारूपक सरीसृप की गति से बढ़ते हैं, अर्थात् इनके बढ़ने के लिए आवश्यक है कि पीछे की ओर लौटा जाए ! सामान्य पाठक चूँकि इस गति से अभिज्ञ होता है, इसलिए अर्थ पाने में उसे हमेशा कठिनाई होती है। यहाँ 'नीलम देश की राजकन्या' के रूपक पर बहस करने की गुंजाइश नहीं है, इसलिए उसके संबंध में कुछ महत्त्वपूर्ण संकेत देकर ही आगे बढ़ना होगा। अज्ञेय की 'शत्रु' शीर्षक कहानी इस अर्थ में आधुनिक रूपक है। 'शत्रु' वस्तुतः आत्मानुभवजन्य विवेक के उत्थापन और संघर्ष का रूपक है। इसके अवयव चूँकि बहुत साफ हैं, इसलिए इसका महत्त्व स्वयं ही स्पष्ट है।

कथाओं में आधुनिक रूपकों की प्रकृति की भिन्नता कोई भी सचेष्ट पाठक सहज ही पा ले सकता है। चाहे हम 'दो बैलों की कथा' को लें या 'नीलम देश की राजकन्या' को या 'शत्रु' को, इन सब में कहीं कोई धार्मिकता नहीं है। कहीं अन्यार्थक भावना राष्ट्रीयता के रूप में उदाहृत की जा सकती है, कहीं आत्मपूर्णता के रूप में और कहीं आत्मान्वेषण की उपलब्धि के रूप में। इन सबकी प्रकृति आधुनिक है, सबका गुण-धर्म आधुनिकता-बोधक है। प्रेमचंद की कहानी में सामूहिक संस्कार की प्रेरणा के कारण रूपक सर्वथा नया है, अपनी चेतना के कारण बिल्कुल ही सामयिक। इसके विपरीत अज्ञेय और जैनेंद्र की कहानियों में मध्यवर्ग का बौद्धिक और भावात्मक उत्सेध बहुत स्पष्ट है। अज्ञेय का विवेक वस्तुतः आत्मविकसित बुद्धि ही है। उपर्युक्त सभी कथाओं को बार-बार पढ़ जाइए, कथात्मक स्तर पर

इनका अर्थ पाने में आपको कठिनाई होगी। कारण स्पष्ट है, ये सामान्य कथाएँ नहीं हैं बल्कि बहुत सुघरता से निर्मित रूपक हैं जिनमें बुद्धि और भावना के क्रियात्मक रूप को अभिव्यक्त करने की चेष्टा की गयी है। मेरी दृष्टि में उनके रूपकों का यह अर्थ-विशेष या उसकी भंगिमा बहुत महत्त्वपूर्ण है। यहाँ पर मुझसे कोई सजग पाठक प्रश्न कर सकता है कि इन रूपकों के पीछे कोई मूल्य की सर्वमान्य पद्धति भी कार्य करती है या ये केवल लेखक के स्फुट आवेग हैं। मध्ययुग के ऐसे रूपकों के पीछे एक संपूर्ण धार्मिक-नैतिक पद्धति कार्य करती थी। आधुनिक लेखक के इन रूपकों के पीछे कोई सामान्य मूल्य-पद्धति (System of values) क्या उसी तरह कार्य करती है ? मध्ययुग की तरह हमारे सामयिक युग ने किसी एक सर्वमान्य मूल्य की कोई पद्धति निर्मित नहीं की, किंतु इतना तो स्पष्ट ही है कि इन रूपकों में सर्वत्र व्यक्ति और समाज के नैतिक संबंध के संकेत मिल जाएँगे। यदि अज्ञेय और जैनेंद्र की कथाओं का विश्लेषण किया जाए तो मूल्य के प्रति उनके वैयक्तिक उन्मेष की स्पष्ट पद्धतियाँ लक्षित हो जाएँगी। जैनेंद्र और अज्ञेय दोनों ही, इस अर्थ में, व्यक्तिबोधक[1] मूल्यों के प्रतिष्ठाता हैं, यों जैनेंद्र अंततः व्यक्ति-बोध को विराट् के बोध से मिलाकर देखने की रुझान रखते हैं। 'नीलम देश की राजकन्या' में यह रुझान बहुत स्पष्ट है। अज्ञेय को ऐसा भावात्मक उपचार ग्राह्य नहीं है, वे विवेक को बुद्धि की आत्मिक प्रक्रिया के रूप में स्वीकार कर अंततः व्यक्ति की ही प्रतिष्ठा करते हैं।

कुछ लोगों का ऐसा ख्याल है कि ऐसी उत्सेधक दृष्टि (Alienated vision) ही हमारे युग के सांस्कृतिक संकट का निदान प्रस्तुत कर सकती है। मैं यहाँ मूल्यों के औचित्य पर बहस करना पसंद नहीं करूँगा। प्रेमचंद को भी शायद यह निदान स्वीकार नहीं था। खैर ! इन रूपकों के पीछे मूल्य-निर्माण की समानांतर प्रक्रिया का अपना एक विशिष्ट महत्त्व है, क्योंकि यह हमारे युगबोध को अभिव्यक्त करती है। फ़र्क इतना ही है कि जैनेंद्र अपनी अतिरंजित दृष्टि को 'मिथ' बनने देना पसंद करते हैं, अज्ञेय को यह पसंद नहीं है। प्रेमचंद को भी शायद यह पसंद नहीं था।

भंगिमा गति की सूचना देती है और आधुनिक रोमांटिक कहानियों की एक विशिष्ट भंगिमा है। कहते हैं कि प्रेमचंद ने प्रेम को रोमांस के धरातल तक कभी उठने ही नहीं दिया है। बहुत हद तक प्रेमचंद की प्रेम-कहानियों के संबंध में यह दृष्टिकोण सही है। ऐसी कहानियों में भी, जहाँ रोमांस के लिए गुंजाइश है,

---

1. इस संबंध में जैनेंद्र ने स्वयं लिखा है—"शुरू में जो लिखा वह उन दबी हुई भावनाओं का रूपक या जो स्थिति की हीनता से कल्पना की सुरक्षिततता में अपना बसेरा बसा-फैलाकर फलती-फूलती हैं। कुछ कहानियाँ बनीं जिनमें मैं जो खुद न बन सकता था वह कहानियों के नायकों के ज़रिये बन गया।"

—साहित्य का श्रेय और प्रेय, पृ. 11 (1953)

प्रेमचंद ने अपने को सीमित ही किया है। कारण बहुत स्पष्ट है। आधुनिक रोमांस के पीछे जो 'हेतियरिस्त' प्रवृत्ति काम करती है, प्रेमचंद का सदा से उससे विरोध रहा है। वे प्रेम को किसी भी अर्थ में भोग के दायरे में ले जाना स्वीकार नहीं कर सकते थे। जहाँ उन्होंने प्रेम के लिए रोमांटिक परिस्थितियाँ भी देखी हैं वहाँ भी उन्होंने उससे बहुत कम काम लिया है। 'तथ्य' शीर्षक कहानी इसका बहुत अच्छा उदाहरण है। 'तथ्य' के नायक को नायिका के वैधव्य के सम्मुख लाकर प्रेमचंद ने जैसे बलात् उसके आवेग को दूसरी दिशा में मोड़ दिया है। कहानी में यह मोड़ बहुत स्पष्ट दिख जाता है।

जैनेंद्र ने 'प्रेम' को शुद्ध आधिभौतिक तत्त्व के रूप में देखा-परखा है। 'नीलम देश की राजकन्या' में प्रेम का जो रूप है, सामान्यतः वही उनके प्रेम-संबंधी दृष्टिकोण का भी रूप है। उनका यह शुद्ध मानसिक प्रेम कभी-कभी पाठक को अजीब-अजीब करिश्मे दिखाकर चौंकाता है। अगर इसे सामान्य रूप से 'नूआंस' भी मान लिया जाए तब भी हमारे सम्मुख यह प्रश्न बना ही रहता है कि प्रेम की इस आधिभौतिक 'प्रेरणा' को मानवीय संबंधों के बीच स्थापित करने का आग्रह जैनेंद्र में इतना तीव्र क्यों है ! इसके लिए उन्हीं के शब्दों में उनकी दलील सुनिए—"जीवन में सौंदर्योन्मुख भावनाओं को नैतिक (शिवरूप) वृत्तियों के विरुद्ध होकर तनिक भी चलने का अधिकार नहीं है।" लेकिन स्थिति बहुत स्थानों पर असंगत हो गई दीखती है। शॉपेनहावर की एक स्थापना यहाँ ध्यान देने योग्य है। उसने बहुत स्पष्ट शब्दों में लिखा है—"क्योंकि हर तरह के प्रेम की जड़ें, वह चाहे जैसा भी लोकोत्तर रूप लेकर सामने आये, एकमात्र यौन आवेग पर आधारित होती हैं।" इस यौन भावना के पीछे जो जिजीविषा (Will to live) है, वस्तुतः वह संयोग की माँग करती है। भावना की वास्तविकता और आत्मवंचना के भेद को समझने के लिए शॉपेनहावर की यह मान्यता बहुत स्पष्ट आधार प्रस्तुत करती है।

जैनेंद्र की कहानी 'दृष्टिदोष' रोमांस की एक विचित्र भंगिमा से शुरू होती है। भंगिमा का यह वैचित्र्य शील-वैचित्र्य को जन्म देता है। 'केदार' के प्रति सुभद्रा का अतलांतक भावी प्रेम क्या इस भंगिमा-विशेष के कारण ही आत्मवंचना नहीं बन जाता ? इस थोथे समर्पण से क्या भावना की वास्तविकता या गहराई अभिव्यक्त हो पाती है ? प्रेम की यह अतीन्द्रियता किस उपलब्धि के कारण अपने को सार्थक करती है, यह पाठक के लिए केवल रहस्य रह जाता है। 'सुनीता' के लेखक से प्रेम के प्रति यह आधिभौतिक दृष्टि सहज ही संभाव्य बन जाती है ! प्रेम की प्रौढ़ता का उपहास जैनेंद्र अपनी कहानियों द्वारा खूब कर लेते हैं ! हरमैन ब्रॉख़ (Hermann Broch) की कहानी 'ज़ेरलीन, दि ओल्ड सर्वेंट गर्ल' से तुलना करने पर यह भेद बहुत स्पष्ट हो जाएगा। प्रेम की प्रौढ़ता के क़ारण और परिस्थिति के परिवर्त्तन से जो आत्मदंश या उत्साह 'ज़ेरलीन' में प्राप्त होता है,

उसका एक अंश भी हमें 'दृष्टिदोष' में प्राप्त नहीं होता। कथा की परिसमाप्ति में जो स्पष्टीकरण होना चाहिए, या 'ज़ेरलीन' में है उसका भी 'दृष्टिदोष' में सर्वथा अभाव है। वस्तुतः 'दृष्टिकोण' में प्रेम के प्रति समर्पण की एक विचित्र-सी भावना जगाने की जैनेंद्र ने चेष्टा की है। यह विचित्र समर्पण अपनी सारी नैतिक विवशताओं के बावजूद भावना-प्रवणता का प्रमाण नहीं है। प्रेम के प्रति लेखक का यह अपौरुषेय दृष्टिकोण करीब-करीब सब कहानियों में बाधक हो जाता है। यों रोमांस का तानाबाना जैनेंद्र खूब बुनते हैं, उसे खूब प्रगल्भ बनाकर भी अज्ञेय रखने का छद्म उन्हें आता है !

अज्ञेय इसके विपरीत प्रेम-संबंधी मानवीय भावना के प्रति एक प्रकार का प्रबुद्ध दृष्टिकोण व्यक्त करते हैं। कम-से-कम भावना की वास्तविकता अज्ञेय में जैनेंद्र से बहुत अधिक है। अधिकांश रोमांस-कथाओं में भावना का औदात्य इसलिए बन पाता है कि अज्ञेय उसे सहज से सहजतर बनाने की जटिल प्रक्रिया में नहीं उलझते। प्रेम उनके लिए एक वस्तुनिष्ठ भाव-संबंध है। यह वस्तुनिष्ठता क्या कथा-चरित्र का अपने प्रति ईमानदार होना ही नहीं है ? इस संबंध में अज्ञेय जी ने लिखा है–"इतना शायद कहानी में से निकाला जा सकता है कि रेखा अपनी भावनाओं के प्रति सच्ची रहना चाहती है, भीतर के प्रति अपने उत्तरदायित्व को उसने समर्पण की सीमा तक पहुँचा दिया है।" अज्ञेय जी की अधिकांश रोमांस-कथाओं के साथ यह स्थापना लागू होती है। इस अर्थ में उनकी वस्तुनिष्ठा का एक विशेष अर्थ है, शायद देकार्त या बर्कलेवाला अर्थ। इस अर्थ में उनके पात्र जैनेंद्र की रोमांस-कथाओं के पात्रों से बहुत भिन्न हैं।

अज्ञेय जी की अधिकांश रोमांस-कथाएँ आत्मशोध-मूलक हैं। ऐसी कहानियों में उन्होंने भावना का अर्थ जानने का प्रयास किया है। प्रेम की भावना के अंतर्गत 'अधिमात्र' का अनुभव ही एकमात्र सत्य नहीं है, उनकी प्रत्यवस्थाएँ भी उतनी ही सत्य हैं। 'रेखा की भूमिका' के प्रसंग में इस संबंध में उन्होंने बहुत विस्तार से विचार किया है। अज्ञेय के बाद रोमांस-कथाओं के दो रूप स्पष्टतः लक्षित होते हैं, एक वैसी रोमांस-कथा जिसमें प्रेम के व्यापारों का तो बड़ा सांग चित्रण किया गया है किंतु जिसमें प्रेरक भावना का सर्वथा अभाव-सा है। इसके विपरीत ऐसी रोमांस-कथाएँ भी लिखी जा रही हैं जिनमें व्यापारों के प्रेरक तत्त्वों को लेकर ही उनका मर्म खोला गया है।

सामान्य रोमांस-कथाएँ आज अपेक्षाकृत कम लिखी जाती हैं, कम-से-कम पत्र-पत्रिकाओं में सामान्य स्तर पर जो कथाएँ प्रकाशित होती रहती हैं वे कुछ वर्षों पूर्व की रोमांस-कथाओं से अनिवार्यतः भिन्न हैं। प्रेम के अंतर्गत स्त्री-पुरुष के सामान्य व्यापारों तक सीमित रहकर कोई कथा, संभव नहीं है कि आज पाठकों की रुचि को तुष्ट करे। वस्तुतः आज का पाठक इन व्यापारों से अधिक उन

भावात्मक अवस्थाओं में रमना चाहता है जिनसे प्रेम की वास्तविकता निर्मित होती है। इस अर्थ में रोमांस की प्रौढ़ता आज सामान्य रूप से देखी जा सकती है।, रामकुमार, निर्मल वर्मा, रेणु, श्रीकांत वर्मा, उषा प्रियंवदा, मन्नू भंडारी इत्यादि ने कुछ अच्छी रोमांस-कथाएँ हिंदी को दी हैं। रोमांस की ट्रेजेडी को लेकर लिखी गई उपर्युक्त लेखकों की रचनाएँ चाहे श्री के. प्रदीप, राजेश्वर प्र. सिंह, निर्गुण इत्यादि की एक जमाने की रोमांस-कथाओं से प्रौढ़ मालूम पड़ें किंतु आज के संदर्भ में वे लेखकीय प्रौढ़ता का प्रमाण नहीं हैं। अज्ञेय की प्रौढ़ता इनमें से कोई नहीं पा सका है। प्रेम के अंतर्गत भावना के प्रति जो सहज आत्मीयता अज्ञेय में प्राप्त होती है वह किसी सामयिक रोमांस-लेखक में प्राप्त नहीं होती। 'मंसो', 'ताजमहल', 'पठार का धीरज', 'गैंग्रीन' इत्यादि कहानियाँ आज भी इस क्षेत्र में प्रतिमान हैं। कुछ सामयिक लेखक तो आज भी मध्ययुग की रोमांस-कथाओं की परंपरा में लिखते नजर आते हैं ! 'रेणु', शैलेश मटियानी और मधुकर गंगाधर इसके उदाहरण हैं।

रोमांस-कथाओं की सीमा पर यहाँ थोड़े में विचार कर लेना मैं अप्रासंगिक नहीं समझता। अधिकांश कथा-लेखक चूँकि रोमांस से कथा-लेखन प्रारंभ करते हैं इसलिए भी यह ज़रूरी है कि इसकी सीमाओं पर हम विचार कर लें। विषय के रूप में प्रेम साहित्य का सनातन कथ्य रहा है, मगर देश और काल के साथ उसकी सीमाएँ बदलती गयी हैं। आधुनिक लेखक जब प्रेम को विषय बनाकर लिखता है और उसकी बदली हुई भंगिमा से अपने को अलग रखता है तो सामान्यतः पाठक की प्रतिक्रिया उसके प्रति अभावात्मक ही होती है। ऐसी रोमांस-कथाएँ हमें प्रसादित करने में असमर्थ रह जाती हैं।

जीवन और जगत् में सामान्य परिवेश के परिवर्तन के साथ हमारी भावना का क्षेत्र भी जटिल होता जा रहा है। यह जटिलता 'रोमांस' कथाओं में भी व्यक्त हुई है, किंतु जहाँ इस जटिलता का अर्थ केवल कुंठा है वहाँ इसका मर्म पराजित हो जाता है। 'मुद्राराक्षस', राजकमल चौधरी, जयसिंह, सुखवीर इत्यादि कतिपय लेखकों की कहानियों में इस कुंठा की व्याप्ति पर आश्चर्य होता है। ऐसा लगता है कि प्रेम की सामान्य क्रियात्मक अवस्था का इनमें सर्वथा अभाव है। प्रेम यहाँ न उत्साहवर्द्धक भावना है, न प्रेम में असफलता दुःखात्मक बोध; प्रेम का अर्थ यहाँ केवल शरीर है, चाहे उसका व्यापार एक व्यक्ति से हो या पूरे समुदाय से।

यों आज का हर कहानी-लेखक पूछे जाने पर कथा का विशेष उद्देश्य आत्मशोध बताता है किंतु वास्तविक आत्मशोध 'अज्ञेय' आदि कुछ कहानी-लेखकों को छोड़कर अन्य लेखकों में नहीं के बराबर ही मिलता है। आत्मशोध केवल आत्मसंबंधी शब्दावली की खोज नहीं है, न वह उस आत्म की खोज है जिसे अध्यात्मवादी प्राप्त करना चाहते हैं। वस्तुतः आत्मशोध प्रारंभ में केवल अनुमान का विषय रहता है, किंतु इस दिशा में व्यक्ति के प्रयत्न उपलब्धि के धरातल

पर इस खोज को सिद्ध करते हैं। पशुओं में इस आत्मशोध की संभावना नहीं होती, क्योंकि उनकी खोज केवल उन्हीं विषय-वस्तुओं तक सीमित है जिससे वे परिचित हैं—आहार, निद्रा के लिए स्थान और मिथुन के लिए जोड़ों तक। वे संतुलन बनाते नहीं, केवल व्याहत संतुलन को पुनर्प्रतिष्ठित करते हैं। इस अर्थ में उनकी कोई अपनी इच्छा नहीं होती।[1]

किंतु मनुष्य इतिहास-निर्माता प्राणी है, जिसके लिए भविष्य सर्वदा उन्मुक्त रहता है। मनुष्य सर्वदा अपनी प्रकृति की खोज करता हुआ, इसीलिए, निरंतर विकसित होता आया है। चूँकि वह निरंतर अपनी सीमाओं और उपलब्धियों को प्रसारित करता चलता है, हर क्षण को छोड़कर आगे बढ़ता चलता है, इसलिए उसके आत्मशोध की भूमिकाएँ बदलती रहती हैं। इस शोध का अगर कोई मानस-चित्र हम बनाना चाहें तो स्वभावतः हमारी आँखों के आगे एक ऐसी सड़क का चित्र आएगा जो निरंतर आगे की ओर बढ़ती जाती है, अनंत देश की ओर! और अगर हम अपने व्यतीत का कोई मानस-चित्र बनाना चाहें तो वहाँ उसका रूप एक शहर का होगा, जिसमें विभिन्न प्रकार के वास्तु-शिल्प का प्रयोग किया गया हो और जिसमें मृत और जीवित का व्यावहारिक भेद मिट गया हो। दोनों में समानता केवल हमारे उद्देश्य को लेकर सिद्ध होती है। पशु के लिए न भविष्य सार्थक है और न अतीत ही—वह केवल अपने वर्त्तमान में रहता है।

चूँकि मनुष्य का शोध परिचित वस्तुओं से क्रमशः अपरिचित की ओर उन्मुख होता है इसलिए उसके शोध की दूसरी भी सार्थकताएँ हैं। मसलन् वह अपने को ही जीवन-प्रवाह में उपलब्ध करना चाहता है। अज्ञेय, जैनेंद्र आदि की कहानियों में इस आत्मशोध का रूप बहुत स्पष्ट है। अज्ञेय और जैनेंद्र में भेद इतना है कि जैनेंद्र आत्म को अनात्म से या सर्वात्म से जोड़कर देखते हैं, अज्ञेय उसे केवल अपनी पूर्णता में उपलब्ध करना चाहते हैं। आत्म की पूर्णता के प्रश्न पर दार्शनिक बहस की गुंजाइश है, इसलिए यहाँ इस प्रश्न को बढ़ाना मैं उचित नहीं समझता।

जैनेंद्र अपनी आत्मशोधमूलक कहानियों के लिए कल्पना का विश्व गढ़ते हैं, जो स्थान-काल विवर्जित होता है। लेखक को यहाँ अपनी कल्पना-शक्ति का चमत्कार दिखलाने का पूरा अवसर प्राप्त हो जाता है। किंतु जो लेखक कल्पना के द्वारा हमारे परिचित विश्व को ही आत्मालोकित करता है, उसकी कल्पना निश्चित रूप से अधिक प्रखर मानी जानी चाहिए। अज्ञेय की कल्पना में यह प्रखरता निश्चित रूप से अधिक है। अज्ञेय की आत्मशोधक कहानियों में पात्र संपूर्ण अतीत का भोग और भविष्य का स्वप्न लेकर उत्थापित होता है, इसलिए अपने वर्त्तमान में रहकर भी वह सेतु का काम करता है। अज्ञेय जी ने लिखा भी है—"मैं (अर्थात्

1. ऑडेन—टेक्सास क्वाटर्ली, न. 4, 1961—'दि क्वेस्ट हियरो'

शेखर) तटवासी नहीं, मैं सेतुवासी हूँ–और हर साहित्यिक चरित्र ऐसा ही सेतुवासी है।"[1] वस्तुतः कथाचरित्रों की यही सार्थकता आत्मशोधक कहानियों की सफलता है। ऐसे ही जीवंत निर्माणोन्मुख पात्रों की सृष्टि कर अज्ञेय की कहानियाँ सार्थक होती हैं।

हमारे भावानुभव में आत्मशोध एक प्रकार की साहित्यिक अनुकृति है। परंपरित आत्मशोधक कहानियों के पात्र चाहे अपने प्रयास में हमेशा सफल ही होते हों, मगर आधुनिक जीवनशोध की प्रक्रिया में व्यक्ति हमेशा सफल हो यह आवश्यक नहीं है। किंतु उसकी असफलता भी एक प्रकार के आत्म-साक्षात्कार से रागदीप्त होती है।

आत्मशोधक कहानियाँ चूँकि भावानुभव के क्षेत्र में प्रयोग हैं, इसलिए उनका भावात्मक चारित्र्य होना स्वाभाविक ही है। इस भावात्मक चारित्र्य के बावजूद ऐसी कहानियाँ हमें जीवन-प्रवाह का बोध कराने में सहज समर्थ होती हैं। कहानी की इस विधा के विकास की संभावनाएँ स्वयंदीप्त हैं।

---

1. अज्ञेय–आत्मनेपद, शेखर से साक्षात्कार, पृ. 59, 1960

कहानी की पाठ-प्रक्रिया
कथा के स्तरों का प्रश्न

इधर एक अर्से से हिंदी पत्रों में कहानी की पाठ-प्रक्रिया को लेकर प्रश्न उठाये जा रहे हैं। पाठ-प्रक्रिया का संबंध मूलभूत रूप से इस प्रश्न से है कि कहानी को सूक्ष्म और सक्रिय रूप से पढ़ा जाए। प्रश्न जरा टेढ़ा है और स्पष्टता की माँग करता है। क्या कारण है कि आज की कहानियों के साथ ही यह प्रश्न इतने महत्त्वपूर्ण रूप से उभरा है, क्या आज के पहले की कहानियों में ऐसा कुछ नहीं है जो सूक्ष्मता और सक्रियता की माँग करता हो ? प्रश्न नया हो सकता है लेकिन इस प्रश्न में अंतर्हित सत्य नया नहीं है। हाँ, यह जरूर है कि पहले की कहानियों की तुलना में आज की कहानियाँ ज़्यादा अंतर्मुख हैं, ज़्यादा जटिल हैं। यह जटिलता क्यों उत्पन्न हुई इसके संबंध में हमने अन्यत्र विस्तार से विचार किया है—उसे दुहराना यहाँ अभिप्रेत नहीं।

इधर हाल में घटी एक घटना को लेकर इस समस्या पर विचार करना प्रारंभ करूँ तो बात और स्पष्ट हो जाएगी। कहानीकार मार्कण्डेय ने कहानीकार अश्क के संग्रह 'पलंग' की समीक्षा करते हुए संगृहीत कहानियों की आलोचना की, तो अश्क जी ने एक पत्र में लिखा—"कहानी जितने ध्यान से पढ़े जाने की माँग करती है, उतने ध्यान से तुमने उसे नहीं पढ़ा।" इसी पत्रिका में, जिसमें यह पत्र प्रकाशित हुआ था, मार्कण्डेय साहब ने आलोचकों की समझदारी पर तरस खाते हुए लिखा था—"क्या वह (अर्थात् आलोचक) कहानी के पाठ के प्रति सचेत है ?" कहानी के पाठ के संबंध में विभिन्न क्षेत्रों से आती हुई इस चेतावनी पर ध्यान गया तो डा. नामवर सिंह की बात याद आ गई। उन्होंने हिंदी पाठक-समुदाय की पाठ-संबंधी चेतना पर लिखा है—"कुल मिलाकर इस पाठक-समुदाय का पढ़ने का ढंग बहुत कुछ एक-सा है, चाहे वह हल्का-फुल्का हो या गंभीर, पेशेवर हो या स्वेच्छा-स्वीकृत,

है वह अंततः असाहित्यिक।" इसके उपरांत उन्होंने लिखा—"इस समुदाय में ज्ञान, दृष्टि और रुचि का भेद चाहे जितना हो, किंतु इसके पढ़ने का जो ढंग है उससे किसी अच्छी नयी कहानी का चुना जाना संदेहास्पद है।"

पेशेवर या बेपेशा, समस्त पाठक-समुदाय को डॉ. नामवर का यह चैलेंज है। डा. नामवर के इस आत्मविश्वास पर हमें आश्चर्य होता है। (किमाश्चर्य मतः परम्)। हिंदी का पाठक-समुदाय बहुत विशाल और विविध है। जो लोग एक अर्सा पहले हिंदी के प्रति उदासीन थे या हिंदी को हेय दृष्टि से देखते थे, वे भी आज सहिष्णुता बरतने लगे हैं। खुद डा. नामवर सिंह को हिंदी का पाठक-समुदाय ज्ञान, दृष्टि और रुचि-भेद की नज़र से विविध मालूम पड़ता है, फिर क्या कारण है कि इन सब के बाद उनके द्वारा एक अच्छी नई कहानी का चुना जाना संदेहास्पद हो ? डाक्टर साहब का सीधा-सा उत्तर यह है कि उनके पढ़ने का ढंग असाहित्यिक है। बात स्पष्ट नहीं होती, वस्तुतः ज्ञान, दृष्टि और रुचि ही संग्रह वा विग्रह का विवेक पैदा करते हैं, फिर संदेह क्यों ? साहित्यिकता या असाहित्यिकता ज्ञान, रुचि और दृष्टि के भेद के अतिरिक्त और कहाँ रहती है ? रेने वैलक ने ज़रूर लिखा था कि काव्यालोचन की तुलना में कथा की आलोचना का स्तर बहुत पिछड़ा हुआ है किंतु, इसका यह अर्थ नहीं कि हम कथा का एक सर्वथा कृत्रित नंदतिक विभावन गढ़ लें। शिवदान सिंह जी ने ठीक ही लिखा है, "डॉ. नामवर सिंह कहानी का एस्थेटिक्स गढ़ रहे हैं।"

डॉ. नामवर सिंह पाठक-समुदाय से 'आत्मपूर्ण ग्रहणशीलता' की माँग कर रहे हैं। यह माँग शब्दावली की दृष्टि से चाहे नई हो भी और किसी अर्थ में नई नहीं है। यह ठीक है कि किसी साहित्य का पाठक-वर्ग ग्रहणशीलता की दृष्टि से अधिक प्रस्तुत और अधिक चेतनधर्मा होता है और किसी का कम। हिंदी पाठक-समुदाय ही एक अर्सा पहले जिस स्थिति में था, उसमें आज नहीं है। पर ऐसा कभी नहीं होता है कि एकबारगी ही समस्त पाठक-समुदाय प्रबुद्ध और आत्मचेता बन जाए। फिर इस आत्मपूर्ण ग्रहणशीलता की शर्त्त भी कुछ कम जटिल नहीं है। क्या हिंदी में आत्मपूर्ण ग्रहणशील पाठक-समुदाय है ही नहीं ? ऐसी बात नहीं है। जब तक कोई व्यक्ति उद्‌बोधक तत्त्वों के प्रति सजग रहता है और उस सजगता से क्रियाशील बना रहता है तब तक हमें यह कहने का कोई हक़ नहीं है कि वह आत्मपूर्ण रूप से ग्रहणशील या चेतन नहीं है। हाँ, अधिकतर लोगों के लिए पाठ और विशेषतः कथा-साहित्य का पाठ, एक 'सोपोरिफ़िक' क्रिया ही है। अधिकांश कथा-पाठकों का समुदाय समय काटने, मनोरंजन करने और नींद लाने के लिए कहानियाँ पढ़ता है, उसे ज़रूर आप लेखक के दृष्टिकोण के प्रति समर्पित पाठक की कोटि में रख सकते हैं। किंतु समस्त पाठक-समुदाय इतना ही निस्सहाय हो, इसे मानने को जाने क्यों जी नहीं करता। डॉ. नामवर सिंह की

उपर्युक्त टिप्पणी से विरोध होते हुए भी उसके एक विशिष्ट संकेत से सहमत होना पड़ता है और वह संकेत यह है कि आज की कहानियाँ एकात्मक स्तर की नहीं होतीं। अर्थ-निष्पत्ति की दृष्टि से उनके अनेक स्तर हो सकते हैं। चूँकि पाठ-प्रक्रिया से अर्थ-निष्पत्ति का सीधा संबंध है इसलिए कथा के इन भिन्न स्तरों के प्रति भी हमें सचेत होना चाहिए जहाँ अर्थ निष्पन्न होता है। मनोरंजन के लिए पढ़ना भी निश्चित रूप से एक निरर्थक क्रिया नहीं है। जो लोग सिर्फ़ मनोरंजन के लिए पढ़ते हैं वे भी इसके अर्थ के प्रति सावधान रहते हैं, फलतः जहाँ कहानी उनका मनोरंजन नहीं कर पाती वहाँ वे उसके प्रति आलोचनात्मक रुख़ अख़्तियार कर लेते हैं—चाहे वह आलोचनात्मक रुख़ एक ही पंक्ति में अभिव्यक्त हो जाए—कि कहानी अच्छी नहीं है।

कुछ पाठकों को मैंने समर्पित कोटि का पाठक कहा है। तात्पर्य यह कि ऐसे पाठकों का अपना कोई दृष्टिकोण नहीं होता, जीवन के प्रति कोई अपना. कोई व्यक्तिगत अनुभवजन्य रुख़ नहीं होता। वे बड़ी सहजता से लेखकीय दृष्टिकोण धारण कर लेते हैं। ऐसे लोगों की ग्रहणशीलता बहुत कुछ दूसरों पर निर्भर करने वाली होती है। यह स्थिति वांछनीय नहीं है। डेनिस थॉम्पसन ने किसी लेखक को उद्धृत किया है[1]—"कला के प्रति व्यक्ति की प्रतिक्रिया के प्रकार में और उसकी सामान्य मानवीय अस्तित्व के प्रति तत्परता में एक प्रकार का अनिवार्य संबंध होता है।" जो व्यक्ति सामान्य मानवीय अस्तित्व के प्रति तत्पर (अर्थात् सचेत) नहीं, वह कला के प्रति भी तत्पर नहीं हो सकता। मेरी दृष्टि में यही तत्परता उसकी 'ग्रहणशीलता' को आत्मपूर्ण बनाती है। ऐसे ही तत्पर पाठक को सहृदय और 'भावप्रवण' कहा गया है। ऐसा पाठक अपने अनुभवों से भी अर्थ-ग्रहण करता है और उसी धरातल पर कला में व्यक्त अर्थ की परीक्षा करता है। समर्पित पाठकों की तुलना में ऐसे पाठक कम हैं, किंतु हैं और निरंतर विकसित हो रहे हैं।

परिष्कृत रुचि, आज की परिस्थिति में, सर्वसामान्य नहीं है। आज रुचि को विकृत करने के साधन अनेक हैं और निरंतर उनका प्रसार ही होता जा रहा है। सस्ती पत्रिकाएँ, सामान्य से भी सामान्यतर रुचि के लेखक, 'अपील' का आग्रह, ये सारी चीजें रुचि-परिष्कार में बाधक हैं। किंतु इन कुरुचिपूर्ण साधनों के विकास के साथ ही इनके प्रति चेतना का अनुपात भी बढ़ता जा रहा है। आज पाठक अच्छी कहानियों की माँग ज्यादा करता दीख पड़ता है। वह सस्ते स्तरों की कहानी को या तो ध्यान से बाहर कर देता है या उनके समाजघाती होने पर उनकी कड़ी आलोचना करता है। आज के हिंदी कथा साहित्य के पाठक की रुचि पर संदेह करना एक प्रकार की असावधानी (शायद सायास बरती गई !) कही जाएगी।

---

1. डेनिस थॉम्पसन—रीडिंग एण्ड डिस्क्रिमिनेशन, पृ. 3 की पादटिप्पणी, 1949

कहानी की पाठ-प्रक्रिया से सम्बद्ध कुछ दूसरे महत्त्वपूर्ण प्रश्न भी हैं। इनका सबसे पहला पहलू है स्तरीय पाठ (Surface reading) के दोष। स्तरीय पाठ की सीमाओं का निर्देश करते हुए मोरिस बोदीं ने[1] तोल्सतोय का ज़िक्र किया है। अभी सद्यः प्रकाशित 'शॉ आन शेक्सपियर' की समीक्षा में भी मुझे ऐसे ही संकेत प्राप्त हुए।[2] तोल्सतोय ने शेक्सपियर के 'किंग लियर' को सिर्फ मेलोड्रामा कहा था और शॉ ने भी। मोरिस बोदीं ने तोल्सतोय की आलोचना की और स्टेट्समैन के समीक्षक ने लिखा—"लेकिन शॉ निश्चित रूप से पूर्वाग्रह-ग्रस्त था।" शॉ का पूर्वाग्रह इसी बात से स्पष्ट होता है कि उसने लिखा है—"He is to me one of the towers of Bastille and down he must come." डॉ. नगेंद्र जैसे आलोचक जब प्रेमचंद के कथा-साहित्य को द्वितीय स्तर का मानते हैं तो कहना पड़ता है कि उनका दृष्टिकोण सुन्यस्त नहीं है। सिर्फ कथात्मक स्तर (Narrative level) पर भी देखा जाए तो प्रेमचंद की कथा-शक्ति अभूतपूर्व है। यहाँ कथात्मक स्तर की चर्चा आ गई है तो बात यहीं से शुरू करूँ।

कहानी के पाठ के प्रसंग में यदि उसका मर्म नहीं खुला, उसके अर्थ या सम्बद्ध मूल्यों की विवृति नहीं हुई, तो कहानी पढ़ने का सारा प्रयत्न बेमानी हो गया समझना चाहिए। पर प्रश्न यह है कि कहानी का मर्म या अर्थ कहानी में कहाँ होता है और पाठक उसे कैसे प्राप्त कर सकता है। इस समस्या को सुलझाने के लिए पाठ-प्रक्रिया जैसी दुरूह शब्दावली का प्रयोग करना पड़ा है। कहानी का अर्थ शुद्ध कथात्मकर स्तर पर भी हो सकता है या दूसरे समानांतर स्तरों पर भी। हाँ, आज की कहानियों में सामान्यतः वह कथात्मक स्तर पर नहीं होकर अन्यत्र ही होता है। प्रेमचंद की अधिकांश कहानियों को लीजिए, अर्थ कथात्मकर स्तर पर ही वर्त्तमान मिल जाएगा। प्रेमचंद के बाद के लेखकों को लीजिए, सचेत से सचेत पाठक भी उसके प्रच्छन्न अर्थ के प्रति आत्मविश्वास से कुछ कहने के पहले सोचने को बाध्य हो जाएगा। प्रेमचंद और प्रेमचंदोत्तर कथा-साहित्य में आखिर यह भेद क्यों है ? प्रश्न विचारणा की माँग करता है।

आज की इस स्थिति पर लिखते हुए डेनिस थॉम्पसन का कथन है[3]—"व्यक्ति पर अभूतपूर्व स्तर पर हमले हो रहे हैं; उसका अवधान माँगने वाली चीजों की संख्या इतनी बड़ी है कि कोई आश्चर्य नहीं, अगर वह अपना विवेक ही खो बैठे।" माँगें इतनी हैं कि पाठक संत्रस्त है। कितनी सूक्ष्मता लाए, कितना सक्रिय बने; फिर भी तुर्रा यह कि उसे आत्मपूर्ण रूप से ग्रहणशील न माना जाए ! हिंदी का

1. मोरिस बोदीं (जूनियर)—कॉण्टेम्पोररी शॉट स्टोराज़, भूमिका, पृ. 10, 1954
2. 'संडे स्टेट्समैन' में बुक रिव्यू के अंतर्गत समीक्षा, एप्रिल 22, 1962
3. डेनिस थॉम्पसन—रीडिंग एण्ड डिस्क्रिमिनेशन, पृ. 4

अपना प्रबुद्ध पाठक-वर्ग नहीं है, इसकी शिकायत तो हम एक अर्से से सुनते आये हैं किंतु इस बात पर बहुत कम विचार हुआ है कि इसकी ज़िम्मेदारी किस पर है। एकमात्र पाठक पर या लेखक पर भी। कहते हैं कि रुचि की संभावनाएँ स्वयं लेखक निर्मित करता है। जीवन के सामान्य रूपों के प्रति हिंदी पाठक की रुचि प्रेमचंद ने अपनी कहानियों से निर्मित की थी।

जैसा मैंने ऊपर लिखा है, कहानी की पाठ-प्रक्रिया का संबंध अर्थ के स्तरों से है। हमने इस प्रसंग में यह भी कहा है कि आज की कहानियाँ अर्थ-स्तर की दृष्टि से वैविध्यपूर्ण हैं और उन्हें किसी एक स्तर की दृष्टि से पढ़ना ख़तरे से खाली नहीं है। डॉ. नामवर सिंह ने इस संदर्भ में एक महत्त्वपूर्ण कहानी की ओर हमारा ध्यान खींचा है। हेमिग्ज्वे की कहानी 'किलर्ज', इस दृष्टि से, डॉ. नामवर के दृष्टिकोण को बहुत स्पष्टता से उदाहृत करती है। निर्माण की दृष्टि से यह कहानी क्रेपस्कूलर (Crepuscular) है। स्तरीय पाठ के आधार पर उसे हम 'हत्यारों के मनोविज्ञान' की ही कहानी कह सकते हैं। किंतु कहानी का वास्तविक अर्थ उसके कथात्मक स्तर पर प्राप्त नहीं किया जा सकता। उसके लिए हमें पूरे सांस्कृतिक परिप्रेक्ष्य में जीवन को देखना होगा। हेमिग्ज्वे की 'अनडिफ़िटेड' और 'दि सोल्ज्सं रिटर्न' भी ऐसी ही कहानियाँ हैं जहाँ अर्थ भावना के स्तर पर खुलता है। प्रेमचंद की कहानी 'कफ़न' या 'मुक्तिमार्ग' का कथात्मक स्तर निर्माण की दृष्टि से जितना भी साफ़ हो, अर्थ की दृष्टि से अपूर्ण है। इन कहानियों का मर्म जीवन के बृहत्तर सांस्कृतिक संदर्भ में खुलता है। इसी तरह गुलेरी जी की कहानी 'उसने कहा था' है। इस कहानी का सारा मर्म इसके भावात्मक धरातल पर स्थित है। इस संबंध में मैलकॉम काउले की कुछ पंक्तियाँ उद्‌धृत करूँ। उन्होंने लिखा है[1]–"प्राचीन अमेरिकी कथा-साहित्य ऐसे पात्रों और व्यवहारों से भरा होता था, जो विभिन्न स्तरों पर अनेक अर्थों को संप्रेषित करने के निमित्त रचे गये थे–पहले उनका शाब्दिक अर्थ था, जिसके परे उनका नैतिक अर्थ था, और दूर पर चमकता उनका लाक्षणिक अर्थ भी था, जो प्रतीकात्मक पात्र को एक आध्यात्मिक सत्य में रूपांतरित करता था।"

मोरिस बोदीं ने अपने संकलन की भूमिका में इससे भी स्पष्ट शब्दों में कथा के विभिन्न अर्थ-स्तरों की चर्चा की है। पाठ-प्रक्रिया में इन स्तरों से परिचित होने की आवश्यकता पर बल देने की कोई विशेष अपेक्षा नहीं है। ऊपर के विवेचन से ही स्पष्ट हो गया है कि कहानी के मर्म को ग्रहण करने में इन विभिन्न स्तरों का ज्ञान कितना आवश्यक है। अब हम यहाँ प्रत्येक स्तर की थोड़ी चर्चा करते हुए कहानी की पाठ-प्रक्रिया से उसका विनियोगी संबंध स्थापित करने की चेष्टा करेंगे।

---

1. मौलकॉम काउले–दि लिटररी सिचुएशन, पृ. 93

कथात्मक स्तर शुद्ध रूप से कथानक का स्तर होता है। इस स्तर पर कहानीकार चरित्र और घटनाओं के अन्वय, अंतक्रिया और विकास के द्वारा कथानक का रूप निर्मित करता है। डॉ. नामवर सिंह ने कथा-स्तर के अंतर्गत ऐसी कहानियों की चर्चा की है जिन्हें हम फैंटेसी या घटना-वैचित्र्य-प्रधान कहानियाँ कहते हैं। फेंटेसीज़ निश्चित रूप से ऐसी कहानियाँ हैं जिनमें कथा-स्तर प्रधान रहता है (आधुनिक फेंटेसीज़ अपवाद हैं, जैसे काफ़्का की 'मेटामार्फोसिस' और एक फ्रेंच कहानीकार की 'दि वाकार थ्रू दि वाल्स' आदि कहानियाँ)। 'फैंटेसी' के अतिरिक्त भी बहुत सारी कहानियाँ इसी स्तर के अंतर्गत आ जाएँगी। किशोरी लाल गोस्वामी की रोमांटिक रचना 'इंदुमती', राजा राधिका रमण की कहानी 'कानों में कँगना', शिवपूजन जी की कहानी 'हठभगत जी' इत्यादि उदाहरणस्वरूप प्रस्तुत की जा सकती हैं। इसके अतिरिक्त प्रेमचंद जी की अधिकांश कहानियाँ इसी स्तर की हैं। इनमें घटना-संयोग के द्वारा जीवन का कोई पहलू सहसा उद्भासित हो जाता है। प्रेमचंद के पश्चात् यशपाल की अधिकांश व्यंग्यात्मक कहानियों का स्तर कथात्मक ही है। इस प्रकार निर्माण की दृष्टि से किशोरीलाल गोस्वामी से लेकर यशपाल तक हिंदी कहानियों के एक विधि-विशेष का विकास स्पष्ट किया जा सकता है। कथात्मक स्तर पर हम कहानी के जिन तत्त्वों का तानाबाना मुख्य रूप से बुनते हैं वे चरित्र और घटनाएँ हैं। घटनाओं का पौर्वापर्य निर्मित करना, घटनाओं का वैचित्र्य दिखलाना और तत्पश्चात् चरित्र से उसका अन्वय करना ये ही इस प्रकार की कहानियों के मुख्य लक्ष्य होते हैं। कभी-कभी तो इनमें अभिप्राय की मुख्यता इतनी अधिक हो जाती है कि घटना और चरित्र का अन्वय सिर्फ संयोगों (कोइंसिडेंस) के धरातल पर ही होता दीख पड़ता है। अधिकांश फैंटेसीज़ इसी प्रकार के निर्माण को उदाहृत करते हैं।

कथा-साहित्य का सामान्य पाठक कथात्मक स्तर पर ही अपने को स्वाभाविक रूप से टिका लेता है। इस प्रसंग में डॉ. नामवर सिंह ने ठीक ही लिखा है[1]–"ऐसे ही लोगों की धारणा है कि कहानी में समझने के लिए कुछ नहीं होता। और ज़ाहिर है कि जहाँ समझने के लिए कुछ न होगा, वहाँ समझाने के लिए भी कोई गुंजाइश न होगी। ऐसे समझदार लोगों के सामने यदि कहानी के बारे में समझने-समझाने की बात की जाए तो गुस्ताख़ी होगी।" इसके पहले उन्होंने लिखा था[2]–"निःसंदेह यह तथाकथित 'कथानक' हर कहानी की सतह पर होता है। कहानी के अंतर्वर्ती विविध प्रसंगों में जो संबंध-सूत्र होता है, कहानी समाप्त करने के बाद सबसे पहले मन में वही उभरता है...लेकिन कितने लोग यह जानते हैं कि यह केवल 'सतह' है–प्रभाव का प्रथम धरातल और इस प्रकार कहानी-पाठ का आरंभबिंदु।" केवल

1. नई कहानियाँ–'हाशिए पर', सितम्बर, 1961

2. उपरिवत्, अगस्त, 1961

सामान्य पाठक ही नहीं, अधिकांश तथाकथित सजग पाठक और अध्येता भी विषय वस्तु को ही कहानी का विचार समझने का भ्रम कर बैठते हैं। ऐसे सजग पाठकों और कथा-समीक्षकों से ऐलेन टेट को शिकायत है और डॉ. नामवर सिंह को भी। हमारी भी डॉ. नामवर सिंह से कुछ शिकायतें हैं; जब डॉक्टर साहब इस 'तथाकथित' कथानक को 'प्रभाव का प्रथम धरातल' और 'पाठ का आरंभ-बिंदु' कहते हैं तो निश्चित रूप से वे उसकी अहमियत भी स्वीकार करते हैं। यदि पहले सोपान पर पैर न टिके तो ऊँचाई अर्जित करने की कल्पना क्या कल्पना मात्र नहीं रह जाएगी ? क्या विषयवस्तु के अंतर्वर्ती सूत्रों को बिना पकड़े हुए कोई सजग पाठक या समीक्षक उसके उत्सेध—यानी वैचारिक उत्सेध—तक पहुँच सकता है ? क्रम में प्रथम का ही महत्त्व होता है। विषय और विचार में यदि अवस्थागत या तात्पर्यगत भेद हो तो उस प्रत्यवस्थान (एण्टीथेसिस) को हम विषय-वस्तु के आधार पर ही समझ सकते हैं। विषय-वस्तु के अभाव में विचार का अंतर्विरोधी संदर्भ कैसे निर्मित होगा ?

इस दृष्टि से कथात्मक स्तर (नैरेटिव लेवल) का महत्त्व है और कहानी की पाठ-प्रक्रिया में उसे समझे बगैर हमारा काम नहीं चलेगा। प्रेमचंद की कहानियों को पाठक जिस प्राग्भावी सहजता से ग्रहण कर लेता है उसका रहस्य क्या यही नहीं है कि उनकी कहानियों में विचार-तत्त्व का संदर्भ वस्तु-सापेक्ष होता है ? कथानक का धरातल, जैसा डॉ. नामवर सिंह समझते हैं, केवल घटनाओं का धरातल नहीं होता। जितना संबंध कथानक का घटनाओं से है उतना ही चरित्र-व्यापारों से भी। इस बात को दिमाग़ में बैठा लेने के बाद ही हम 'कथात्मक स्तर' की चर्चा करें तो ज्यादा लाभ हो सकता है। वस्तुतः चरित्र-व्यापारों के कारण की व्याख्या कथानक के आधार पर ही हो सकती है। मोरिस बोदीं ने भी कथानक को चरित्र और घटनाओं से जोड़कर ही देखा है[1]—"पाठक के लिए सर्वप्रथम और तात्कालिक रूप से चरित्रों और घटनाओं का कथात्मक स्तर ही दृश्यमान होता है।" मोरिस बोदीं से 'हाशिए पर' के लगभग सभी सूत्र ले लेने पर भी डॉ. नामवर अगर कहीं भ्रमित (कन्फ्यूज्ड) हों तो आश्चर्य होना स्वाभाविक है।

इस हल्के से कन्फ्यूजन के बाद भी वस्तु और विचार के तालमेल का प्रसंग महत्त्वपूर्ण है। 'किलर्ज' का विश्लेषण करते हुए डॉ. नामवर सिंह ने लिखा है[2]—"विषय और विचार का यह तालमेल क्या एक कहानी की समस्या है ?" निश्चित रूप से यह एक कहानी की समस्या नहीं है, समस्त कथा-साहित्य की समस्या है। जीवन के आधुनिक संदर्भ में लिखी गयी कहानियों से तो इस प्रश्न का बहुत सीधा संबंध है। इस दृष्टि से कहानी के दूसरे अर्थ-स्तर की चर्चा प्रारंभ करूँ।

---

1. मोरिस बोदीं—कंटेम्पोररी शॉर्ट स्टोरीज, भूमिका, पृ. 10, 1954
2. नई कहानियाँ—'हाशिये पर', नवम्बर, 1961

कहानी का दूसरा स्तर भावात्मक होता है।[1] विश्व-साहित्य में कहानियों के बहुत सारे उदाहरण हैं जिनका मर्म केवल कथानक के स्तर पर नहीं खुलता, उसके लिए पाठक को दूसरे स्तरों की तलाश करनी पड़ती है। स्वतंत्र दृष्टिवाला अन्वेषी पाठक उसे ढूँढ़ लेता है, जब कि सामान्य पाठक उस कहानी को 'अपठनीय' या रहस्यमय मानकर ही संतोष कर लेता है। अज्ञेय, जैनेंद्र, निर्मल वर्मा, मोहन राकेश और कई दूसरे कहानीकारों की ओर से सामान्य पाठक की प्रतिक्रियाएँ ऐसी ही होती हैं। पाठकों की बात जाने दीजिए, ऐसी कहानियों को सामान्यतः अध्येता भी प्रतीकात्मक कहानियाँ कहकर किनारा काट लेता है। कहानी के भावात्मक स्तर की दृष्टि से न छू पाने के कारण ही सामान्यतः ऐसी ग़लतियाँ होती हैं। मोहन राकेश की कहानी 'आर्द्रा' को लीजिए। कथानक की दृष्टि से इस कहानी में जीवन का एक सामान्य-सा (रोजमर्रा) परिवेश उभरता है, जिससे आदमी सतत संघर्ष करता हुआ आज जी रहा है। वचन अपने छोटे बेटे के साथ एक अजीब-सी निरार्द्र जिंदगी जीती हुई भी निरूदित नहीं हुई थी। बिन्नी के देर से आने पर, उसके लाड़ पर, वह अपनी वत्सलता उड़ेल देती। शील की दृष्टि से वचन 'मेघावतरण' है। बिन्नी बेकार है और बेकारों का हमदर्द है, इसलिए अस्तव्यस्तता उसके जीवन का अनिवार्य अंग बन गयी है। वह भविष्य के सपने देखता है और माँ से उस भविष्य की प्रतीक्षा करवाता है, जब उसकी जिंदगी भी व्यवस्था स्वीकार कर लेगी। बड़ा लड़का लाली अस्वस्थ है, माँ की चिंता स्वाभाविक है। छोटे लड़के से छुट्टी लेकर वह बड़े लड़के के पास चली आती है। यहाँ उसे एहसास होता है कि उसकी कोई विशेष आवश्यकता इस परिवार में नहीं है। सेवा करने के लिए नौकर हैं, देख-रेख के लिए लाली की पत्नी कुसुम है। किंतु बिन्नी कितना अकेला है; और एक दिन वचन विवश होकर बम्बई की उस अकेली जिंदगी की ओर लौट जाती है।

कथानक के नाम पर कोई घटना-वैचित्र्य नहीं, कोई चक्करदार शृंखला नहीं, बिलकुल सामान्य-सा जीवन-प्रवाह। किंतु इस सामान्य-से जीवन-प्रवाह में ही मनुष्य की भावना अजीब-अजीव से करिश्मे दिखाती है, देखने को आँखें खुली हों तब! 'आर्द्रा' शीर्षक कहानी का मर्म निश्चित रूप से कथात्मक स्तर पर नहीं खुलता, उसके लिए भावात्मक गहराइयों में प्रवेश करने की आवश्यकता है। ऐसी कहानियों में जहाँ किसी पात्र का व्यक्तित्व ही पूरा विस्तार घेरता हो—संवेदनशील पात्र की आवश्यकता पर बल देने की कोई अपेक्षा नहीं है। वचन अपने वात्सल्य की संवेदना से आर्द्र है। ऐसे पात्र पाठक की संवेदना भी बड़ी सहजता से अर्जित कर लेते हैं। किंतु भावना का अपहरण करना कहानीकार का उद्देश्य नहीं है। भावना का

1. मोरिस बोर्दी—कंटेम्पोररी शॉर्ट स्टोरीज, भूमिका, पृ. 10

अपहरण करने के लिए वह कोई नाटकीय कथानक निर्मित कर सकता था, जैसा हिंदी के और बँगला के कथाकार औसतन करते हैं। किंतु मोहन राकेश ने ऐसा कोई कृत्रिम उपचार नहीं किया—पात्र की अंतरंग संवेदनीयता ही कहानी को अपने सहज संदर्भ में यहाँ शक्तिशाली बना देती है। कहानी की यह अंतरंग संवेदनीयता क्या अर्थहीन है या मूल्यहीन है ? प्रस्तुत कहानी की यह अंतरंग संवेदनीयता किस मानवीय मूल्य को उदाहृत करती है ? वचन का बिन्नी के प्रति सहज रूप से संवेदनशील होना निरर्थक नहीं है, इसे हम भावना के धरातल पर ही समझ सकते हैं। कहानी की परावधि तक पहुँचकर हम इस मानवीय अर्थ के प्रति—मानवीय भावना के उत्थापन के प्रति—सजग हो जाते हैं। इसी अंश में वचन की वत्सलता का क्रियात्मक रूप खुलता है।

अज्ञेय की कहानी 'पठार का धीरज' भी भावना के धरातल पर ही संगति प्राप्त करती है। पठार साक्षी है—मनुष्य की भावुकता का, मनुष्य के धीरज का। श्री नामवर जिसे कहानी का 'आंतरिक समवाय' कहते हैं वही कहानी का भावात्मक स्तर है। इसी भावात्मक स्तर पर कहानी की विभिन्न धाराएँ एक-दूसरे पर अंतर्क्षिप्त होती हैं, यही अंतरक्रिया की वास्तविक भूमि है। डॉ. नामवर ने ठीक ही लिखा है[1]—"जहाँ भाव ही प्रधान हो, जहाँ तथ्य नहीं पहचाना जाय जहाँ वह व्यक्ति-जीवन के प्रसार में गहरी लीकें काट गया हो, नहीं तो और पहचानने का कोई उपाय न हो··· ।"

उदाहरणों को स्फीत करने से बात पर कोई अतिरिक्त बल पड़े, ऐसा नहीं होता। यहाँ और अधिक उदाहरण नहीं दूँगा। 'पठार का धीरज' के उदाहरण से हम देखते हैं कि भावात्मक धरातल पर समानांतर-से कथानक भी किस प्रकार एकतान अर्थ की व्यंजना करने में समर्थ हो जाते हैं। भावात्मक स्तर पर कहानी के मर्म का खुलना केवल भावुकता की पुकार नहीं है। संकटग्रस्त परिस्थितियों में तो भावुकता और भी घातक प्रभाव उत्पन्न करती है—वह परिस्थितियों के अंतर्विरोध को गहरा करती है और सामूहिक उद्वेगपूर्ण क्रिया को बढ़ावा देती है।[2] कहानी का भावात्मक स्तर भावुक उपचारों से नहीं बनता। उसके लिए जीवन-सत्य की आंतरिक प्रतीति—व्यक्ति-बोध के धरातल पर अन्वय—आवश्यक है। भावात्मक अनुभव के रूप ही विविध नहीं होते, उसकी प्रकृति भी विविध होती है। कहानी में इस भावात्मक अनुभव की प्रकृति को पहचानना पाठक की तत्परता का बड़ा ही सहज प्रमाण है।

कहानी के भावात्मक स्तर से तात्पर्य बोध के स्तर से ही है। इसलिए इस

1. नई कहानियाँ 'हाशिये पर', अगस्त, 1961
2. डेनिस थॉम्पसन—रीडिंग एण्ड डिस्क्रिमिनेशन, पृ. 6

बोध-स्तर पर थोड़े विस्तार में विचार करने की आवश्यकता है। मैंने भावुकता का उपचार लेकर लिखी गयी कहानी और बोध-स्तर पर भावना का मर्म लेकर खुलने वाली कहानी में जो भेद किया है उसके कुछ निश्चित आधार हैं। सबसे पहला कारण कथानक के भावात्मक तत्त्वों के भेद के कारण सिद्ध होता है। भावुक कहानी की कथा मानवीय संवेदना को कृत्रिम परिस्थितियों के योग से उभारने की चेष्टा करती है, फलतः उसमें वह प्रतीक-ध्वनि नहीं होती जो पाठक की संवेदना के केंद्र में अपने को स्थिर कर दे। भावुक कहानियों में घटनाएँ–और उन घटनाओं के प्रति पात्रों की तात्कालिक प्रतिक्रिया ही–कहानी का केंद्रीय आधार बन जाती हैं। घटना का चमत्कार निकाल दीजिए, कहानी का ढाँचा बैठ जाएगा। इसके विपरीत उन कहानियों को लीजिए जिनका मर्म भावात्मक स्तर पर खुलता हो। उनमें घटनाएँ चामत्कारिक नहीं होतीं, फलतः उनसे प्राप्त बोध भी चमत्कारजन्य नहीं होता।

भावात्मक स्तर वाली कहानियों में कभी-कभी छोटे-छोटे उल्लेख भी अनंत अर्थ-संभावनाओं को उजागर कर देते हैं। 'कफ़न' को ही लीजिए, उसमें घीसू का एक छोटा-सा वाक्य है–"तू बड़ा बेदर्द है बे ! जिसके साथ साल-भर सुख-चैन से रहा, उसी के साथ इतनी बेवफ़ाई !" कुछ लोगों को यह वाक्य औपचारिक लग सकता है। यह छोटा-सा वाक्य कहानी की मूल संवेदना को धारण करने वाला है। इसमें एक समस्त जीवन-पद्धति के क्षय का संकेत है। थोड़ा ध्यान दिया जाए तो इसमें एक पीढ़ी का जीवन-मूल्य ध्वनित हो जाएगा। इसका यह अर्थ नहीं कि हमारी पीढ़ी संवेदना की दृष्टि से निरूदित है, हम सिर्फ अपनी विवशता से समझौता करना सीख गए हैं ! माधव का उत्तर इस समझौते की संपूर्ण वेदना से आर्द्र है। पिछले खेवे के सचेत पाठकों की राय में 'कफ़न' के प्रकाशन ने सामयिक कथा-साहित्य की गतिविधि को झकझोर डाला था। इसका कारण उसका यथातथ्य-निरूपण नहीं था। इस कहानी के पीछे विरूप जीवन के प्रति जो भावात्मक आवेग था उसने पाठकों-लेखकों को झकझोरा था। आवेग शब्द का यहाँ प्रयोग करते हुए दो शब्द कहना–सफ़ाई में –उचित समझता हूँ। प्रेमचंद के कथा-साहित्य के संदर्भ में भावात्मक आवेग का अर्थ है गति की सहजता, मानवीयता और निश्चयता। प्रेमचंद की कहानियों को पढ़ते हुए इस ओर से आश्वस्त रहने की ज़रूरत है।

कहानियों का अंतिम स्तर (अर्थ-विवृति की दृष्टि से) सांस्कृतिक होता है। यहाँ कहानियाँ विशेष से सामान्य हो जाती हैं, अर्थात् वे एक संपूर्ण जीवन-पद्धति का आंतरिक सत्य बन जाती हैं। यहाँ कहानी का सत्य जीवन का सत्य हो जाता है। कहानी अपने प्रत्यय सत्य (Abstractions) से अनायास संबद्ध हो जाती है। चेख़व की कहानी 'वो (Woe) को ही लीजिए, इस कहानी की घटना एक संपूर्ण

जीवन-बोध को प्रकाशित करने वाली है। जीवन में घटनाएँ कितनी अनाहूत घटित होती हैं, काश ! हम जीवन को फिर से जी पाते ! कथा-नायक पेत्रोव का यह बोध कितना मानवीय है, कितना इच्छा-सापेक्ष है ! हम अपने जीवन के घिसे-पिटे नैरंतर्य के बीच जब इस सत्य का बोध करते हैं तो समय बीत चुका होता है ! समर्पित होने क़ा भी एक अवसर होता है; बाद मेरे नामावर लेकर पयाम आया तो क्या ! हिंदी कथा-साहित्य से भी हम अनेक ऐसे उदाहरण दे सकते हैं जिनमें इस जीवनव्यापी सत्य का उत्थापन हुआ है। ऐसी कहानियाँ ही सर्वाश्रयी बन जाती हैं। ऐसी कहानियों में अंतर्हित संबद्ध अर्थों और मूल्यों के प्रति जागरूक न होकर भी पाठक सहज संवेदनीयता से सत्य को पकड़ लेता है। 'वो' शीर्षक कहानी का प्रभाव व्याख्या की अपेक्षा नहीं करता। इसी प्रकार प्रसिद्ध अमेरिकी लेखक वेसकॉट की कहानी 'दि पिलग्रिम हॉक' है। आधुनिकता की चेतना जिस पूर्णता से इस कहानी में उदाहृत होती है वह एक संपूर्ण उपन्यास के परिप्रेक्ष्य में भी संभवतः पूरी नहीं होती ! इस कहानी में व्यक्ति की आत्मचेतना और विश्व के प्रति समंजसता की भावना का द्वंद्व बड़ा तीखा है। इस दुहरे द्वंद्व का मर्म आधुनिक भोक्ता से छिपा नहीं है। हम इस कहानी के अर्थ और मूल्य को संपूर्ण सांस्कृतिक भोक्तृत्व के संदर्भ में ही प्राप्त कर सकते हैं।

कहानी की पाठ-प्रक्रिया से संबंध रखने वाले इन विभिन्न स्तरों की चर्चा करने का मेरा एक विशिष्ट उद्देश्य था। मैं इस चर्चा के द्वारा कहानी की व्याप्ति पर, एवं उस व्याप्ति के प्रति पाठक की सजगता और तत्परता पर बल देना चाहता था। इस चर्चा से यह भी स्पष्ट होता है कि कहानी का पाठ उतना सरल नहीं है जितना हम उसे समझते आए हैं। हेनरी जेम्स की प्रसिद्ध पुस्तक 'दि विंग्ज़ आफ़ दि डोव' की भूमिका में, इसीलिए, आर. पी. ब्लैकमूर ने 'इलेटेड' रीडिंग की चर्चा की है। प्रसिद्ध लेखक डेनिस थॉम्पसन ने लिखा भी है–

"कविता की आलोचना की तुलना में, संभवतः तुरंत, कथा-साहित्य की समुचित आलोचना की ज्यादा जरूरत है, क्योंकि जहाँ कविता पढ़ना एक बची-खुची आदत है, उपन्यास पढ़ना उतना ही सार्वभौम है जितना भोजन करना और अगर यह काम अविवेकी ढंग से किया जाय तो कहीं ज्यादा घातक और खतरनाक हो सकता है।"[1]

कुछ लोग, आज भी, कहानियों की व्याख्या नैतिक उपदेश के नुस्खे की तरह करते मिल जाएँगे। वे प्रत्येक अच्छी कहानी को जब नैतिकता के सूत्र ढूँढ़ने के काम में लाते हैं तो कभी-कभी मनुष्य की भाव-प्रकृति के संबंध में उनकी जानकारी पर तरस खाना स्वाभाविक है। वे एक नितांत हास्यास्पद स्तर के विचार

1. डेनिस थॉम्पसन–रीडिंग एण्ड डिस्क्रिमिनेशन, पृ. 35 (1949)

को प्रतिमानित करते हुए दिख जाते हैं। उनका आधार लेकर आधुनिक पाठक कहाँ तक कहानियों में गति रख पाएगा, यह कहना ज़रा मुश्किल हो जाता है। मानवीय व्यवहार समय-विपर्यस्त नैतिकता के नुस्खे से नहीं चलते, कभी-कभी तो वे प्रचलित नैतिकता की धारणा के प्रति भी तीक्ष्ण रूप से विद्रोही सिद्ध होते हैं। ऐसी स्थिति में हर जगह नीति-उपदेश ढूँढ़ने का मर्ज कितना घातक होगा, यह कल्पना की चीज़ है। ब्लेकमूर ने ठीक ही लिखा है–"यह मानवीय व्यवहार ही है, जो सदाचार को असंतुलित कर सकता है; उनके कर्म को रोकना और फिर से आरंभ कराना–दोनों कर सकता है। इसे तोल्सतोय और फ्लाबेयर में आसानी से देखा जा सकता है।"[1]

एक्सियॉलॉजी के आचार और मानवीय व्यवहार में भेद होता है, कहानीकार का उद्देश्य मानवीय व्यवहार का चित्रण होता है, उस व्यवहार के पीछे संवेदनीय प्रेरणाओं को उजागर करना होता है। अस्तु, कहानी की पाठ-प्रक्रिया में, सजगता, आत्मनिर्णय की सक्षमता और कला-संवेदना के प्रति क्रियात्मक तत्परता की आवश्यकता होती है। हिंदी में कहानियों की पाठ-संबंधी समस्याओं पर गंभीरता से विचार नहीं किया गया है। इस संबंध में कथा-साहित्य के समीक्षकों का एक निश्चित दायित्व है। इधर 'नई कहानियाँ' के संपादक ने पाठक की रुचि के प्रश्न पर और उसकी व्यावहारिक समस्याओं पर थोड़ी टिप्पणियाँ लिखी हैं, किंतु टिप्पणियों, स्वीपिंग कथनों और आक्षेपों से इसका निराकरण संभव नहीं।

---

1. सेवानी रिव्यू–'बिटविन दि न्यू मेन एण्ड दि मोह,' जनवरी-मार्च, 1954

पाठ भाग

कफ़न : प्रेमचंद

प्रेमचंद के कथानक-निर्माण के संबंध में मैंने लिखा है कि उनमें घटनाओं का अंतर्क्षेप रहता है। किसी घटना को केंद्र में रखकर सामान्यतः प्रेमचंद जी किसी मनःस्थिति या व्यापक रूप से जीवन-स्थिति का उत्थापन करते हैं। चूँकि अधिकांश कहानियों में केंद्रीय घटना का संबंध-क्रम में विकास होता है, इसलिए उनकी सामान्य कहानियों में कथानक के इस विकास के कारण रैखिकता आ जाती है। कफ़न में एक ही केंद्रीय घटना है, बुधिया की मृत्यु ! 'कफ़न' का कथानक इसी घटना को जीवन की सामान्य, किंतु व्यापक, परिस्थिति के केंद्र में रखकर निर्मित है। कहानी की समाप्ति बिना किसी पूरक घटना के होती है, इसलिए ऐसा लगता है कि कहानी की संपूर्ण गति एक बार फिर इसी केंद्र की ओर लौट जाती है। इस अर्थ में 'कफ़न' का निर्माण वृत्तात्मक है। चूँकि कफ़न के निर्माण की तारीफ़ बहुत की जाती है इसलिए इस निर्माण से ही बात शुरू करूँ।

स्व. नलिन विलोचन शर्मा जी प्रेमचंद के स्थापत्य को उनकी उपलब्धियों में शामिल करते थे। आखिर इस स्थापत्य का विकास कर प्रेमचंद ने क्या उपलब्ध किया था ? वस्तुतः कथा का यह स्थापत्य जीवन के संपूर्ण क्रियात्मक रूप और फ़लक को उदाहृत कर सकने में समर्थ होता है। इस अर्थ में 'कफ़न' का ढाँचा 'मैक्रोकॉस्मिक' है। इस संबंध में मैंने लिखा है कि 'कफ़न' में कथानक को निर्मित करने वाले दो प्रमुख तत्त्व हैं, पहला है ग्रामीण परिवेश का जीवंत और घटनापूर्ण चित्र तथा दूसरा है आर्थिक शोषण की पृष्ठभूमि। पहला कथा के आरंभ में ही उभरता है—"झोंपड़े के द्वार पर बाप और बेटा दोनों एक बुझे हुए अलाव के सामने चुपचाप बैठे हुए हैं और अंदर बेटे की जवान बीवी बुधिया प्रसव-वेदना से पछाड़ खा रही है··· जाड़ों की रात थी, प्रकृति सन्नाटे में डूबी हुई, सारा गाँव अंधकार

में लय हो गया था।" कथा का यह तात्कालिक पार्श्व लेखक की इच्छा का आक्षेप-मात्र (Amiel) नहीं है। इस पार्श्व से वस्तुतः पात्रों की मनःस्थिति का रूप खड़ा किया जाता है। 'बुझे हुए अलाव' का प्रतीकात्मक संकेत यहाँ पार्श्व को संभावना-गर्भित करने वाला है। यों सामान्य दृश्य के रूप में भी यह उनकी मनःस्थितियों के अनुरूप ही है (एक भूदृश्य एक मानसिक अवस्था है)।

दूसरा प्रमुख तत्त्व उभरता है बाप-बेटे की बातचीत में। इन दो स्थिति-स्थापक तत्त्वों के बीच उसका मर्म स्थित है—आसन्न-मरण बुधिया की छटपटाहट में। कहानी का संतुलन-बिंदु भी यही तृतीय आहत पक्ष है। इस पात्र के अभाव में घीसू-माधव आहत और पराजित व्यावहारिकता के 'टाइप' मात्र बनकर रह जाते!

प्रेमचंद का मूल स्वर प्रारंभ होता है इन पंक्तियों से—"चमारों का कुनबा था और सारे गाँव में बदनाम।" ओम्निशेंट कथावाचक का यह पूर्वपरिचित 'स्वर' हमें सहसा कहानी में प्रवेश दे देता है। यहाँ से कथा की पृष्ठभूमि 'दृश्य-फलक' के साथ सामंजस्य स्थापित करती हुई आगे बढ़ती है। इस पृष्ठभूमि को स्थापित करते हुए प्रेमचंद का स्वर खूब उभरता है। "किसानों का गाँव था, मेहनती आदमी के लिए पचास काम थे" और "अगर दोनों साधु होते, तो उन्हें संतोष और धैर्य के लिए संयम और नियम की बिल्कुल ज़रूरत न होती" जैसे वाक्यों को पढ़कर सहसा हम प्रेमचंद के 'Epigrams' के परिचित विश्व में उछाल दिए जाते हैं। 'मुहावरे की रूह' खींचने वाली ये सहज-सरल वाक्यावलियाँ हम तक प्रेमचंद के कथावाचक का 'स्वर' पहुँचाती हैं।

वास्तविक अर्थ में 'सर्वहारा' तो बुधिया है, घीसू-माधव तो उपजीवी हैं। ग्रामीण परिवेश को प्रेमचंद ने उस फलक (Panorma) के रूप में इस्तेमाल किया है जिस पर उपजीविता और शोषण का रंग उभर सके, जहाँ घटना की नाटकीयता पूरे वातावरण से निःसृत होकर आए। इस अर्थ में, जहाँ तक मैं समझ पाता हूँ, 'कफ़न' पेटेंट एलीगरी (रूपक) नहीं है। यहाँ घीसू-माधव अभावात्मक शक्तियों और इकाइयों के मानवीकृत रूप मात्र नहीं हैं। यदि इस कहानी में केवल बुधिया की मृत्यु का दृश्य-विधान होता, शोषण की आर्थिक पृष्ठभूमि नहीं होती तो शायद यह कहानी रूपक हो जाती। किंतु प्रेमचंद ने इस दूसरी पृष्ठभूमि में वास्तविकता की एक दूसरी दृष्टि ही प्रस्तुत की है। चूँकि प्रेमचंद की इस कहानी का पूरा निर्माण 'बोधात्मक' है, इसलिए यहाँ उनके कथावाचक के स्वर की अधिकृति (Authority) को किसी भी रूप में अस्वीकारा नहीं जा सकता।

प्रेमचंद की कहानियों में कथा के पार्श्व का यौगपदिक संक्रमण बहुत स्वाभाविकता के साथ चित्रित किया जाता है। वे सर्वप्रथम कथा के पूरे फलक को, कल्पना के पूरे विश्व को इस विधि से उजागर कर देते हैं, फिर धीरे-धीरे तात्कालिक पार्श्व पर दृष्टि जमा लेते हैं। सामान्य से विशेष की ओर यह संक्रमण

नाटकीय नहीं होता, बहुत स्वाभाविकता से होता है। इस अर्थ में प्रेमचंद की कहानियों में 'पेरिपेटीया' की एक बड़ी स्वाभाविक मुद्रा उभरती है; 'कौशिक', 'सुदर्शन' आदि से नितांत भिन्न। सुदर्शन, कौशिक आदि की कहानियों में घटना की नाटकीयता में ही बल होता है, चरित्र तो प्रवाह में रहते हैं। इसके विपरीत प्रेमचंद की अधिकांश कहानियाँ 'घटना की नाटकीयता' के विरोध में चरित्र को उदाहृत करती हैं, कम-से-कम कफ़न में तो यह विधि बहुत स्पष्ट है।

यौगपदिक संक्रमण की जो त्वरा इस कहानी में है वह सामान्य लेखक के नियंत्रण में नहीं आ सकती। यहाँ कहानी वास्तविकता की एक विशेष भंगिमा (Gesture) से प्रारंभ होकर एक बहुत ही प्रतीकात्मक स्तर पर आकर समाप्त होती है। इस कहानी से जो सामाजिक वास्तविकता निर्गत होती है, वह बोध को एक नया स्तर प्रदान करती हुई मालूम पड़ती है। वस्तुतः प्रेमचंद ने उस सामाजिक वास्तविकता को इस कहानी के द्वारा गति प्रदान की है, फंक्शनल बना दिया है। इसे एलेनटेट 'प्रकृत-प्रतीकात्मक' विधि की संज्ञा देता है। इस कहानी का अर्थ ढूँढ़ते हुए जो लोक 'संवेदना के निरूदन' पर जाकर रुकते हैं उन्हें शायद पता नहीं है कि प्रेमचंद की जीवन-सरणि अभावात्मक स्थितियों में जाकर समाप्त नहीं होती। 'कफ़न' में भी किसी 'अभावात्मक स्थिति' तक पहुँचना ही लेखक का उद्देश्य नहीं है। वह इस अभावात्मक स्थिति के केंद्र में बुधिया की छटपटाहट को रखकर ही एक अर्थ सिद्ध करना चाहता है। इस 'छटपटाहट' की आवृत्ति अनेक रूपों में, अनेक प्रसंगों में होती है। 'माधव' इस अर्थ में घीसू की पराजित व्यावहारिकता के समझौते से अलग अपना स्वर रखता है। घीसू के इस कथन के कि 'कफ़न लगाने से क्या मिलता है ? आखिर जल ही तो जाता, कुछ बहू के साथ तो न जाता', उत्तर में माधव 'आसमान की तरफ़ देखता है' 'मानो देवताओं को अपनी निष्पापता का साक्षी बना रहा हो'। फिर पिता से प्रश्न करता है–'लेकिन लोगों को क्या जवाब दोगे ? लोग पूछेंगे नहीं कफ़न कहाँ है ?' इसी प्रसंग में माधव एक बहुत ही भोला-सा प्रश्न करता है–'क्यों दादा, हम लोग भी तो एक-न-एक दिन वहाँ जाएँगे ही' और इस भोले सवाल पर सोचकर घीसू 'इस आनंद में बाधा डालना' नहीं चाहता था।

दुनियादारी के मामले में घीसू का कोई सिद्धांत नहीं है, साठ साल के लम्बे तजुर्बे ने उसे बता दिया है कि सारे सिद्धांत तोड़ने के लिए बनते हैं, अमीरों के चोंचले हैं। चाहे जिस स्तर पर भी हो, इतना संश्लिष्ट व्यक्तित्व प्रेमचंद का बोध ही निर्मित कर सकता था। घीसू दोस्तोएव्स्की के 'दिमित्री' की तरह आदिम है और पूर्ण है। इस व्यावहारिक अनुभव ने विचित्र ढंग से उसे प्रखर बना दिया है, उसके तर्कों की प्रत्युत्पन्नता का आधार भी यह अनुभव ही है। उसका यह तर्क कभी-कभी आड़े वक्त पर काम आ जाता है।

संपूर्ण कहानी में घीसू का दृष्टिकोण बहुत पूर्ण जैसा लगता है; अपनी

अमानवीयता में भी वह पूर्ण ही है। यह पूर्णता अनुभव-सिद्ध है। बुझे हुए अलाव और निस्तब्ध वातावरण के साथ घीसू-माधव की बातचीत का प्रसंग बड़ा नाटकीय है। इस नाटकीय वातावरण में घीसू का व्यक्तित्व और ही रंग भरता है। माधव से घीसू कहता है–"मेरी औरत जब मरी थी, तो मैं तीन दिन तक उसके पास से हिला तक नहीं..." आप इसे प्रसंगोचित बहाना (Prop) कहें मगर है यह मर्म का उभार ही। इस पंक्ति के साथ सहसा मुझे चेख़व की कहानी 'वो' के नायक ग्राइगरी पेत्रोव की याद हो जाती है, वही सामर्थ्य, वही बहाने, वही पूर्णता ! अपनी खूबियों और खामियों में ये दोनों चरित्र कितने समीप हैं, अंतर इतना ही है कि चेख़व की कहानी में 'पेरिपेटीया' का एक बड़ा तीखा झटका है; प्रेमचंद में झटका नहीं है चोट है ! पेत्रोव के संबंध में कहा गया है–"ख़राती ग्रिगोरी पेत्रोव, जिसकी प्रतिष्ठा पूरे गालचिनो जिले में एक बेहतरीन कारीगर और एक बेहद पक्के शराबी और नाकारा के रूप में पूरी तरह स्थापित थी..."

और घीसू के संबंध में–'घीसू ने इसी आकाश-वृत्ति से साठ साल की उम्र काट दी...' और भी–'घीसू एक दिन काम करता तो तीन दिन आराम'।

'कफ़न' शीर्षक कहानी में बुझे हुए अलाव को लेखक ने वातावरण की जड़ता और जीवन की सामान्य परिस्थिति के निरूदन के रूप में रखकर वस्तुतः एक प्रेरक कारण (Motif) की प्रतिष्ठा की है। 'वो' में 'स्नो मोटिफ़' है, ज़्वाय्स के 'दि डेड' में भी। वस्तुतः किसी भी वास्तविक दुःखांत दृश्य का जो प्रभाव हमारे मन पर पड़ सकता है वही प्रभाव इस कहानी को पढ़कर भी पड़ता है। प्रभाव की यह दृश्य-रूपात्मकता सामान्य निर्माण की कला नहीं है। जीवन की सामान्य परिस्थिति और प्रक्रिया को जैसे इस वर्ग के संदर्भ में लेखक ने साक्षात् बना दिया है।

कहानी के अर्थ के संबंध में अलग से विचार करने की आवश्यकता इस लिए पड़ गई है कि लेखक ने अपना निर्णय सामान्यतः सुरक्षित रखा है। [यद्यपि कहानी के प्रसंग में एक स्थान पर उसका अंतर्क्षेप (Interception) हो ही गया है]। वस्तुतः कथा के स्तर पर इस कहानी का मर्म नहीं खुलता, वह खुलता है भावना के स्तर पर और उससे भी गहराई में सम्पूर्ण संस्कृति के स्तर पर। जीवन की इस विरूपता को सामने रखकर वस्तुतः लेखक उस सामंजस्य को पाने की चेष्टा करता है जो हमारे युग की अनिवार्यता है। संपूर्ण सांस्कृतिक स्तर पर आज जो अमानवीयता व्याप्त है उसका प्रतिकार होना ही चाहिए, घीसू-माधव की तरह वर्त्तमान में जीना कोई निदान नहीं है। 'बुधिया' की ट्रेजेडी वस्तुतः इसी तथ्य को उजागर करती है। इस अर्थ में प्रेमचंद की प्रस्तुत कहानी घोर बोधात्मक शिल्प में लिखी जाकर भी अपने प्रतीकात्मक संकेतों के कारण अर्थांतरित महत्त्व रखती है। मात्र जीवन की विरूपता का निर्देश प्रेमचंद को इष्ट नहीं है, वे उसका भयावह रूप भावना के स्तर पर और क्रमशः सांस्कृतिक ब्लैक आउट के स्तर पर ले जाकर

खोलना चाहते हैं। इस 'थीम' पर न जाने कितनी कहानियाँ आज तक लिखी गयी हैं किंतु, निर्माण की दृष्टि से जो रूप 'कफ़न' में खुलता है वह शायद कहीं अन्यत्र खुल नहीं पाता।

शरणदाता : अज्ञेय

'शरणदाता' 'सोपोरिफ़िक' पाठ्य कहानी नहीं है। जो लोग नींद लाने के लिए कहानियाँ पढ़ते हैं उन्हें यह कहानी गैरमुआफ़िक पड़ेगी, शायद उन्हें नींद में सपने आयें ! मुझे अज्ञेय की समस्त कहानियों में 'शरणदाता' प्रिय है, इसलिए भी यहाँ इसकी चर्चा मैं कर रहा हूँ, वैसे औरों की राय भी मेरे प्रतिकूल नहीं है। वैसे चर्चा-योग्य कहानियों में 'रोज़' भी है, 'परंपरा', 'बंदो का खुदा...', 'जीवन-शक्ति', 'पठार का धीरज' भी, 'मेसो', 'ताज की छाया में', 'होली बोन की बतखें' भी, मगर चर्चा कर रहा हूँ 'शरणदाता' की। सभी कहानियों में 'शरणदाता का वस्तुबंध (Thematic pattern) बहुत उभरा हुआ और सुघर है।

प्रसंग को अधिकृत करने का कौशल कोई यशपाल और अज्ञेय से सीखे ! घटना की अपेक्षा मानवीय कारणों की प्रतिष्ठा कथानक के केंद्र में कर वस्तुबंध निर्मित करना अज्ञेय की विशेषता है। 'शरणदाता' में अज्ञेय जी ने एक 'सामयिक प्रसंग' को विषय बना लिया है। सामयिक प्रसंगों को विषय बनाने में सामान्य रूप से एक खतरा यह रहता है कि कथाकार अतियोजना करता है और इस अतियोजना के परिणामस्वरूप वह प्रसंग या तो रिपोर्ताज़ हो जाता है या 'पॉट-ब्वायलर'। कृष्ण चंदर की इसी विषय पर लिखी गयी कहानी 'पेशावर एक्सप्रेस' में ये दोनों दोष हैं। घटना में अधिक से अधिक दहशत का गुण भरकर लेखक ने कहानी को 'पीली पत्रकारिता' वाले अतिरंजन से ढँक दिया है। 'शरणदाता' में कहीं 'पेशावर एक्सप्रेस' वाला 'अस्थि-स्फार' (Exostosis) नहीं है।

अधिकृत 'कथानक' में भाव-संबंधों के निरंतर (क्षण-क्षण) बदलते हुए रूप को, बाह्य प्रसंगों से अन्वित करते हुए, जिस सूक्ष्मता से अज्ञेय ने देखा है वह निश्चय ही चमत्कारपूर्ण है। अपने संपूर्ण विस्तार में अनुभूत यह कहानी हमारे सामने एक प्रश्न खड़ा करती है। विषय-वस्तु की दृष्टि से इतनी अलग होकर भी अज्ञेय की कहानियों की परंपरा में यह कहानी विकास क्यों बन जाती है ? अज्ञेय की रचना-प्रक्रिया में इस वैविध्य के मूल में स्थित एकसूत्रता की व्याख्या सहज नहीं है। संभवतः यह एकसूत्रता वस्तुसत्य के प्रति लेखक को ईमानदारी के कारण ही उत्पन्न होती है। किसी ने ठीक ही लिखा है कि इस कहानी में एक विशिष्टता यह है कि 'जब सारे पात्र किसी न किसी विवेकहीन धारा के

शिखर होते हैं तब 'जैबू' जैसे चरित्र की परोक्ष झलक प्रस्तुत कर लेखक ने मानव पर आस्था प्रकट की है।' स्पष्ट है कि कहानी के अंतर्गत दो धाराओं का संघर्ष है–एक सामयिकता के प्रवाह में प्रमादग्रस्त धारा है जिसने विवेक को निःशेष कर रखा है, दूसरी वह जो मानवीय संवेदनाओं की सामर्थ्य लिये इस प्रमादग्रस्त धारा के विरोध में खड़ी है। देविंदरलाल और रफ़ीकुद्दीन, देविंदरलाल और शेख अताउल्ला, देविंदरलाल और जैबू···वस्तुतः प्रत्यवस्थित हैं जैबू और बाकी सारे लोग, वह सारी धारा जो प्रमादग्रस्त है। प्रत्यवस्थान का यह चमत्कार हिंदी की किसी सामयिक कहानी में उपलब्ध नहीं है। वस्तुतः यह प्रत्यवस्थान कहानी के दृष्टिकोण को सँभालने वाला तत्त्व है वर्ना 'शरणदाता' भी 'सरदारजी' (अब्बास) जैसी खल्वाट कहानी हो जाती। अकेली ज़ैबू इस समूची भीड़ के विरोध में मानवीयता की रक्षा कर लेती है–आदमी की जेहनियत खराब नहीं हो गयी।

कहानी की नाटकीय समस्या का संबंध जहाँ प्रत्यक्ष रूप से प्रमादग्रस्त, विमनस्त समूह का नंगापन है वहाँ आंतरिक रूप से एक दूसरा ही सत्य उद्भासित होता है–अस्तित्व रक्षा का सामान्य मोह। अज्ञेय जी ने कहीं लिखा भी है–'व्यक्ति अपने सामाजिक संस्कारों का पुंज भी है, प्रतिबिम्ब भी, पुतला भी; इसी तरह वह अपनी जैविक परंपराओं का भी प्रतिबिम्ब और पुतला है–जैविक सामाजिक के विरोध में नहीं, उससे अधिक पुराने और व्यापक और लम्बे संस्कारों को ध्यान में रखते हुए।" उपर्युक्त कथन को ध्यान में रखते हुए 'शरणदाता' की अंतिम पंक्तियाँ पढ़िये, अर्थ स्पष्ट हो जाता है–'देविंदरलाल की स्मृति में शेख उताउल्ला की चरबी से चिकनी, भरी आवाज़ गूँज गयी 'जैबू ! जैबू !' और फिर गैरेज की छत पर छटपटाकर धीरे-धीरे शांत होने वाले बिलार की वह दर्द-भरी कराह, जो केवल एक लम्बी साँस बनकर चुप हो गयी थी। उन्होंने चिट्ठी की छोटी-सी गोली बनाकर चुटकी से उड़ा दी।" अस्तित्वरक्षा का सामान्य संस्कार कभी-कभी व्यक्ति या समूह से ऐसे काम भी करवा लेता है जो उसके सामाजिक संस्कारों के विपरीत हो, यह आत्मदंश क्या कम है ! मनुष्य ने अपने जैविक संस्कारों के विरोध में यही आत्मदंश तो उपलब्ध किया है !

कहानी के सामान्य वातावरण में स्थान का मूल्य नगण्य है, चाहे वह देविंदरलाल का अपना मकान हो या रफीकुद्दीन का या उताउल्ला का; वातावरण सर्वत्र एक-सा ही है, वही दहशत, वही आसन्नमरणता ! इस वातावरण को गढ़ने में कथाकार का स्वर काफ़ी भींगा मालूम पड़ता है। इस वातावरण के निर्माण के द्वारा उसने संवेदना उभारने की चेष्टा की है, क्योंकि मात्र वातावरण की रोमांचकता का मोह अज्ञेय को नहीं है। संवेदनाएँ उभरती हैं, उद्घाटित हुई हैं; उनके विकास की चेष्टा लेखक ने नहीं की है। कहानी की सीमा में इस विकास की रेखाओं को स्पष्ट किया भी नहीं जा सकता था। यह वातावरण अनेक लघु

और परिवर्तनशील दृश्यों (Scenes) में उभयनिष्ठ है। वस्तुतः इस कहानी का संपूर्ण वातावरण ही लघु-दृश्यों से बना है; ठीक वैसे ही जैसे हेमिंग्वे की कहानी 'दि किलर्ज़' में। 'शरणदाता' के वातावरण में जिस प्रकार मृत्यु की गंध है उसी प्रकार उसमें नैतिक गुण-धर्म भी प्रच्छन्न है। इस धर्म का टूटना हमेशा दर्द में अभिव्यक्त होता है, कभी-कभी उस दर्द का कोई नाम नहीं होता। यह दर्द पात्रों के स्वर में दुहराया गया है–रफीकुद्दीन में, जैबू में। दर्द के स्वर ने यह आवृत्ति क्या विवेक की आवृत्ति नहीं है ? दर्द का यह स्वर देविंदरलाल के साथ है, परावधि तक, समृति-शेष। कहानी के पूरे वातावरण में यह दर्द नैतिकता का स्वर है, नैतिक मूल्यों का। यही स्वर की एकतानता कहानी के पूरे ढाँचे को गढ़ती है, सिम्फ़नी के 'नोट' की तरह। इस संबंध में सामान्य रूप से विचार करते हुए एलेनटेट ने लिखा है–"कहानी का स्वर प्रायः पूरी तरह उसी दृष्टिकोण द्वारा नियंत्रित होगा, जिससे वह कही गयी है।" वस्तु के प्रति लेखक का दृष्टिकोण ही इस स्वर का उत्स है जो अवांतर से कहानी के ढाँचे को निश्चित करता है। अज्ञेय की अधिकांश कहानियों में, इस अर्थ में 'स्वर की एकतानता' मिलती है। इस कहानी में तो उन्होंने बड़े नाटकीय ढंग से इस स्वर का विधान पूरे कथानक में कर डाला है।

कहानी के मूल्य कहानी के आंतरिक ढाँचे से ही निःसृत होने चाहिए, ऐसी माँग बहुत ग़ैरवाजिब नहीं है। कहानी पर लादे गये मूल्य निरवयव होने के कारण पार्श्व को गतिशील नहीं बना पाते, वे कहानी को गतिशील बना नहीं पाते। प्रस्तुत कहानी में मूल्य का आग्रह शायद प्रच्छन्न है, यों देविंदरलालजी की आत्मविवृत्ति को भी हम इस मूल्य-बोध का एक स्तर कहेंगे–"देविंदरलाल का मन ग्लानि से उमड़ आया। इस धक्के को राजनीति के भुरभुरी रेत की दीवार के सहारे नहीं, दर्शन के सहारे ही झेला जा सकता था। देविंदरलाल ने जाना कि दुनिया में ख़तरा बुरे की ताक़त के कारण नहीं है, अच्छे की दुर्बलता के कारण है। भलाई की साहसहीनता ही बड़ी बुराई है।" किंतु यह संपूर्ण व्याप्ति नहीं है, इसके अतिरिक्त भी कुछ है जो इस आत्मग्लानि से कम उमड़ा हुआ नहीं है।

देविंदरलाल के लिए खाने में ज़हर दिए जाने की यह घटना निर्णय से कुछ अधिक ही महत्त्वपूर्ण है, क्योंकि उसमें समस्त निर्णयों की दृष्टि वर्त्तमान है–दर्शन से झेलने की दृष्टि ! इस घटना के पूर्व तक वे इस समूची लूटपाट को राजनीतिक सहिष्णुता से झेल लेना चाहते थे, किंतु, इस घटना ने अंतिम रूप से उन्हें उपराम कर दिया। अनुभव का यह प्रतीकात्मक मूल्य क्या उपलब्धि नहीं है ? और इस अनुभव के पीछे जो दर्द है वह क्या कम मानवीय है ? फिर इस समस्त दारुण प्रसंग के अंतर्गत 'जैबू' का अदृष्ट अस्तित्व जैसे सांत्वना का अंकित सूत्र है !

कहानी की रचना-प्रक्रिया में मूल घटना के साथ सम्बद्ध कथानक 'विधान' की दृष्टि से बहुत शास्त्रीय है। समस्त नाटकीय घटना के वृत्त में जो उलझनें

हैं उन्हें निरंतर पतनशील परिस्थितियाँ उद्घाटित करती जाती हैं और अंत में उसका पूर्ण उद्घाटन हो जाता है। इस उद्घाटन के प्रसंग की मार्मिकता भी कम महत्त्वपूर्ण अवयव नहीं है। विकास या उद्घाटन के स्थल बहुत साफ़ हैं। केवल निर्माण की दृष्टि से भी 'शरणदाता' हिंदी की महत्त्वपूर्ण कहानियों में से एक है। इस सावयव (Organic) निर्माण में थोड़ी-सी अतियोजना भी संतुलन बिगाड़ सकती है और कहानी का 'वस्तुबंध' ढीला हो जा सकता है। 'शरणदाता' की यही आंतरिक विशेषता उसे एक आत्मपूर्ण विधा (Suigeneris) प्रदान करती है। संक्षेप में, यह कहानी संपूर्ण रूप से विश्वास्य परिस्थितियों के निर्माण के द्वारा, जिसमें उतने ही विश्वास्य चरित्रों की अपेक्षा होती है, एक ऐसी बोधात्मक चेतना उत्थित करती है जो भावना के स्तर पर विषय-वस्तु से तालमेल स्थापित करने में सफल है। कहानीकार का साहस भी यहाँ कम श्लाघनीय नहीं है। अज्ञेय की कहानी-कला की यह विशेष दिशा हमें उनके संबंध में आश्वस्त तो करती ही है, साथ ही हिंदी कहानियों के विकास के संबंध में भी हमें आश्वस्त करती है।

नीलम देश की राजकन्या : जैनेंद्रकुमार

'आत्मान्वेषण' का एक दूसरा और विकल्पग्रस्त रूप हमें 'नीलम देश की राजकन्या' शीर्षक कहानी में प्राप्त होता है। लेखक ने 'फैंटेसी' के शिल्प में इस कहानी को लिखकर कुछ अतिरिक्त सुविधाएँ प्राप्त करनी चाही हैं। हॉथन ने 'रोमांस' लिखकर पाठकों से कुछ इसी प्रकार की सहूलियत चाही थी। प्रस्तुत कहानी में 'फैंटेसी' (Fantasy) का शिल्प बहुत स्पष्ट रूप से प्रयुक्त हुआ है, क्योंकि इसमें राजकुमारी के विचार की कोई प्रत्यक्ष दिशा नहीं है। पूरी कथा जैसे 'रेवरी' (Reverie) के 'मूड' का संप्रसार है–'पर राजकन्या का जी जाने कैसा रहने लगा है !' और इस मानसिक संदर्भ का दृश्य-विधान यों है–"बड़े-बड़े प्रासादों के आँगनों और कोष्ठों में जा-जाकर राजकन्या अपने को बहलाती फिरती है। पर सब तरुणी संगिनियों के बीच घिरी रहकर भी जाने कैसा उसे सूना लगता है।"

प्रस्तुत कहानी में 'सर्वज्ञ कथावाचक' का स्वर बड़ा स्पष्ट है, यह कथावाचक हमें अपने प्रमुख पात्र की मनोदशाओं के वृत्त के समीप ले जाता है। 'राजकन्या' के साथ जैसे हम भी इस 'जाने कैसा रहने लगा' का उत्तर चाहते हैं। प्रश्न यह है कि इस जिज्ञासा का उत्तर 'लेखक' का स्वर कितनी दूर तक दे सकता है और कितनी दूर तक स्वयं पात्र अपनी मनोदशा की उलझन को व्यक्त करने में समर्थ है। जैसा हमने ऊपर लिखा है, कथाकार सिर्फ़ हमें 'पात्र' की मनोदशा के वृत्त के पास ले जाता है, उसमें प्रवेश करने के लिए हमें पात्र की सहायता लेनी ही

होगी। पाठक द्वारा इस 'मनोदशा' में प्रवेश की कठिनाई पर लिखते हुए मार्कण्डेय साहब लिखते हैं–"इस तरह जाने कितनी परतें हैं–प्याज के छिलकों की तरह, जिनके भीतर कहानी का मर्म ही नहीं, पूरा जीवन छिपा हुआ है। और अगर इन परतों को एक-एक कर उतारें और जीवन को खोजें तो अंत में 'सप्तभंगी' नामक न्याय ही काम में लाना होगा।"[1] पता नहीं इस जटिलता को हम खोज की जटिलता कहें या खोजी की ! यों इस कहानी में 'जीवन का मर्म' है, फर्क इतना है कि यह मर्म कथा के स्तर पर खुलने का नहीं, व्याख्या (Interpretative) के स्तर पर भी शायद ही खुले। इसके लिए हमें राजकुमारी की भावना का विश्व 'पाना' होगा। मार्कण्डेय साहब की शिकायत है–"कहानी के पूरे विवरण के अनुसार राजकुमारी राजकन्या के 'नहीं में भी है'। और जब राजकन्या को इस सत्य का बोध हो जाता है तो उसे जीवन की सार्थकता प्राप्त हो जाती है–पर पाठक को तो अब तक राजकुमार की खोज बनी हुई है, और पूछने पर सहसा वह सप्तभंगी न्याय का ही प्रयोग कर बैठता है और चेतना के स्तर पर स्वीकृति की बात उठती है तो वह कहेगा–'मुझे भ्रम हो गया है'।" यहाँ दो बातें महत्त्वपूर्ण हैं–पाठक की बनी हुई खोज की शिकायत और चेतना के स्तर पर इस 'बोध' की वास्तविकता। प्रश्न मार्कण्डेय ने बहुत अच्छा उठाया है, इसलिए थोड़े विस्तार में जाकर भी यदि इसका उत्तर मिले तो उसका मुझे आग्रह है। सर्वप्रथम पाठक की खोज के प्रश्न पर ही विचार करना होगा। 'पाठक की खोज' को ध्यान में रखकर कही गयी कथा में जो पूर्ण आनंद होता है वह आवश्यक नहीं है कि सर्वत्र प्राप्त हो ही जाए। इस अर्थ में प्रेमचंद ही एकमात्र ऐसे कथालेखक हैं जिनके संबंध में डॉ. रामविलास शर्मा ने ठीक ही लिखा है कि वे 'कथा के आनंद को अधूरा नहीं छोड़ते।' निश्चित रूप से जैनेंद्र कथा के आनंद की पूर्णता का आग्रह नहीं रखते, शायद जीवन के बहुत-से मंतव्य इसी तरह अधूरे रहते हैं। घटनाएँ यों भी अनंत हैं, क्योंकि वे प्रकृत हैं, नियतिबद्ध हैं, ईश्वरीय हैं, पूरी तो सिर्फ कहानी होती है। यहाँ कहानी की पूर्णता के संदर्भ में इस बात की चर्चा होनी चाहिए, घटना की पूर्णता के संदर्भ में नहीं। वैसे इस कहानी में कोई घटना नहीं है, इस एक 'मूड' है, आत्मविस्मृति का 'मूड'। बाहरी प्रसाधन उस 'अभाव' को पूरा नहीं कर सकते, आत्मपीड़ा में ही शायद उसे पाया जा सकता है। जीवन में बहुत-सी ऐसी अवस्थाएँ हैं जिन्हें अज्ञेय जी 'दर्शन' से ही झेला जाना संभव मानते हैं, वस्तुदृष्टि से या तथ्यपरकता से नहीं। यह अभाव' भी चूँकि आंतरिक ही है, शारीरिक नहीं, इसलिए इसे भी बाहर ढूँढ़ना वस्तुतः पाठक का प्रमाद ही होगा। 'क्वेस्ट स्टोरी' का ऐसा पूर्ण स्वर क्या अज्ञेय को छोड़कर और किसी कहानीकार में प्राप्त होता है ?

---

1. नई कहानियाँ–कहानी वहाँ की', मार्कण्डेय, (अप्रैल, 1962)

सारी वस्तुपरक उपलब्धियों के बीच भी विविक्त का अनुभव क्या जीवन का मर्म नहीं है ? इस मर्म को पहचानने में राजकन्या के इस स्वर का दर्द क्या सहायक नहीं होता–"नहीं नहीं सखियो ! ऐसी बात मत कहो। हम सब बचपन की संगिनी हैं। तुम्हारे बिना मैं क्या हूँ ! चित्त कभी उदास हो जाता है, सो जाने क्यों ? पर मैं तुम लोगों से अलग नहीं हूँ, तुम्हारी हूँ।" वरेण्य होने का यह सुख हम समर्पित होकर ही प्राप्त कर सकते हैं।

अनुभवों के संदर्भ में अपने विश्व का निर्माण करने वाली राजकुमारी चाहे 'सोलिप्सिज़्म' का शिकार हो, मगर इतना तो जरूर सत्य है कि निर्माण अनुभव के संदर्भ में ही महत्त्वपूर्ण है। अनुभव का यह संदर्भ इस कहानी में बहुत स्पष्ट रूप से संकेतित है–"पल बीते, दिन बीते, मास बीते। राजकन्या पुखराज, पन्ने और हीरे के अपने महलों के बड़े-बड़े आँगन और कोष्ठकों में घूम-घूमकर परखने लगी कि वह एक है, अकेली है। कहीं कोई नहीं है, कहीं कोई नहीं है। महल है जो जितने बड़े हैं उतने ही वीरान हैं। हवा उनमें से साँय-साँय करती हुई निकल जाती है। समुंदर का जल सीढ़ियों पर पछाड़ खाता रहता है। पक्षी आकर ऊपर ही ऊपर उड़ जाते हैं। बादल जहाँ-तहाँ भागते रहते हैं। आसमान गुंबद-सा नीला निर्विकार खड़ा रहता है। और राजकन्या पाती है, उसका कोई नहीं है, कोई नहीं। वह अपनी ही है।...लेकिन क्या वह अपनी ही है ?"

अनुभव तर्कपेषित नहीं होता, वह जीवन के दूसरे क्षेत्र से ही प्रेरणा ग्रहण करता है। अतः 'पाठक की खोज' तर्कपेषित हुई तो वह अनुभव के दूसरे क्षेत्रों में प्रवेश करने के बजाय, छिलका उतारता जाएगा और अंत में निर्णय देगा–पूरी कहानी में 'एंटीमोनी' का चमत्कार है, बस !

'बोध की वास्तविकता' का प्रश्न बड़ा जटिल है और दर्शन के स्तर पर इसे कभी सुलझाया नहीं जा सकता। जैनेंद्र जी ने दर्शन के स्तर तक इस प्रश्न को उछालने की यहाँ-वहाँ चेष्टा ज़रूर की है, मगर उन्हें इसकी सीमा का भी ध्यान है। इसलिए फिर अनुभव के संस्कारों की ओर हमें लौटना पड़ता है। पूरी कहानी का कथानक इसी जटिलता (Complication) के ताने-बाने से बुना गया है। प्रतिसत्य के रूप में खड़ा करने को कुछ नहीं है, यह जरूर इस कहानी के संतुलन के लिए अनिवार्य था, और यहाँ मैं मार्कण्डेय साहब की पकड़ का प्रशंसक हूँ। उनका आक्षेप है–'बिना वस्तु के एक तो रूप-बोध संभव नहीं और यदि हो भी तो वह मात्र बोध करने वाले को होगा और अन्य के लिए बोधगम्यता से परे ही रहेगा या मात्र भ्रम का निर्माण करेगा।' यहाँ प्रत्यवस्थित करने को कुछ नहीं है, फिर यह रूप-लिप्सा क्या व्यर्थ है ? यहीं कहानी का बड़ा सूक्ष्म भेद खड़ा होता है। रूप-लिप्सा का आधार गोचर विषय है, मगर क्या 'राजकन्या' को केवल रूप-लिप्सा है ? जिसे मार्कण्डेय 'वस्तुजगत् का काल्पनिक निर्माण' कहते हैं उसे क्या जगत्

के वस्तुसत्य की तरह ही 'फंक्शनल' होना चाहिए ? क्या यह अनिवार्य है ? जैनेंद्रजी की कहानी में इसका उत्तर है–"अरे कहीं मेरे सिवा कुछ है भी, जो डरती है ? कह क्यों नहीं देती कि मैं नहीं हूँ ? क्योंकि मैं तो तेरे 'नहीं' में भी रहूँगा।"

प्रत्येक कहानी को, उसकी विधा पहचाने बगै़र, 'बोध की वास्तविकता' की दृष्टि से परखना उचित नहीं है। इस अर्थ में जैनेंद्र जी की पूरी कहानी प्रतीकात्मक है। इसी अर्थ में उसका शिल्प कुछ सहूलियत की माँग करता है। काफ़्का की प्रसिद्ध कहानी 'मेटामार्फोसिस' पर टिप्पणी करते हुए कहा गया है–"फ्रांज़ काफ़्का की 'दि मेटामॉरफ़ोसिस' (कहानी) जिन पंक्तियों से शुरू होती है वे हमारे अविश्वास के पूर्ण स्थगन की माँग करती हैं। मगर कहानी के नायक के साथ जो पूर्णतया अविश्वसनीय घटना घटित होती है, वह नायक की तरह हमारे यथार्थबोध को भी बहुत कम प्रभावित करती है। वास्तविकता तो यह है कि हमारा यथार्थबोध और तीव्र हो जाता है और हम रोजमर्रा के मानवीय संबंधों को देखने की एक दूसरी (नयी) दृष्टि पा जाते हैं और सत्य का एक ऐसा अनुभव प्राप्त करते हैं, जो कहानी के प्रयाण-बिंदु की सुस्पष्ट अविश्वसनीयता को मिटा देता है।"[1]

लेकिन इतना कहते हुए भी मानना पड़ता है कि काफ़्का की कहानी की तरह दैनंदिन सत्यों का व्यापक संदर्भ यहाँ नहीं है, फलतः केवल 'राजकन्या' है और उसका विविक्त है···राजकन्या है और उसका तोष है। कहानी की वस्तु को संतुलित करने का सम्यक् आधार ही जैसे कहीं खोया हुआ है ! पन्ने-पुखराज के महल वस्तुतः समय की ऐतिह्यता के प्रतीक नहीं हैं जहाँ राजकन्या के साथ यह 'विविक्त' घटित होता है, ये दर्शन में 'वैभव के विश्व' के प्रतीक हैं। और यह एकांत, यही क्या इस कहानी की नियामक छवि नहीं है ? पहले भी मैं इस आत्मपीड़न के मूड की बात कर चुका हूँ, यहाँ फिर उसे दुहराकर मेरा अभिप्राय बल देने का है।

एलेनटेट की इस मान्यता को कि 'रहस्यात्मक धरातल सामान्यतः कथालेखक का विषय नहीं होता' जैनेंद्र मानने को तैयार न होंगे। आधिमानस-तत्त्वों की भी अपनी अहमियत होती है और कथा के विषय के रूप में वे कम 'तल्लीन' करने वाले साबित नहीं होंगे।

इस बहस में अधिक न जाकर कहानी की ओर लौटना ही उचित होगा। इस कहानी का वह अंश जो कथानक की जटिलता से सम्बद्ध है, काफी पुष्ट है। किंतु, इसके विपरीत कहानी जिस स्तर पर उद्घाटित होती है उससे शिकायत होना स्वाभाविक है। क्योंकि यहाँ यीट्स के शब्दों में 'खड़ी रेखा' के साथ कोई 'आधार रेखा' है ही नहीं !

---

1. 'जर्मन स्टोरीज़ एण्ड टेल्स', संपादन–रॉबर्ट पिक, संपादक के नोट्स, पी. एक्स., 1955,

दूसरी नाक : यशपाल

व्यंग्य आधुनिक कहानियों की बहुत उन्नत विधा है। यशपाल की कहानियों में व्यंग्य के विषय बहुत व्यापक हैं और जीवन के विभिन्न क्षेत्रों से लिए गए हैं। यों व्यंग्य-कथाओं को सामान्य रूप में हम अंतर्विरोधों के मार्मिक इंगित के रूप में ही स्वीकार करते हैं, किंतु यशपाल की कहानियों में उनकी रचनात्मक भूमिका है। व्यंग्य के विषय के अनुरूप व्यंग्य की मात्रा और गुण में जो अंतर है वह यशपाल को सामान्य व्यंग्य-लेखक से बहुत ऊपर उठा देता है, इसकी चर्चा अन्यत्र मैंने सविस्तार की है।

'दूसरी नाक' का व्यंग्य साधनात्मक नहीं है, अर्थात् उसका उद्देश्य प्रत्यक्ष और निर्दिष्ट लक्ष्य को ध्यान में रखकर अंतर्विरोधों का उद्‌घाटन करना नहीं है। राजनीति के विषयों पर जब लेखक ने व्यंग्य लिखा है तो सामान्यतः यह दोष बहुत उभर गया है। उग्र की व्यंग्यात्मक कहानियों में तो यह दोष सर्वत्र है, शायद ही कुछ कहानियों में वे इससे ऊपर उठ पाए हैं (यों जहाँ वे ऊपर उठ गए हैं वहाँ उनमें अपूर्व क्षमता और मर्म है)। यशपाल किसी सकारात्मक प्रतिमान (Positive Standard) को सूच्य बनाकर बहुत कम ही व्यंग्य लिखते हैं, यों उनकी सारी व्यंग्य-कथाएँ सकारात्मक मूल्य की हैं।

'दूसरी नाक' में संहृति (Precision) और कथा की वस्तुपरक समृद्धि अद्‌भुत है। कहा जाता है कि आदिम समाज में या आदिम संस्कारों वाले सामयिक समाज में भी भावना की प्रबलता विशेष गुण है। 'भावना' की यह प्रबलता परिस्थितियों के अंतर्विरोध की ओर से भी आँख मूँद लेती है। परिणाम यह हो जाता है कि ऐतिहासिक प्रक्रिया में ऐसी 'भावमयता' विधिबाह्य और असंगत (Outmoded and moribund) हो जाती है। मगर जिसकी घृणा संपूर्ण हो, उसका प्रेम भी संपूर्ण होता है।

'दूसरी नाक' एक बहुत ही नाटकीय परिस्थिति के अंतर्विरोध में शुरू होने वाली कथा है–"लड़के पर जवानी आती देख जब्बार के बाप ने पड़ोस के गाँव में एक लड़की तजबीज कर ली। लेकिन जब्बार ने हस्बा की लड़की शब्बू को जो पानी भरकर लौटते देखा, तो उसकी सुधबुध जाती रही।" इस अंतर्विरोध का विकास कहानी में एक बहुत ही स्वाभाविक विधि से होता है। शादी के प्रति बाप और बेटे के दृष्टिकोण में सामंजस्य नहीं है। बाप अपनी और पारिवारिक सुविधा के अनुसार एक ऐसी बहू लाना चाहता है जो 'पानी का बड़ा मटका सिर पर उठाकर धमकती दो मील चली जाती है' मगर बेटे को इस पारिवारिक सुविधा से अधिक अपनी इच्छा का ख़याल है। बस एक दिन उसने निर्णय ले लिया–'या तो हस्बा की बेटी शब्बू, नहीं तो बस ! कुछ नहीं।' बेटे के प्रति ममता ने बाप

की अपनी सहूलियत के खयाल पर विजय पाई। बूढ़े को मजबूर होकर हस्बा से बात करने जाना पड़ा ! मगर परिस्थिति अकेली असंगति लेकर नहीं आती। इज्ज़त गई सो अलग, ऊपर से इनकार। हस्बा ढाई सौ रुपये माँगती है ! इस प्रसंग में जो स्वाभाविकता और व्याप्ति है उसे पूरा संदर्भ दुहराये बगैर कह पाता तो शायद यशपाल जी की कहानी की नौबत ही न आती !

अर्थ यह कि परिस्थिति के इसी अंतर्विरोध को लेकर कथानक की जटिलता खड़ी की जाती है। 'अढ़ाई सौ में तो फिरंगी की तोप आती है', एक औरत के लिए अढ़ाई सौ रुपए ! 'जब्बार ने सुना और आह को सीने में दबा कर करवट ले ली।' आह को सीने में दबाकर रात काट ली जा सकती है, जिंदगी नहीं। आह ने जोर मारा और जब्बार ने प्यार में 'अंशन' शुरू कर दिया। माँ-बाप का दिल, पसीज ही गया। 'आखिर दोनों ऊँट बन्नू के बाजारों में बेच दिए गए और शब्बू जब्बार की बहू बनकर घर आ गई।' धीरज रखिए कहानी यहाँ समाप्त नहीं हो गई ! 'कथा का आनंद' पूरा हो गया क्या ?

अभी तो दृश्य शुरू भी नहीं हुआ, महज़ पूर्वकथा रही। दृश्य शुरू होता है जब्बार के बन्नू जाकर कमाई करने और शब्बू के पानी भरने के साथ। 'पनघट' सामूहिक जीवन का सामान्य दृश्य-स्थल है। शब्बू पानी लाने जाती है और सहेलियाँ उसके बनाव-शृंगार को लेकर ताने मारती हैं, गाँव के नौजवान आशिकों की चर्चा करती हैं और वियोग में जलता हुआ, बन्नू से छिपकर आया हुआ जब्बार सारी कहानी सुनता है। उसके दिल पर साँप लोट ज़ाता है। कहाँ जब्बार की यह वियोग-व्यथा, और कहाँ शब्बू के नख़रे ! जब्बार शब्बू के दर्प और मर्यादाभिमान को समझ नहीं पाता, देखता है उसके बनाव-शृंगार को। दुहरी चोट आदमी को पागल बनाने के लिए काफी है। (जैसे मनस्तत्त्व में 'डबल रिप्रेशन')। आदिम संस्कारों वाले प्राणी में शंका जब घर कर जाती है तो बुद्धि से सँभाल नहीं हो पाती, शायद समाधान में बुद्धि का उपयोग वह करना ही नहीं जानता। जब्बार का सीधा प्रश्न है–'क्यों, जब मैं बन्नू में था तो खूब मजे उड़ते थे ?' और शब्बू भी मज़दूरिन नहीं है, प्रश्न का मर्म समझती है। आहत दर्प तिरस्कार बन जाता है, वह अवज्ञा के भाव से कहती है–'कोई मरा घूरा करे तो मेरा क्या कसूर ?' बनी बात फिर उलझ गई। मगर अबर की उलझन ऐसी नहीं थी जो 'अंशन' से दूर हो जाती, पति-पत्नी का तनाव था और वह भी शक की बुनियाद पर ! स्त्री का दर्प आहत होता है, पुरुष का प्रतिशोधात्मक। फलतः एक दिन इस आहत दर्प ने प्रतिशोध को क्रियात्मक बना दिया। जब्बार ने शब्बू के 'हुसन का ग़रूर' खत्म करने के लिए उसकी नाक काट ली। और कटी हुई नाक पर अपनी जाँघ से काट कर ताज़ा गोश्त चिपका दिया। कहानी यहाँ अपने पूरे उठान (पैरक्मे) पर समाप्त हो सकती थी। मगर कहानी को 'आदिम रोमांस' के रोमांचक प्रसंग में समाप्त करना

यशपाल को प्रिय न था, इसलिए कहानी अपने पूरे मर्म को समेटकर अंत की ओर बढ़ती है। यहाँ कहानी का 'उद्देश्य' (पर्पस) प्रेरक तत्त्व के रूप में सामने आ जाता है, मगर स्वाभाविकता का प्रवाह उसे सँभाल लेता है। शब्बू बन्नू के अस्पताल में जब 'रबर की नाक' के लिए जिद कर खाना-पीना छोड़ देती है तो जब्बार उसके चालिस रुपये डाक्टर के यहाँ जमा कर देता है, मगर इस शर्त्त पर कि जब कोई 'ग़ैर मर्द··· उसे घूरने लगे तो झट नाक उतारकर जेब में डाल ले।'

'प्राप्ति' का आदिम संस्कार मनुष्य की हर परिस्थिति में आदिम बना डालता है। फर्क इतना ही है कि पुरुष अपने आदिम संस्कार की प्रेरणा (Motif) से अधिक उद्धत और प्रगल्भ हो सकता है, स्त्री केवल आहत होती है। पूरी कहानी की विषय-वस्तु में यह एकनिष्ठ दृष्टि (Tonal unity) व्याप्त है। इस संबंध में गोर्दों और टेट की टिप्पणी है–"कहानी का स्वर प्रायः पूरी तरह उसी दृष्टिकोण द्वारा नियंत्रित होगा, जिससे वह कही गयी है।" कथाकार का स्वर यहाँ एक विशिष्ट अर्थ की दिशा में प्रवहमान है, और प्रकारांतर से यह अर्थ की दिशा कहानी का दृष्टिबिंदु है। वस्तुतः यह 'एकनिष्ठ दृष्टि' कथानक के केंद्र के प्रति लेखक की निरंतर विकासमान चेतना का परिणाम है।

कथा की स्वाभाविकता और अति सहज गति के साथ संहति इस कहानी को स्थापत्य की दृष्टि से बहुत महत्त्वपूर्ण बना देती है। इसके व्यंग्य की व्याप्ति का क्षेत्र हमारे आदिम संस्कारों और विकसित जीवन-परिस्थिति के अंतर्विरोध से संबंध रखता है। इस व्यंग्य से, इसी कारण, अभूतपूर्व शक्ति पैदा होती है, लीविस के शब्दों में 'ए रिमार्केबली डिसटर्बिंग इनर्जी इज़ जेनरेटेड।' आत्मप्रवंचनाएँ कितने बुरे परिणाम की ओर ले जाती हैं, इसका एक ज्वलंत उदाहरण हमें 'दूसरी नाक' में मिल जाता है।

गंगा, गंगदत्त और गांगी : उग्र

हिंदी में व्यंग्यात्मक फैंटेसी का अभाव हर सचेत पाठक को खटकता है। जो लोग कथा-साहित्य के पाठक हैं वे तो ख़ास तौर से यह महसूस करते हैं कि हिंदी कहानियों की, निश्चित कथ्य की सीमा में चाहे जो प्रगति हुई हो, किंतु अभी उसे बहुत-सी दिशाओं में समृद्ध होना है। हिंदी का संपूर्ण कथा-साहित्य रचनात्मक फैंटेसी के क्षेत्र में नगण्य है। चूँकि फैंटेसी के संबंध में मैंने पहले भी बहुत विस्तार से विचार किया है इसलिए यहाँ उन्हें दुहाराऊँगा नहीं, फिर भी कुछ-एक ऐसी बातें हैं जिनकी ओर यहाँ संकेत कर देना अनिवार्य है। सामान्यतः लोगों की यह धारणा है कि फैंटेसी कथा-साहित्य का बहुत पुराना रूप है और उसके द्वारा जीवन-सत्य

की अभिव्यक्ति में कोई विशेष योग नहीं मिलता। मैं हिंदी पाठक की इस ग़लत धारणा को एक ग़लत समझदारी का परिणाम मानता हूँ।

'गंगा, गंगदत्त और गांगी' शीर्षक कहानी को अपनी मूलभूत संवेदना में मैं आधुनिक नहीं मानता क्योंकि उसका कथ्य व्यंग्यात्मक अधिक है, बोधात्मक कम। फिर भी मनुष्य की सनातन असंगति पर व्यंग्य करने के लिए जिस रचनात्मक फैंटेसी का उपयोग हिंदी कहानी में उग्र जी ने किया है उसके महत्त्व को नज़रअंदाज़ नहीं किया जा सकता। मनुष्य में भोगजन्य लालसा की तीव्रता उसे कभी-कभी कितनी विषम परिस्थितियों में डाल देती है इसके लिए उदाहरण है 'गंगा, गंगदत्त और गांगी'। लालसा का विश्व बड़ा व्यापक होता है जहाँ मनुष्य अपने समस्त विवेक को तिलांजलि देकर उसे प्राप्त करने की चेष्टा में डूब जाता है। कहानी के लिए यह एक शक्तिशाली कथ्य है। यों इस कथ्य पर तो अनेक कहानियाँ लिखी मिल जाएँगी किंतु 'गंगा, गंगदत्त और गांगी' का महत्त्व इन सबके ऊपर है।

गंगदत्त को एक सौ सात पुत्र-पुत्रियाँ हैं, फिर भी अपनी लालसा से उन्हें मुक्ति नहीं मिल पाई है। वे इस अशेष लालसा से प्रेरित होकर जो प्रस्ताव ब्राह्मणी से करते हैं उसमें उनका प्रयत्न यह है कि वे इसे अधिक से अधिक स्वाभाविक और अकृत्रिम बना सकें। किंतु इतनी बार प्रसव की नारकीय यंत्रणा भोग लेने के बाद इसकी ओर से ब्राह्मणी उपराम हो चुकी है। भोग और कामना का यह द्वंद्वात्मक विरोध प्रस्तुत कहानी में वस्तु की संपूर्ण व्याप्ति सूचित करता है। भोग में तृप्ति के लिए गुंजाइश है किंतु कामना तो अशेष होती है। बेचारे ब्राह्मण अशेष कामना के हाथों अपना समस्त विवेक खो देते हैं। लालसा जो न करवाए। ब्राह्मण एक सौ सात की संख्या को एक सौ नौ तक पहुँचायेंगे ही, नहीं तो सुमेरु के साथ माला पूरी कैसे होगी ! इस अर्थ में वे एक प्रकार की विकारहीन मूर्खता से परिचालित हैं।

प्रस्तुत कथ्य को पौराणिक वातावरण में रखकर उग्र जी ने फैंटेसी के लिए पर्याप्त उपयुक्त भूमि तैयार कर ली है। पौराणिक निजंधर फैंटेसी के बहुत समीप भी हैं। सबसे बड़ी बात यह है कि इस पौराणिक वातावरण को गढ़ने में उग्र की रचनाशील कल्पना ने अद्भुत सामर्थ्य का परिचय दिया है। वस्तुतः ऐसा लगता है कि उग्र के हाथों यह फैंटेस्टिक-सी लगने वाली दुनिया भी काफ़ी सहज और परिचित बन गई है। इस फैंटेसी के प्रति हमारे मन में कहीं कोई शंका उठ ही नहीं पाती, हम कथा के किसी भी स्तर पर शंकालु हो ही नहीं पाते ! उग्र की कथा-शैली (नैरेशन) तो यों भी सराही जाती रही है। यहाँ उसका कमाल स्वयंसिद्ध है। सच पूछा जाए तो पूरी फैंटेसी का ढाँचा इस कथा-शक्ति के कारण ही खड़ा हो जाता है। यदि फैंटेसी अपनी शक्ति और सामर्थ्य से हमें इतनी अभिभूत न कर ले कि हम उसकी कारण-कार्यता से ऊपर उठ जाएँ तो फैंटेसी खड़ी कैसे हो ! उग्र की कथा में इतनी शक्ति तो है ही !

फैंटेसी में कथ्य का महत्त्व निश्चित रूप से कथात्मक स्तर पर नहीं होता, उसे या तो हम रूपकात्मक ढंग से समझ सकते हैं या उसके प्रतीक संकेतों के द्वारा। प्रस्तुत कहानी में वस्तुतः फैंटेसी तो एक फलक मात्र है जिस पर लेखक ने वर्तमान जीवन की भावात्मक असंगतियों का व्यंग्यात्मक चित्र उभारा है। भावना का अतिरेक कभी-कभी हमसे गंगदत्त की तरह विकारहीन मूर्खतापूर्ण कार्य करवा लेता है, हमसे विवेक अपहृत कर लेता है। कभी हम 'गंगा' की तरह इस अविवेक के कारण पराजित और लांछित अनुभव करते हैं, कभी 'गंगदत्त' की तरह मूर्ख और कभी 'गांगी' की तरह विवश।

पराजय और लांछन, मूर्खता और विवशता सबके पीछे जो अतिचार है वह भावात्मक एकांगिता के कारण है। बुद्धि और एकांतिक भावना के बीच के सनातन द्वंद्व को चित्रित करते हुए लेखक ने उसकी असंगतियों पर प्रकाश डालने के लिए एक बड़ा सबल काल्पनिक कथ्य गढ़ लिया है। हम अपने जीवन के वर्तमान स्तर पर इस असंगति को अधिक साफ ढंग से समझ सकते हैं। इस अर्थ में 'गंगा, गंगदत्त और गांगी' शीर्षक कहानी में लेखक की एक सम्पूर्ण जीवन-दृष्टि प्रतिफलित हुई है, ठीक उसी तरह जिस तरह 'चित्रलेखा' शीर्षक उपन्यास में। लालसा की विषमताओं से हम सभी परिचित हैं किंतु उसकी अवरोधकता (कैटेस्ट्रॉफ़ी) का बोध हमें इस गहराई में सामान्यतः नहीं होता। उग्र की कहानी हमें इस अवरोधक लालसा की असंगति का बोध देकर विवेकोन्मुख करती है।

कथानक के विधान में सर्वप्रथम लेखक ने एक पौराणिक कथा-संदर्भ प्रस्तुत कर फैंटेसी के लिए एक आधार ले लिया है। इसके पश्चात् कथानक एक दिशा में उन्मुख होता है। इस विकास के मूल में कारणरूप से प्रतिष्ठित है वह सुलभता जिससे मनुष्य सहज ही बूढ़े से जवान हो सकता है, दर्शन मात्र से ! गंगदत्त के अंतरंग सखा का रूपांतरण कथानक के विकास में गति ला देता है। फेंटेसी को यहाँ वस्तुरूपता मिल जाती है। फिर क्या है, कथा बढ़ चलती है। गंगदत्त की लालसा एक वास्तविक आधार पाकर विवेक के सारे बंधन तोड़ देती है। बूढ़े गंगदत्त जवान बनकर घर लौटते हैं और लांछित होते हैं। बूढ़ी गांगी पति की इस विकारहीन मूर्खता से विवश होकर पार्वती की पूजा से जवान हो जाती हैं। किंतु कहानी यहाँ समाप्त नहीं होती, यानी इस सामंजस्य के स्तर पर समाप्त नहीं होती। कहानी समाप्त होती है एक विषम धरातल पर जहाँ शंकर के वरदान से पुनरपि बूढ़े हुए गंगदत्त और गौरी की कृपा से यौवन-प्राप्त गांगी का मिलन होता है।

व्यंग्य के स्तर पर प्रस्तुत कहानी जीवन के एक वास्तविक अंतर्विरोध को प्रकाश में लाती है। इस प्रकाश में यदि हम जीवन की विषमता को पहचानें तो हमारी विकारहीन मूर्खताओं को स्वतंत्र क्रीड़ा का अवसर बहुत कम मिले। यों इस कहानी की सीमा भी व्यंग्य ही है, क्योंकि व्यंग्यकार कहानीकार के पास

सकारात्मक रूप से कुछ प्रस्तुत नहीं होता। प्रस्तुत में तो वह केवल उसकी विषमताओं को ही उद्घाटित करने तक अपने को सीमित कर लेता है। 'गंगा, गंगदत्त और गांगी' में भी लेखक इससे ऊपर उठ गया हो यह निर्विवाद रूप से नहीं कहा जा सकता। किंतु, इस सीमा के बावजूद प्रस्तुत कहानी अपने ढंग की हिंदी की अकेली कहानी है।

जीवन के किसी सामान्य अंतर्विरोध पर दृष्टि जमाकर जब कोई कथ्य गढ़ा जाता है तो वहाँ उसकी कुछ स्वाभाविक सीमाएँ भी होती हैं–महत्त्वपूर्ण वहाँ कथ्य का विधान बन जाता है। कथ्य के विधान की दृष्टि से यह कहानी बौद्धिकता का एक नया परिप्रेक्ष्य निर्मित कर लेती है। इसमें भगवती चरण वर्मा की तरह आत्यंतिक रूप से किसी स्वीकृति के लिए गुंजाइश नहीं है। स्पष्ट है कि उग्र की दृष्टि में भावना का एक दूसरा ही रूप उभरता है। वे भावना की विवेकहीनता के पक्ष में नहीं हैं, यही कारण है कि भावनात्मक अतिचार को लेकर अपनी कहानियों में उन्होंने व्यंग्य भी किया है। प्रस्तुत कहानी इस दृष्टि से भावना की असंगति को प्रकाश में लाती है और उसकी विषमताओं को लेकर व्यंग्य करती है।

रत्नप्रभा : जैनेंद्र

जैनेंद्र की कहानियों में पुरुष पात्र जीवन के तात्विक आकर्षण-विकर्षण की सामर्थ्य और सीमा को समझने में हमेशा ही अक्षम रहे हैं। पुरुष के दृष्टिकोण से ये कहानियाँ कभी कही ही नहीं गयीं। लगभग यही स्थिति जैनेंद्र के उपन्यासों में भी है, चाहे सुखदा हो या सुनीता, कल्याणी हो या त्यागपत्र। जैनेंद्र के पुरुष पात्र अधिकांशतः बाध्य होकर ही–गो कि उनके लिए यह बाध्यता दुःखद अनुभव ही हुआ करती है–इस विरोध के अस्तित्व को स्वीकार करते हैं। जैनेंद्र जी की अधिकतर कहानियों में पुरुष पात्र स्पर्श-रेखा की तरह ही आते हैं, स्त्री-जीवन के पूरे वृत्त में उनका प्रवेश ही नहीं हो पाता। ऐसा लगता है जैसे पुरुष से सनातन नारी-भावना का मेल कहीं बैठता ही नहीं हो ! इस कारण से भी जैनेंद्र के स्त्री पात्र सामान्य पाठकों के लिए पहेलियों की तरह बने रह जाते हैं–पहेली सहज बूझ ली जाय तो उसका चमत्कार क्या ? 'रत्नप्रभा' का उदाहरण देकर ही स्पष्ट करूँ। रत्नप्रभा की मनोभूमि जिस भावनात्मक अतिचार से आक्रांत है उसमें इच्छित समर्पण और इच्छित स्वतंत्रता सहजीवी हैं। तोल्सतोय की प्रसिद्ध कहानी 'दि क्रयुत्ज़र सोनाटा' (The Kreutzer Sonata)[1] में भी यह विरोध बहुत तीव्र रूप से परिभाषित मालूम पड़ता

1. लेव तोल्सतोय–शॉर्ट स्टोरीज़, मास्को (अँगरेज़ी संस्करण)

है। फ़र्क इतना है कि यहाँ पुरुष के पक्ष में यह विरोध दिखाया गया है और रत्नप्रभा में स्त्री-पक्ष में।

इस प्रकार के कथ्य को लेकर जिस तटस्थता और निर्वैयक्तिकता के निर्वाह की अपेक्षा होती है वह जैनेंद्र में बहुत कम है; परिणाम यह होता है कि उनकी ऐसी अधिकांश कहानियाँ शील-वैचित्र्य या भंगिमा बनकर समाप्त हो जाती हैं। कभी-कभी बड़े अवरोधक (कैटेस्ट्राफ़िक) रूप से जैनेंद्र जी किसी परिस्थिति में शरीक हो जाते हैं, या तटस्थ रह जाते हैं। दोनों ही अवस्थाओं में वे पात्र की सामान्यधर्मता पर आघात पर बैठते हैं। 'रत्नप्रभा' इसका एक अच्छा-सा उदाहरण है। यों, प्रस्तुत कहानी में जैनेंद्र की सभी विशेषताएँ एक साथ ही उभरकर सामने आती हैं और कहा जा सकता है कि उनकी कहानियों में प्रस्तुत कहानी का स्थान बहुत ऊँचा है। चूँकि इस कहानी को सामान्यतः एक असाधारण पात्र की कहानी माना गया है इसलिए इसके संबंध में विस्तार से कुछ कह लूँ। स्त्री-पुरुष का परस्पर यौन संबंध कोई असाधारण चीज़ नहीं है, न ऐसी हर स्थिति को स्नायुतिक पात्रत्व से जोड़कर देखा जाना ही उचित है। हेमिंग्वे की 'डेथ इन अफ्रिका'[1] से एक उद्धरण देकर इसे स्पष्ट करूँ। उसमें एक बूढ़ी स्त्री पूछती है—"क्या तुम ऐसे अभागे लोगों की (मतलब यौन दृष्टि से स्नायुतिकों की) कोई वास्तविक कहानी जानते हो ?" हेमिंग्वे का उत्तर है—"कुछ लोगों की, पर सामान्य रूप से उनकी कहानी नाटकीय नहीं है क्योंकि स्नायुतिकता की सभी कहानियाँ सामान्यतः नाटकहीन हुआ करती हैं।..." जैनेंद्र ने यौन विषयों पर नाटकीय कहानियाँ लिखी हैं, फलतः उन कहानियों को असामान्य मानने में हमें कठिनाई होती है। शायद ख़ुद जैनेंद्र जी ने भी कहीं इसे स्वीकार किया है। वे यौन असामान्यता की दृष्टि से अपनी कहानियों का अध्ययन किया जाना क़बूल नहीं करते, उचित भी नहीं समझते। उनका कथन है—"मुझे तो ऐसी मनोवैज्ञानिक रचनाओं की तुक समझ में नहीं आती। अपनी ख़ातिर मन की गुत्थियों का खोलना अध्यवसाय है कि व्यसन ?"[2] एक दूसरे स्थान पर उन्होंने लिखा है—"व्यक्ति की नाना भावनाओं को कुरेद और खोलकर एक-एक कर आगे बिछा देने से उसके व्यक्तित्व का निर्माण होता है—यह मैं नहीं मानता।" मनोविश्लेषण की साहित्य में एक सीमा है,[3] कथा-पात्रों को समझने में वह एक हद तक ही हमारी मदद करता है।

जैनेंद्र जी की कहानियों में अनावश्यक रूप से असामान्यता ढूँढ़ना एक फैशन-सा हो गया है। स्पष्ट कह दूँ कि मेरी दृष्टि में रत्नप्रभा किसी स्नायुतिक

1. हेमिंग्वे—डेथ इन अफ्रिका, पृ. 179-180
2. जैनेंद्र—साहित्य का श्रेय और प्रेय, पृ. 182-183, प्रथम संस्करण, 1953
3. डब्लिन रिव्यू, ऑटम 1960 (लंदन) में जॉन मैक्लिश का निबंध—'साइकोएनेलिटिक इम्पीरियलिज़्म'

की कहानी नहीं है, इसलिए उसे मनोविश्लेषण से समझना उतना ही सार्थक होगा जितना आंतरिक रूप से निरर्थक ! रत्नप्रभा जीवन की जिस सामान्य ट्रेजेडी का शिकार है उसमें भावना का 'भूख' बन जाना स्वाभाविक ही है। वह सेठ की तीसरी पत्नी है। वैभव की दुनिया में सारी सुख-सुविधाएँ हैं, बस एक भावनात्मक असंगति है जो रत्नप्रभा के पूरे अस्तित्व पर छा जाती है। जैनेंद्र को इस असंगति का आख्यान इष्ट नहीं रहता। वे संकेत से ही अपना बहुत-सा काम चला लिया करते हैं। रत्नप्रभा के संपूर्ण व्यवहार में यों यह असंगति व्याप्त है, मगर प्रत्यक्षतः कहानी में उसका कथन करना जैनेंद्र ने आवश्यक नहीं समझा है। असामान्यता अगर कहीं कुछ है तो वह 'रत्नप्रभा' में नहीं है, उसके वातावरण में है, उसके बाहर है। औसत स्त्री की तरह उसके मन में भी समर्पण की लालसा है–वह समर्पित होना चाहती है, समर्पण पाना चाहती है। किंतु वह जिस दुनिया से घिरी है उसमें समर्पण की इस लालसा के लिए कोई गुंजाइश नहीं। रत्नप्रभा का अकेलापन इसी भावना से उत्पन्न है। वह किसी भी दूसरे अर्थ में एकांत-पीड़ित नहीं है। स्त्रीत्व को जीवित रखने के लिए जिस रस की आवश्यकता है वह उसे अपने परिवार के दायरे में उपलब्ध नहीं होता। अपनी लालसा के विश्व में वह नितांत अकेली है। युवा भिखारी (पुस्तक विक्रेता, सेवक आदि) के प्रति उसके बढ़ते हुए आकर्षण का कारण यही है। मगर उस युवा के व्यक्तित्व में कुछ ऐसा है जिससे एक व्यवधान पड़ता है। उसकी जड़ता रत्नप्रभा के स्त्रीत्व के लिए उसके सहज और अभिजात दर्प के लिए एक चुनौती है। निश्चित रूप से रत्नप्रभा में कहीं किसी प्रकार की रति-बुभुक्षा नहीं है, वह केवल एक भावना के प्रति ही समर्पित हो सकती है।

युवा सेवक का तनाव उसे उग्रतर बनाता है, इसी तनाव से उसके मन में एक प्रकार की उत्कटता उत्पन्न होती है। भावना के इस अतिचार को हम एक विकारहीन मूर्खता ही कह लें, मगर हमारे जीवन में ऐसे क्षण आते हैं। यह ठीक है कि संपूर्ण कहानी में इस युवा सेवक का 'छायाभास' ही प्राप्त होता है, मगर रत्नप्रभा के साथ यह बात नहीं। अपनी सहज असंगतियों के साथ वह एक जीवित स्त्री है। जिस क्षण उस जड़ पुरुष की आँखों में अपने लिए करुणा पाती है उसी क्षण जैसे उसे सब कुछ मिल जाता है, इस करुणा को जगाकर वह अपना नारीत्व सफल कर लेती है।

मोरिस बोदीं ने ठीक ही लिखा है–"सतह पर घटित होती घटनाओं के ब्यौरों के साथ कहानी के आशय के ब्यौरों को रखकर देखते ही कोई भी समझ सकता है कि प्रायः वास्तविक अर्थ दृश्यमान द्वंद्व के नीचे छिपा होता है।"[1] शेरउड एण्डरसन की कहानियों की तरह जैनेंद्र की प्रस्तुत कहानी केवल रूढ़ 'कथानक' को ही

---

1. मोरिस बोदीं (जूनियर)–कॉन्टेम्पोररी शॉर्ट स्टोरीज, भूमिका, पृ. 9, 1954

तिलांजलि नहीं देती बल्कि उसकी माँगों से जड़ चरित्र का भी उद्धार करती है। जीवन की बदलती हुई वास्तविकता के संदर्भ में यदि रचनात्मक कल्पना नये कथानक नहीं गढ़ती तो उसका महत्त्व नगण्य है। 'रत्नप्रभा' इस अर्थ में भी जैनेंद्र की महत्त्वपूर्ण कहानी मानी जा सकती है।

पूरी कहानी में एक मानवीय भावना को प्रेरक तत्त्व के रूप में प्रतिष्ठित कर कथानक गढ़ना जैनेंद्र की विशेषता है। 'रत्नप्रभा' का कथानक इस 'इमोटिव' प्रेरणा के कारण थोड़ा जटिल मालूम पड़ता है। उसे रैखिक कथा की तरह पढ़ने वाले लोग अकसर खीझ से भर उठते हैं! ढूँढ़ने पर भी उन्हें कहानी का विकास अर्थपूर्ण नहीं मालूम पड़ता। आवश्यकता इस बात की है कि हम घटना के स्तर पर ही कथानक का पूरा अर्थ यदि प्राप्त कर लेना चाहेंगे तो जैनेंद्र की कहानियों में हमें रस नहीं मिलेगा, उसके लिए अपेक्षा रहेगी कि हम जैनेंद्र के पात्रों की मनोभूमि भी पहचानें। उन मनोभूमियों को उनके भाव-अभाव से सही ढंग से जोड़कर देखें। ऐसा नहीं करने से 'रत्नप्रभा' को समझना तो मुश्किल होगा ही, जैनेंद्र की अधिकांश कहानियाँ हमारे लिए अबूझ बनी रह जायँगी।

रत्नप्रभा के चरित्र की भावनात्मक जटिलता जिस द्वैत के कारण उत्पन्न होती है उसे समझने के लिए उसकी भावनाओं के अंतर्विरोध पर बराबर दृष्टि रखनी पड़ेगी। उसने 'व्यंग्यशील प्रेम' के पीछे कहीं गहरे में जो भावना व्याप्त है उसे तभी समझा जा सकता है। रत्नप्रभा को ख़ामख़ाह प्रेमचंद के नारी पात्रों से काउंटरपोज़ करना मैं उचित नहीं समझता, वह अपने आप में भी सुलभ है, अर्थवान है।

कैसेंड्रा का अभिशाप : अज्ञेय

अज्ञेय की अधिकांश कहानियों में एक विचित्र-सी ट्रेजिक दृष्टि उभरती है। इतिहास की दिशा में चाहे यह ट्रेजिक दृष्टि अभावात्मक मान ली जाय, चाहे इतिहास के उत्साही विद्यार्थी इसे निहिलिज्म का परिणाम मानने को उद्यत रहें किंतु, बोध के आत्यंतिक स्तर पर हम अपने युग की इस अवरोधकता (कैटेस्ट्रॉफी) से इनकार नहीं कर सकते। अज्ञेय जी ने इस युगीन अवरोधकता को केवल अवधान (Conception) का विषय नहीं बनाया है। उन्होंने इसे भावात्मक बोध के रूप में ही अपनी कहानियों में उभारने की चेष्टा की है। अज्ञेय की अधिकांश कहानियाँ केवल प्रतीकात्मक मानी जाकर टाली जाती रही हैं और उनके समझने-समझाने का प्रयास बहुत कम हुआ है। कुछ निश्चित अर्थों में उनकी कहानियाँ प्रतीकात्मक भी हैं और फैंटेसी का भी प्रयोग है, मगर इतना कह देने भर से काम नहीं चलता।

जरूरत आज इस बात की है कि हम गंभीरता से उनकी प्रतीकात्मक या फैंटेसीपूर्ण कहानियों की व्याख्या करें और उनके विवक्षित अर्थ को प्राप्त करें।

कोई कहानीकार जब किसी साहित्य रूप में निजंधरों (मिथ) का प्रयोग करता है तो इसके पीछे कोई उद्देश्य तो होता ही है, व्यापक रूप से हम यह भी कह सकते हैं कि ऐसे प्रयोगों के पीछे एक अनिवार्य उद्देश्य ही होता है। अज्ञेय जी की प्रस्तुत कहानी एक ग्रीक मिथ का उपयोग करती है। हम इस विशिष्ट प्रयोग की सार्थकता के प्रश्न को लेकर ही अपनी चर्चा प्रारंभ करें। अभिशप्त कैसेंड्रा की ट्रैजेडी यह है कि उसमें भवितव्य के पूर्वाभास की शक्ति तो है किंतु, कोई उसकी भवितव्यदर्शिता में विश्वास नहीं करता। आज के कुछ मसीहों की दृष्टि की भी यही ट्रैजेडी है। इलहाम पर किसी का विश्वास नहीं रह गया है। मसीहों की बात अगर हम छोड़ दें तब भी क्या सामान्य बोध के स्तर पर ही हमें अपनी भवितव्यता का पूर्वाभास कभी-कभी नहीं मिलता ?

मेरिया सोचती है–"कार्मेन और मिगेल···कार्मेन, जिसे उसने सुखी रखा है और जो उसके पास खड़ी है; मिगेल, जिसे उसने छुड़ाया है और जो इस समय अमरीका के पथ पर होगा···तो स्वतंत्र, स्वाधीन क्यूबा, तुझे मेरे ये उपहार हैं; और मेरा जीवन अब सफल और सम्पूर्ण हो चुका है"[1]–आशा की ट्रैजेडी, वेदना की रिक्तता और विद्रोह, मेरिया कार्मेन और मिगेल दोनों को खोकर खड़ी है !

मेरिया की इस ट्रैजिक कहानी के द्वारा अज्ञेय ने जैसे भविष्य में अपने को उछाल दिया है ! आदमी आशा करता है और इस आशा की वेदना से रिक्त को भरने की चेष्टा करता है–परिस्थिति मात्र से विद्रोह करता है किंतु, उसे प्राप्त होती है ट्रैजेडी, मेरिया की तरह ही। सब कुछ खोकर एक आहत दर्प ! मगर यह आहत दर्प क्या मनुष्य की क्रियात्मकता का इतिहास नहीं है ? क्या इस आहत दर्प को हम उसकी चेष्टाओं की जीवंतता नहीं कहेंगे ? मानना पड़ता है कि फैंटेसी की भूमि पर लेखक ने अपनी रचनात्मक कल्पना के द्वारा एक सशक्त कथावस्तु गढ़ ली है, एक व्यापक थीम निर्मित कर लिया है। विद्रोह की भावना की निरर्थकता को यदि कोई यहाँ कहानी की विचार-वस्तु मान ले तो अज्ञेय जी को दोष देना ठीक नहीं होगा !

विद्रोह की एक नाटकीय परिस्थिति का निर्माण कर अज्ञेय ने अपनी विचार-वस्तु की प्रतिष्ठा की चेष्टा की है। हेनरी जेम्स ने लिखा भी है–"नाटकीय बनाओ, तभी लोग उसे देखेंगे, उसके पहले नहीं।"[2] वस्तुतः नाटकीय परिस्थिति के निर्माण के द्वारा कहानीकार पाठक को प्रत्यक्ष रूप से कथा की भूमि पर प्रतिष्ठित

---

1. कोठरी की बात–कैसेंड्रा का अभिशाप, पृ. 130, 1945
2. हेनरी जेम्स–वर्क्स, न्यूयार्क संस्करण, भाग 17, पृ. 27

कर देता है और उसे कथा के समस्त व्यापारों का भागी बना देता है। 'कैसेंड्रा का अभिशाप' शीर्षक कहानी की नाटकीय विद्रोह-परिस्थिति को ही लें। इस परिस्थिति के निर्माण के द्वारा लेखक बड़ी आसानी से पाठक को सहज ही एक ऐसी मनोभूमि तक ले जाता है जहाँ वह किसी भी आत्यंतिक परिणाम के झेलने के लिए प्रस्तुत है, मेरिया की तरह। और साथ ही वह उस परिणाम के लिए उत्सुक भी है। पाठक की इस 'उन्मुखता' से कहानी का एक पक्ष तो सहज ही सिद्ध हो जाता है। मेरिया और कार्मेन की तरह पाठक भी 'एक निश्चय, और जीवन के प्रति एक भव्य विस्मय का भाव लेकर' चल पड़ता है। पात्रों की मनोभूमि तक पाठक की यह सहज गति परिस्थिति की नाटकीयता से ही संभव है। यहाँ अज्ञेय की पिछली और इधर की कहानियों में थोड़ा अंतर भी देखा जा सकता है। 'कैसेंड्रा का अभिशाप' में नाटकीय परिस्थिति के निर्माण में अज्ञेय ने कुछ अपव्यय भी किया है, इधर की कहानियों में उन्हें नाटकीयता लाने के लिए अपव्यय नहीं करना पड़ता—कथानक का ताना-बाना उलझाना नहीं पड़ता। इस अर्थ में आजकल अज्ञेय जी अधिकतर प्रतीकपूर्ण वातावरण का ही निर्माण अधिक करते हैं।

मेरिया में कार्मेन की चंचलता नहीं है, उत्साह का उद्रेक नहीं है। वह कार्मेन के साथ चलती हुई भी एक भव्य मंथरता से भरी है, उसमें चुनौती देने का उतावलापन नहीं है। इतिहास के प्रति यह 'विवश स्वीकृतिभाव' मेरिया के लिए अभिशापवत् है। उसका जीवन अपने-आप में ही जैसे संपूर्ण है। घटनाओं को वह एक तटस्थता से, निजी भाव से स्वीकार करती है। क्यूबा की स्वतंत्रता को भी वह इसी निजत्व से स्वीकार करती है, इसके अतिरिक्त तो सब उद्वेग है, आतिशय्य ! उसकी पीड़ा में कुछ ऐसा है जो प्रॉफेटिक है, मगर अभिशप्त··· कैसेंड्रा की तरह।

अक्सर ऐसा देखा जाता है कि परिस्थिति को अधिक से अधिक नाटकीय और प्रभावपूर्ण बनाने की चेष्टा में कहानीकार अपने पात्रों के त्वरित व्यापारों पर जितना ध्यान देने लगता है उतना उनकी मनोभूमि पर नहीं। अज्ञेय जी इस मामले में प्रारंभ से ही सावधानी बरतते आये हैं। 'कैसेंड्रा का अभिशाप' इसका एक ज्वलंत उदाहरण है। कहानी में वातावरण की जीवंतता के साथ मेरिया का दर्द भी उतना ही उभरने वाला तत्त्व है। मेरिया के पूरे चरित्र का प्राण-बिंदु यह दर्द ही तो है, यह पीड़ास्पद बोध ही तो !

मनोवैज्ञानिक अंतर्दृष्टि यों अज्ञेय और जैनेंद्र में एक जैसी लगती है, बहुत हद तक है भी एक-सी ही, किंतु अज्ञेय में यह मनोवैज्ञानिक अंतर्दृष्टि भावना के कृत्रिम अतिरेक से उत्पन्न नहीं होती। वह हमें पात्र के शील में गति देती है, उनके वैचित्र्य में नहीं। जैनेंद्र के पात्रों का अवसादन लेखकीय इच्छा का परिणाम

बन जाता है, अज्ञेय में एक तटस्थता रहती है। कथानक के विकास की दृष्टि से अज्ञेय की कहानियों में यह अवसादन स्वतः स्फूर्ज होता है, घटनाओं के विकास का स्वाभाविक परिणाम। पात्र की मनोभूमि को 'टेंपर' करना अज्ञेय को प्रिय नहीं है। अज्ञेय के अनाहत पात्र अपने आहत रूप में भी इसलिए पाठक को अधिक ग्राह्य प्रतीत होते हैं।

केवल निर्माण की दृष्टि से अज्ञेय की कहानियाँ जैनेंद्र की कहानियों की तुलना में अधिक प्रवहमान, अतः अधिक स्फीत मालूम पड़ेंगी (मैं अज्ञेय की 'शरणदाता' जैसी कहानियों की चर्चा नहीं कर रहा)। 'कैसेंड्रा का अभिशाप' भी निर्माण की दृष्टि से बहुत संघटित कहानी नहीं है, शायद उसे होने का प्रयास भी नहीं करना चाहिए था। संघटन के प्रयास में पूरी कहानी अपने स्वाभाविक विकास की गति खो बैठती और तब वह सच्चे अर्थ में रूपहीन (एमॉर्फस) कहानी बन जाती। मगर अज्ञेय ने उसे रूपहीन होने से बचा लिया है।

कहानी में जो स्वाभाविक जटिलता कथानक के संदर्भ में उत्पन्न होती है वह मिगेल के छुड़ाने के प्रयत्न से प्रारंभ होती है और कहानी के पर्यवसान के साथ वह बड़े नाटकीय ढंग से सुलझ जाती है--मगर एक ट्रैजिक रूप में। कहानी के रैखिक निर्माण में अनेक स्थल ऐसे हैं जहाँ कथानक का उत्क्षेपण होता है, अनेक दूसरे स्तरों पर। और इस प्रकार पूरा कथानक वस्तु-विधान की सफलता के कारण प्रभावशाली बन जाता है। यहाँ कहानी के अंदर कोई कहानी नहीं बुनी गयी, किसी आनुषंगिक कथानक का इजाफ़ा नहीं किया गया। इस प्रकार अज्ञेय की प्रस्तुत कहानी हमारे सम्मुख एक उदाहरण प्रस्तुत करती है--निर्माण की स्वाभाविक प्रक्रिया का उदाहरण। वैसे इसके अतिरिक्त भी प्रस्तुत कहानी का रचनात्मक महत्त्व है इसकी ट्रैजिक दृष्टि के कारण। अज्ञेय अपनी पूरी शक्ति के साथ इस कहानी में इस दृष्टि को उत्थापित कर लेते हैं।

जानवर और जानवर : मोहन राकेश

दो परस्पर विरोधी वस्तु, विचार या पात्र को सामने रखकर उनके संबंध में टिप्पणी करना व्यंग्य की कला नहीं है। सामान्यतः लेखक (कहानीकार) जहाँ काउंटरपोज़ करता है वहाँ उसकी कला स्तर से गिर जाती है। 'जानवर और जानवर' शीर्षक कहानी इस अर्थ में केवल विरोधी अस्तित्वों को काउंटरपोज़ नहीं करती। यों प्रस्तुत कहानी किसी भीषण दुर्घटना को कथानक के रूप में नहीं ढालती, मगर है यह दुर्घटना ही; सामान्यजीवी लोगों की। इस दुर्घटना के मूल में जीवन की एक असामान्य रूप से निरूदित परिस्थिति व्याप्त है। इस परिस्थिति की विषमता से

जीवन का आक्रांत होना एक दुर्घटना ही है। इस दुर्घटना का चित्रण सामान्यतः व्यंग्य के धरातल पर भी किया जा सकता है और बोध के धरातल पर भी। मोहन राकेश को बोध का धरातल ही ग्राह्य है। वे चाहते तो यशपाल जी की तरह कोई चुटकुला (Anecdote) भी तैयार कर सकते थे। मगर उन्होंने इस विषमता को लेकर चुटकुला तैयार नहीं किया, ठीक उसी तरह नहीं कर सके जैसे यशपाल जी 'पराया सुख' में नहीं कर सके थे। इस अर्थ में 'पराया सुख' और 'जानवर और जानवर' की व्यंग्यात्मक मुद्रा में बहुत कुछ समानता है। इस व्यंग्यात्मक मुद्रा में एक श्रेण्यता है जो औसत व्यंग्य-रचनाओं में नहीं आ पाती। सामान्यतः व्यंग्य के द्वारा हम विरोधों से परिचित होते हैं और आश्चर्यित रह जाते हैं। केवल आश्चर्य से भर देना उपर्युक्त दोनों कहानियों का उद्देश्य नहीं है। भावना के स्तर पर किसी विरोध का अनुभव कहानी को दूसरा ही रूप दे देता है। पतन और त्यक्तता के रोमांटिक थीम को जिस 'अनरोमांटिक' व्यंग्य से शक्ति मिलती है उसका तीखापन अलग प्रभाव ही रखता है।

अनिता मुखर्जी अनायास ही अपने को एक ऐसी परिस्थिति में पाती है जहाँ प्रत्येक व्यक्ति उसे त्याज्य मानने को तुला बैठा है—"उसने जॉन से बात करने की चेष्टा की तो वह हूँ-हाँ में उत्तर देकर टालता रहा। मणि नानावती को वह अपनी चायदानी से चाय देने लगी तो उसने हल्का-सा धन्यवाद देकर मना कर दिया। पीटर ने अपना चेहरा ऐसे गंभीर बनाये रखा जैसे उसे बात करने की आदत ही न हो।" यह अनाहूत भर्त्सना अनिता को जैसे अनायास ही हीनता से जकड़ लेती है। अनिता की इस मानसिक पृष्ठभूमि में कथा का विकास होता है। आँट सैली के निकाले जाने का सारा अवसाद अनायास ही अनिता को हिस्से में मिल जाता है।

फादर फिशर जैसे एक आतंककारी व्यक्तित्व की तरह पूरे वातावरण पर छाया है, हर आदमी उससे घृणा करता है मगर हर आदमी एक अपराजेय विवशता के कारण चुप है। फादर फिशर आदमी नहीं है, जानवर है। लड़कियों का, उनकी विवशता का पूरा लाभ उठाकर, उपभोग करना, प्रतिरोधी को मिटा देना और जीवित आतंक बनकर पूरे वातावरण को संत्रस्त करना, बहुत संक्षेप में फादर फिशर यही कुछ है। आँट सैली के निकाले जाने के कारण बैचलर्ज़ डाइनिंग रूम जैसे एक बार फिर उच्छेदितों का जमाव मात्र रह गया है, वहाँ की वह पारिवारिक सहजता जैसे अनायास ही नष्ट हो गयी है।

कहानी में स्थान और वातावरण को जिस प्रतीकात्मक ढंग से उपस्थित किया गया है उससे उसकी व्याप्ति का सहज अंदाज़ किया जा सकता है। यह बैचलर्ज डाइनिंग रूम व्यापक रूप से प्रतीक स्थान है। गिरजे का वातावरण भी उसी तरह प्रतीकात्मक है। 'दि किलर्ज' में हेमिंग्वे ने जिस तरह कैफे को स्थान-प्रतीक बनाकर

रखा है उसी तरह मोहन राकेश ने भी 'डाइनिंग रूम' को इस कहानी में रखने की चेष्टा की है। एलेन टेट ने इस प्रतीक स्थान की अच्छी व्याख्या की है।[1] यहाँ इस स्थान पर इतना ही संकेत करना पर्याप्त होगा कि 'डाइनिंग रूम' और 'गिरजा घर' इन दो स्थान-प्रतीकों को रखकर राकेश ने एक चामत्कारिक प्रयोग किया है। 'डाइनिंग रूम' जहाँ गृहहीनों के लिए 'घर' का सामाजिक प्रतीक है वहाँ गिरजे का वातावरण एक अजीब से अंतर्विरोध से भरा रहने के कारण मुक्ति-स्थान के बदले एक कान्सेंट्रेशन कैम्प का पर्याय मालूम पड़ता है। पादरी कहता है–"तुम जानते हो कि जो अच्छा-भला होकर भी सुबह गिरजे में प्रार्थना करने नहीं आता, उसे यहाँ रहने का अधिकार नहीं है।" डाइनिंग रूम और गिरजे के वातावरण में कितना सहज विरोध है !

निरीह अनिता अकारण ही इस नये वातावरण में आकर वहाँ की पूर्वनिर्मित विषमता का शिकार बन जाती है। उसके प्रति सबकी सहज अवज्ञा आत्मभर्त्सना का कारण बनने लगती है। जॉन और हिचकॉक के व्यंग्य, अपनी असहायता और विवशता, सब मिलकर अनिता को काफ़ी हद तक करुण बना देते हैं। पाठक अनायास ही उसके प्रति आर्द्रता से भर उठता है। इसके विपरीत वह उस मूलभूत कारण के रूप में फादर फिशर के प्रति उतनी ही तीखी घृणा पालने लगता है। जॉन, पाल, आँटी, मणि नानावती और न जाने अन्य कितने पात्र एक सशक्त परिस्थिति में बड़ी सहजता से हमारी संवेदना का व्यय करवा लेते हैं। ऐसा नहीं है कि ऐसे चरित्र हिंदी कथा-साहित्य में नहीं गढ़े गये, मगर एक केंद्रीय परिस्थिति में उतने चरित्रों को राकेश साहब ने जिस सफलता से उभार दिया है वह निश्चित रूप से महत्त्वपूर्ण है।

मुझे उन छोटे-छोटे चरित्रों में जो आत्मपूर्णता और शक्ति दिखती है, वह कम कहानियों में उपलब्ध होती है। उनकी मनोभूमि में बड़ी सहजता है। लेखक चाह कर उन्हें उलझा सकता था, मगर उसका इष्ट इनकी मनोभूमि का उद्घाटन करना था, उन्हें उलझाना नहीं। व्यक्तित्व की यह पूर्णता सहसा उन्हें पाठकों के बीच प्रतिष्ठित कर देती है।

परिस्थिति की नाटकीयता यहाँ मनोभूमि को उजागर करती है, पात्रों में दबे-दबे विद्रोह को उभारती है। कहानी के पात्र परिस्थिति मात्र के प्रति विद्रोही नहीं हैं। अन्य कारणों में एक कारण शायद यह भी है कि उनकी मनोभूमि से पाठक की संवेदना का तादात्म्य हो सकता है, हो पाता है। परिस्थिति के प्रति लेखक का व्यंग्य भी बड़ा प्रच्छन्न और सूक्ष्म है। जैसा मैंने ऊपर लिखा है, मोहन राकेश दो परिस्थितियों को भोंडे ढंग से आमने-सामने रखकर, काउंटरपोज करके

1. दि हाउस ऑफ फिक्शन, पृ. 454

व्यंग्य नहीं करते। व्यंग्य-परिस्थिति को भी बोध में ढाल लेना कोई सहज काम नहीं है !

फादर फिशर के आंतरिक विरोध को (Schism in soul) जिस खूबी से इस कहानी में पेश किया गया है उसे देखते हुए इन नये कहानीकारों के प्रति सहसा विश्वास जमने लगता है और हिंदी कहानी की प्रगति पर भरोसा होने लगता है। यद्यपि फादर फिशर का आंतरिक विरोध तोल्सतोय के पोज़्द्निशेव (Pozdnyshev) की तरह अभिव्यक्त (प्रोनाउंश्ड) तो नहीं है किंतु उनमें बहुत कुछ समानता है।

'जानवर और जानवर' में मोहन राकेश ने जिस खूबी से कथानक का निर्माण किया है, नयी कहानी के लिए वही एक बहुत बड़ी उपलब्धि है। सामान्यतः आलोचकों, पाठकों और आलोचक अध्यापकों का ऐसा ख्याल है कि सामयिक कहानी में कथानक नाम की चीज का ह्रास हो गया है और कथानक के नाम पर लोग सामान्यतः एक सामान्य या विशिष्ट परिस्थिति का उत्थापन कर संतोष कर लेते हैं। 'जानवर और जानवर' से उन्हें निश्चित रूप से संतोष होगा। यों आज की कहानी में, चाहे वह जिस देश की हो, कथानक का 'क्लासिकल ढाँचा' ढूँढ़ने वालों को निराशा होती ही है, क्योंकि वे कथानक को घटनाओं के त्वरित विकास से अलग कर देखने की रुचि का विकास ही नहीं कर पाये हैं।

निश्चित रूप से मोहन राकेश की प्रस्तुत कहानी अपने कथ्य और विधान की दृष्टि से सामयिक कहानी के विकास को उदाहृत करती है और हमें आधुनिक कहानीकारों की रचनात्मक प्रतिभा में एक बार फिर विश्वास देती है।

घंटा : ज्ञानरंजन

"मैंने अक्सर लोगों को व्यंग्य के नियमित पथ्य पर भूखों मरते देखा है।"

–आर. बेंसे

सातवें दशक के विशाल कथा-साहित्य से किसी एक कहानी का चुनाव निश्चय ही आकस्मिक अथवा साहसिक चुनाव नहीं हो सकता। इसके लिए केवल आवेश या आवेग की जटिलता ही काफी नहीं कही जाएगी। क्योंकि 'घंटा' में एक उत्तेजक आवेश है तो 'हत्यारे', 'जख़्म' और 'रक्तपात' में भी इसी प्रकार का आवेश है पर 'बहिर्गमन' में इसके विपरीत एक ठंडा आवेश है। इस दशक की कहानियों की शक्ल क्या इन ठंडे-गरम आवेशों से बनती है ?

युग की प्रत्यक्ष वृत्तकारिता में क्या कोई ऐसा बिंब है जो सहज बनता या टूटता दिखता हो ? जिसे हम आज़ादी के बाद के समय के लिए भारतीय वास्तविकता से जोड़ सकें ! यह परिवर्तन के लिए छटपटाते भारतीय चित्त का बिंब ही हो

सकता है जो वस्तुस्थिति से टकराता हुआ, उससे प्रतिकृत होता हुआ, प्रवाह की तरह प्रकट होता है ! 'मैला आँचल' में वह प्रकट होता है–प्रत्यक्ष वृत्तकारिता की पूरी दृश्यभूमि लेकर, और झूठा सच में टूट जाता है। **9वाँ दशक इस प्रत्यक्ष और अग्रगामी वृत्तकारिता के उतार का दशक है। यहाँ से विडंबनाएँ एक भिन्न अर्थ देने लग जाती हैं।**

'घंटा' के साथ युवा मानस के अर्थ-ग्रहण का मार्ग बदल जाता है। इसका एक अच्छा उदाहरण अतुलवीर अरोड़ा के इस कथन में मिलता है–"संदर्भ ज्ञानरंजन की कहानियों का है और मैं जन-संस्कृति जैसे विवादास्पद मुहाविरे की लपेट में खड़ा हूँ।" लपेट और भी थे, मगर यहाँ उनका जिक्र आवश्यक नहीं है। समय ने स्थापितों को इतिहास-दाखिल भी किया था।

होने और होते रहने की प्रक्रिया में भावनात्मक दुनिया के आवेश बदल रहे हैं। जिस दुनिया में हमारा कथा-नायक होता है वहाँ 'नागरिकता एक दुबले हाड़ की तरह बची है।' असली दुनिया उसके बाहर होती है जहाँ स्वस्थ, संतुष्ट, तर और चिकने चेहरे हैं। जहाँ गुस्सा, गंभीरता और दुःख नहीं होता, एक व्यवस्थित-सी ज़िंदगी है जो समय के दबावों से मुक्त दिखती है। एक संक्षिप्त संशोधन के साथ यही दुनिया 'बहिर्गमन' में भी है–मगर उसका कथा-विषय थोड़ा भिन्न है। 'घंटा' में मानव-संबंधों की विडंबना प्रत्यक्ष है। मानव-संबंधों की विडंबना की यह कहानी पूरे समय की विडंबना से गुज़र जाती है।

परिवर्तन की सार्थक सोच और चुनाव की वरेण्यता के प्रश्न को एक भयानक सिनिकल हाशिए पर टिका कर क्या ज्ञानरंजन ने ख़तरा मोल नहीं लिया ? उसका नायक चाहत और झख के बीच खड़ा होकर नाजुक संतुलन बना रहा होता है ! प्राथमिकताएँ तय करते हुए मूल स्थितियों को नकारा नहीं जा सकता। कहानीकार ज्ञानरंजन की प्राथमिकताएँ क्या सचमुच तय हैं ? पिता, शेष होते हुए, सीमाएँ और कलह की प्राथमिकताएँ अपनी जड़ से जुड़ी हैं। पर 'घंटा', 'बहिर्गमन', 'यात्रा' और 'अनुभव' में उनका बदल जाना, नाभिनाल से कट जाना, एक दुर्घटना की तरह है। हिंदी कहानी की समकालीनता के निर्णय में ये मुद्दे कहीं न कहीं बेहद महत्त्वपूर्ण हो जाते हैं। इन नाजुक मुद्दों पर उड़िया विचारक-कवि सीताकांत महापात्र लिखते हैं–'हमारे सपने तुच्छता और सनकीपन के आक्रमण से उस हद तक मुक्त रहेंगे जिस हद तक हम मानव-विरोधी ताकतों का सामना हिम्मत और ऊर्जा से करेंगे।' यहाँ संकेत किसी विचारधारा की ओर नहीं, उससे कहीं ज़्यादा गहरे और कठिन मुद्दे की ओर है।

X X X

'पर जिस तरह काल होता है अनंत
उसी तरह नहीं होता
कभी किसी कथा का अंत
उसे कहीं न कहीं छोड़ना होता है।'

न कहानी इसी प्रक्रिया में अपनी पूर्णता का मार्ग निकालती है। 'घंटा' की कथा का अंत भी इसी छोड़ने के साथ जुड़ा हुआ है। पर जहाँ पर हम उसे छोड़ते हैं, कहानी वहाँ एक पूरा अर्थ देती है। इस नाटकीयता को कई लेखकों ने साधा, पर कम ही रचनाओं में वह सध पाई।

ज्ञानरंजन की कहानियाँ राजनीतिक लपेट में बहुत कम आ पाती हैं, इसलिए टिप्पणी करने वाले अक्सर संस्कृति और जन की दुहाई देकर कहानी की पूर्णता को अपने ढंग से अर्थवान् बनाने की चेष्टा करते हैं। यहाँ भी मध्यवर्ग आड़े आ जाता है। यहाँ जन और संस्कृति के व्यापक प्रकरण की बजाय मध्यवर्ग का समय ही कहानी को घेरकर खड़ा है। मध्यवर्ग को, उसकी युवा पीढ़ी को, इस केंद्र से विस्थापित करके घंटा की व्यंजना सधती नहीं। घंटा के रचनात्मक तनाव में खींच-तान की गुंजाइश बहुत कम है। किसी क्रांतिकारी संकल्प से ऐसा ज्ञानरंजन ने नहीं किया, पर अनुभव के परिणाम को उन्होंने तमाम समकालीनों के लिए सुरक्षित ज़रूर रखा है।

सन् '60 के बाद के मध्यवर्ग के अनुभव नाटकीय भी हैं और संप्रसारी भी हैं। **ये अनुभव स्वयं अपने स्थापित अनुभव-रिक्थ से टकरा जाते हैं।** इस टकराहट में झख (अकहानी) और आत्मविवेक की भागीदारी में अलगाव के कौन-से ऐसे लक्षण प्रकट होते हैं जिन्हें हिंदी कहानी की समकालीनता के रूप में पहचाना जाना चाहिए ? ज्ञान एक जेब में झंडा और दूसरी जेब में घोषणा-पत्र भले न रखते हैं पर वे जानते हैं–'जुड़ना भोक्ता होना है, जुड़ोगे तो भोगोगे।' (अनुभव) और इस मोक्ष मानस को एक गहरी लकीर घंटा में काटती चली गई है। घंटा की परिस्थिति क्या है ? नागरिकता का क्षय और तथाकथित बौद्धिक छद्म। एक घोषत जनतंत्र में जब नागरिकता किसी प्रकार दुबले हाड़ की तरह बची हो तब साधारण संकट से भी आततायी परिणाम निकलने लगते हैं।

नागरिकता का संकट जनतंत्र का ही संकट है। इस जनतंत्र के संकट के गिर्द कई क्रांतिकारी लपेट पैदा हुए, पर ज्ञान को अपनी जेब में नहीं ले सके। ज्ञान ने क्रांतिकारियों (?) के तथाकथित सांस्कृतिक व्यवहार से अपनी दूरी घंटा में बेहतर ढंग से और निर्णायक रूप में साबित की है। क्रांति के बौद्धिक चेहरों में जो कुछ ज्ञान ने ढूँढ़ा, मुखौटा उतर जाने पर बार-बार वह कुछ और साबित हुआ। क्रंदन सरकार का तो आखिरी चेहरा है जो हमारे कथा-नायक के सामने है जिसे हम उसके किसी सार्वजनिक या निजी दोनों हिस्सों से जोड़ सकते हैं।

संबंध शीर्षक कहानी में ही तालमेल टूट गया है। इसलिए ज्ञान की कहानियाँ तय रास्तों से नहीं गुज़रीं। वे अनुभव के प्रवाह में अपना मार्ग बदल देती हैं। **पैट्रोला से निकल कर कुंदन सरकार की तिलिस्मी दुनिया तक की यात्रा एक पूरी अनुभव-यात्रा ही है।**

बौद्धिक छद्म के प्रति कथा-नायक की मानसिक प्रतिक्रिया किसी अज्ञात क्रम में, मगर ज्ञात कारणों से आती है।

ज्ञान की कहानियों का कथानक वाला हिस्सा बेहद इकहरा होता है। घंटा में भी यह ढाँचा बड़ा एकात्मक है। ऐसा लगता है कि जैसे पूरी कहानी किसी नाटक के दृश्य की तरह क्लाइमेक्स पर है। घटनाक्रम लगभग गायब है, पर एक घटना या दुर्घटना का तनाव पूरी कहानी के भीतर फैलता गया है। घंटा टूटकर एक नंदी के सिर पर गिरता है। बौद्धिक क्रांति का नंदी एक कुकुद साँढ़ की निर्जीव आकृति मात्र है। इस जादुई नंदी पर अपना घंटा गिराकर जैसे हमारा नायक पूरी दुनिया पर विजय प्राप्त कर लेता है। यह दुनिया आत्यंतिक खतरों की दुनिया है। इस नए आर्केडिया में रक्तपात की शुरुआत घंटा से होती है।

एक पूरी दुनिया हमारे कथा-नायक के बाहर है। बहिर्गमन में उसकी एक और झाँकी मिलती है, ऊपर घंटा में वह अपनी जगह तय करने के उपक्रम में है। यह दुनिया हमें अपनी जगह से बार-बार विस्थापित करती है–बल से भी और प्रलोभन से भी। **लड़ाई का मुद्दा यहाँ से आगे तय होता है।** भद्रता की प्रगति की चर्चाओं पर हमारा नायक लंबा होता है, शोविंडो के लम्बे गलियारे में घूमता है (इस प्रतीक संकेत का अपना महत्त्व है), कोका कोला पीता है (और रम का प्रमाद पूरा करता है) और सबसे बड़ी बात, पेट्रोला को गोल मार जाता है। कहानी की आवर्त्तक क्रिया के ये संकेत बड़े कटे-छँटे हैं, पर संकेंद्रित अर्थ-ध्वनियाँ रखते हैं। अप्रर्याप्त प्रभाव छोड़ने की शिकायत इस खुलासे से दूर न हुई तो ऐसे पाठकों को (या आलोचकों को) हम फैबुलेटरों के साथ छोड़कर आगे बढ़ सकते हैं। घटना क्रम में जो अपर्याप्त-सा लगता है वह क्या! इस रिक्त मानसिकता के सिलसिले की ही भरायट नहीं है ? इस सिलसिले की नाटकीयता ही सब कुछ बदल देती है। यह कहानी को Situate करने की दुर्घटना मात्र नहीं है। इस विडंबना के महाभोज में भी कुछ मरभुखे छूट जाते हैं। यह छूटना कुछ ऐसा ही है।

कहानी का एकमात्र नकार पूरी कहानी को घेरकर खड़ा है। सुधीर घोषाल से यहाँ तुलना संकेत में ही इष्ट है। व्यक्तित्व की नाटकीय स्थापना सुधीर घोषाल को निर्णायक नहीं रहने देती, एक अनजाने व्यतिक्रम में डाल देती है। हमारे कथा-नायक में ऐसा कोई व्यतिक्रम नहीं है बल्कि 'घंटा' में उसे व्यक्तित्व के गुँजलक से तोड़कर निकाला गया है। भीष्म जी के शब्दों में–'नायक की तड़प परिवेश की तड़प बन जाती है।' यह तड़प तमाम छद्म क्रांतिकारी मुद्राओं से उसी तरह

अलग है जिस तरह बौद्धिक कर्म की निर्जीव घोषणाओं से अलग है।

कहानी की थीम की इतनी लंबी-चौड़ी समीक्षा और उसके संयोजन पर चलती हुई टिप्पणी देकर हम उसे निबटा नहीं सकते। यह ठीक है कि 'घंटा' के शिल्प में ऐसी कोई जटिलता नहीं है। वह एक बिंदु से शुरू होकर उसी बिंदु की ओर लौटती है। मगर उस क्रम में वह Space के कई फासले तय करती है। यह देश कहीं भीतरी आकारोंवाला है। रक्तपात, आइसबर्ग, सुखांत की तुलना में 'घंटा' प्रायः घटनाचक्र रहित कहानी है। वह हत्यारे, जख़्म और शवयात्रा से भी अलग है। मगर कथानकहीनता के सादृश्य के बावजूद 'अकहानी' के संयोजन से 'घंटा' का संयोजन अनिवार्यतः भिन्न है।

कथानक को तोड़कर कथानक गढ़ने का प्रयास 'घंटा' में नहीं किया गया है। 'घंटा' में आवेश का ढाँचा जितना कसा-कसा और विस्फोटक है, उसका शिल्प भी उतना ही कसा-कसा और विस्फोटक है। यह कसाव कहानी में एक ही enveloping action से पैदा हुआ है। उसमें हत्यारे जैसा नाटकीय कथांतरण भी नहीं है और ज़ख़्म जैसी नाटकीय कथावाचकता भी नहीं है, फिर भी यह कहानी अपनी बनावट में प्रवाह बनाए रखती है। जर्मन शब्दावली में उसे आक्सिमेली का चमत्कार कहेंगे जिसमें चुटकुलें का फुटकल व्यंग्य नहीं होता, कोई समय में उठती हुई विडंबना होती है।

□□